elefante

elefante

EDIÇÃO
Tadeu Breda
Luiza Brandino

PREPARAÇÃO
Fábio Fujita

REVISÃO TÉCNICA
Arlene Clemesha

REVISÃO
Aminah Haman
Eduarda Rimi

CAPA & PROJETO GRÁFICO
Mateus Valadares

DIAGRAMAÇÃO
Daniela Miwa Taira

ASSISTÊNCIA DE ARTE
Yana Parente

DIREÇÃO DE ARTE
Bianca Oliveira

ILAN PAPPE

A MAIOR PRISÃO DO MUNDO

Uma história dos territórios ocupados por Israel na Palestina

TRADUÇÃO
ALEXANDRE BARBOSA DE SOUZA

Às crianças palestinas, mortas, feridas e traumatizadas por viverem na maior prisão do mundo.

Prefácio à edição brasileira 9

Prefácio
Uma colina, duas prisões e três agências 19

Introdução
Reler a narrativa da ocupação 45

1 A guerra favorita 57
2 A criação da megaprisão 103
3 A Grande Jerusalém como projeto-piloto 145
4 A visão de Allon 159
5 Recompensas econômicas e represálias punitivas 179
6 A limpeza étnica de junho de 1967 191
7 O legado trabalhista (1968-1977) 213
8 A burocracia do mal 225
9 No caminho da Intifada (1977-1987) 247
10 A Primeira Intifada (1987-1993) 273
11 A farsa de Oslo e a Segunda Intifada 301
12 O modelo definitivo de prisão de segurança máxima: a Faixa de Gaza 325

Notas 347

Mapas 379

Sobre o autor 389

Prefácio
à edição brasileira

Este novo prefácio se divide em duas partes. Na primeira, trato dos eventos mais relevantes relacionados ao tema deste livro ocorridos entre 2017 (quando foi originalmente publicado em inglês) e 2023. Na segunda parte, analiso rapidamente os episódios de outubro de 2023 diante da nova configuração política israelense e procuro compreender suas implicações para a maior prisão do mundo operada por Israel nos territórios ocupados na Palestina.

A GRANDE PRISÃO (2017-2023)

Desde que este livro foi escrito, muita coisa aconteceu em Israel e na Palestina, mas o modelo da maior prisão do mundo permaneceu inalterado. E foi fartamente legitimado pelos Estados Unidos durante o primeiro mandato de Donald Trump (2017-2021), culminando no Acordo do Século, anunciado em janeiro de 2020. A proposta de Trump, somada à estratégia de controle populacional e territorial do então primeiro-ministro israelense Benjamin Netanyahu, constituía um risco existencial para a Palestina e os palestinos: uma ofensiva potencialmente tão destrutiva quanto a Nakba de 1948, definida pela tentativa de despolitizar a Questão Palestina ao considerá-la apenas um problema humanitário e econômico que poderia ser solucionado com a destinação de recursos financeiros dos países árabes e as bênçãos de Washington.

O verdadeiro Acordo do Século, porém, foi a confirmação do sionismo como um movimento de colonização de assentamento legítimo, motivado, em pleno século XXI, por uma lógica que Patrick Wolfe define como "a eliminação do povo nativo".[1] Como este livro demonstra, isso não é exatamente uma novidade. E, de certa forma, o acordo firmado entre Trump e Netanyahu em 2020 foi a culminação de políticas praticadas havia décadas pelos Estados Unidos e por Israel no que se refere à Questão Palestina. Desde o final dos anos 1960, quando, ao estilo de uma Pax Americana, teve início o chamado "processo de paz" entre israelenses e palestinos, Washington age de maneira desonesta no papel de mediador. Teoricamente, as sucessivas administrações que assumiram a Casa Branca e seus enviados para a região se diziam comprometidos com o direito internacional e, portanto, deslegitimavam a instauração de colônias israelenses e as tentativas de anexação das áreas habitadas pelos palestinos, além de condenarem publicamente a sistemática violação dos direitos humanos nos Territórios Ocupados. Na prática, porém, esse discurso jamais se traduziu em políticas efetivas ou mesmo em pressão diplomática para que Israel abandonasse seu comportamento criminoso.

Essa abordagem – que se resume a falar e falar, mas não agir – legitimou as violações cometidas por Israel. Se, de um lado, os Estados Unidos reconheciam o direito internacional como régua moral de sua política para a Palestina ocupada, de outro, permitiam – sobretudo por meio da inação – o aprofundamento da colonização israelense da Cisjordânia e da Faixa de Gaza (nesta, até a retirada dos colonos judeus, em 2006). Até o final do século XX, os principais partidos políticos de Israel empregaram uma abordagem similar, dissociando o discurso da prática, em coordenação total com Washington.

Com a chegada do século XXI e, particularmente, com o advento da era Netanyahu – iniciada quando ele foi eleito como chefe de governo pela segunda vez, em 2009 –, a brecha entre o que era dito e o que era feito praticamente desapareceu, tanto nos Estados Unidos como em Israel. As ações israelenses passaram a ser total e publicamente endossadas por Washington e Tel Aviv. Assim, o Acordo do Século serviu apenas para sintetizar e conferir uma nova roupagem às políticas prévias dos Estados Unidos para a região, legitimando oficialmente as ações unilaterais de Israel.

As medidas tomadas pela Casa Branca durante o primeiro governo de Donald Trump incluíram reconhecer Jerusalém como capital de Israel e transferir a embaixada estadunidense de Tel Aviv para Jerusalém Ocidental. Tais decisões foram seguidas pelo reconhecimento das Colinas de Golã [anteriormente território sírio, ocupado por Israel em 1967] como parte do Estado judeu e pela confirmação pública da legalidade das colônias judaicas na Cisjordânia. Por meio do Acordo do Século, portanto, os Estados Unidos concediam imunidade para as futuras ações israelenses na Palestina histórica, as quais se destinavam a redesenhar o mapa político definitivo de Israel por meio da coerção e do estabelecimento de uma situação irreversível no território.

Eis a solução para o conflito entre Israel e Palestina vislumbrada por Trump naquele então – uma solução cuja natureza é bem clara. Suas principais características já haviam sido reveladas em 2010, quando uma legislação agressiva e racista começou a tramitar pelo Knesset, o Parlamento israelense, regulamentando a discriminação contra os palestinos nos dois lados da Linha Verde [fronteiras de Israel definidas pelo armistício de 1949], em todos os aspectos da vida dessa população, como emprego, moradia e direitos civis básicos – afora as preexistentes expropriações de terras, punições coletivas e restrições severas à circulação e a outras atividades humanas banais na Cisjordânia e na Faixa de Gaza.[2] No verão de 2018, essa movimentação legislativa resultou no estabelecimento da lei de nacionalidade israelense [Lei Básica: Israel como o Estado-nação do povo judeu].[3] Essa lei de apartheid determina claramente que apenas judeus podem ser reconhecidos como grupo nacional com direito a autodeterminação em Israel. E a definição de "Israel" como "Terra de Israel", prevista no texto, encoraja futuros governos a prosseguir com a colonização judaica do território palestino. As fronteiras finais do "Estado-nação do povo judeu" não são mencionadas na nova legislação, uma vez que a expectativa é de que a "Grande Israel" vindoura se estenda sobre a Cisjordânia – e em nenhuma parte desse território Israel deverá permitir qualquer manifestação de nacionalismo palestino.

Essa lei rebaixa os cidadãos palestinos dentro de Israel (e potencialmente qualquer pessoa integrada a essa comunidade por meio da anexação de partes da Cisjordânia e da Grande Jerusalém) a um grupo com particularidades linguísticas, desconsiderando o fato de constituírem uma comunidade nacional – mais precisamente, na linguagem adotada pelo texto legislativo, passam a ser vistas como "pessoas falantes do árabe", com a promessa de que seu idioma gozará de "status especial". Trata-se de uma "lei básica" e, como Israel não tem uma Constituição, possui força constitucional. Com isso, legitimam-se retroativamente políticas de apartheid e colonização colocadas em prática nas últimas décadas, ao mesmo tempo que se vislumbra a oficialização de Israel como um Estado de apartheid.

Muitos setores da sociedade civil internacional condenaram essas ações. Nos últimos anos, três processos discretos contribuíram para desgastar a imagem de Israel: o surgimento do movimento Boicote, Desinvestimento e Sanções (BDS), a guinada do sistema político israelense para a extrema direita e a ascensão de uma nova geração de políticos pró-Palestina no Ocidente. Em 2016, o establishment israelense reagiu a essa mudança na opinião pública global, investindo contra a narrativa e a memória coletiva palestinas. As lideranças políticas de Israel encaram a memória histórica e a historiografia como armas a serem utilizadas contra a deteriorada imagem pública do país. E a mais recente tentativa de frear essa mudança desfavorável implica despolitizar a Questão

Palestina, em uma manobra muito parecida ao que Trump fez em seu primeiro governo, com o Acordo do Século.

Como sabemos, porque já vimos isso acontecer muitas vezes, a interpretação israelense de um "acordo" é tão importante quanto o acordo em si. Aos olhos do governo de Israel, o Acordo do Século legitimou antecipadamente a futura anexação da Área C da Cisjordânia. Em julho de 2019, portanto, Netanyahu declarou que estava pronto para implementar essa parte do "acordo" – a pandemia de covid-19 e a derrocada política do então primeiro-ministro, que deixaria o posto em 2021, impediriam que suas intenções fossem levadas a cabo. Tal interpretação ignora, como se fosse mera conversa mole, o trecho do "acordo" que declarava as áreas remanescentes da Cisjordânia ainda sob controle palestino e a Faixa de Gaza como territórios de um futuro Estado palestino.

O governo eleito para governar Israel em 2021 [chefiado por Naftali Bennett, do Partido Nova Direita] era uma bizarra coalizão anti-Netanyahu formada pelo partido político islâmico, siglas de direita e grupos sionistas liberais. O que os mantinha juntos era o desejo compartilhado de preservar o status quo – ou seja, o sistema de prisão descrito neste livro permaneceria intacto.

Durante o governo de Joe Biden (2021-2025), a Casa Branca permitiu ao novo governo israelense assumir o "processo de paz", com o compromisso de não alterar o status quo – o que, na prática, significava dar continuidade à anexação incremental da Área C por Israel, além da manutenção do modelo de "prisão aberta" para os palestinos que vivem nos demais setores da Cisjordânia e do modelo de "prisão de segurança máxima" para quem mora na Faixa de Gaza. Ambos os modelos são discutidos exaustivamente neste livro.

Fragmentar e dividir o território palestino em pequenos bantustões[4] e investir contra a narrativa e a identidade coletiva palestinas são parte integrante do mesmo "roubo do século"[5] planejado em Washington e Tel Aviv. O novo governo israelense continuou, assim, com as mesmas políticas, agora com o apoio do novo governo estadunidense.

Na época, os reflexos da pandemia de covid-19 e a inabilidade de Netanyahu em formar um governo não permitiram nenhuma grande mudança no modus operandi da maior prisão do mundo. Não havia um esforço real de avançar com o "processo de paz". O exército e os colonos israelenses continuavam assediando os palestinos na Cisjordânia. E a Faixa de Gaza continuou padecendo com o cerco desumano imposto por Israel.

Em maio de 2021, porém, o Hamas reagiu não apenas ao cerco mas também às operações de limpeza étnica conduzidas por Israel em Jerusalém Oriental e às crescentes ameaças aos lugares sagrados do Islã na cidade. Um foguete foi lançado contra Jerusalém, dando início a um movimento de solidariedade em toda a Palestina histórica, inclusive dentro de Israel. Por onze dias, essa onda de protestos conhecida como "Intifada unificada" (Unity Intifada) tentou colocar um freio à opressão israelense – sem sucesso.

Esses acontecimentos empurraram o sistema político israelense ainda mais para a direita. Em novembro de 2022, Israel elegeu o governo mais direitista de sua história, representante do que eu denomino "Estado da Judeia". Trata-se de uma coalizão política e ideológica formada por colonos da Cisjordânia, judeus ortodoxos mizrahim [com origens no Oriente Médio, Norte da África e Ásia Central] e partidos de extrema direita que desejam transformar Israel em uma teocracia judaica, despovoada de árabes, cujas fronteiras se estendem para além dos limites da Palestina histórica. O modelo que defendem para lidar com os palestinos não é a maior prisão do mundo até então em vigor, mas o genocídio, e eles têm usado o ataque empreendido pelo Hamas em 7 de outubro de 2023 para levar adiante o massacre a que estamos assistindo na Faixa de Gaza. Há um temor real de que, posteriormente, expandam esse projeto genocida à Cisjordânia.

Na mira desse grupo ideológico também está o que podemos chamar de "Estado de Israel", ou seja, os setores laicos da sociedade, que costumavam integrar as elites políticas do país, mas que são considerados pelos partidários do "Estado da Judeia" como um grupo que já cumpriu seu papel na história e agora precisa se tornar mais "judeu", tanto em termos religiosos como nacionalistas.

O MODELO DA PRISÃO DEPOIS DE OUTUBRO DE 2023

Ao ser enfrentada pelo ataque do Hamas em 7 de outubro de 2023, essa nova classe dirigente de Israel revidou, transformando a grande prisão da Faixa de Gaza em um campo de extermínio. Várias razões levaram o Hamas a executar a Operação Dilúvio em Al-Aqsa. Uma delas era a obsessão de um de seus líderes, Yahya Sinwar, com o destino dos milhares de prisioneiros políticos palestinos detidos em Israel – um tema tratado com muita seriedade e que preocupa toda a sociedade palestina. Em segundo lugar, a Questão Palestina corria sério risco de ser escanteada no cenário global pela guerra na Ucrânia (iniciada em 2022) e pelo processo de normalização das relações entre Israel e os países árabes (os chamados Acordos de Abraão), então em curso. Finalmente, havia a revolta contra a agressiva limpeza étnica conduzida por Israel em toda a Cisjordânia e as sucessivas violações à sacralidade da mesquita de Al-Aqsa em Jerusalém por grupos judeus, as quais já haviam levado a enfrentamentos entre o Hamas e as forças israelenses nesse território ocupado.

As paredes da grande prisão da Faixa de Gaza foram temporariamente derrubadas pela resistência palestina em 7 de outubro de 2023, com um ataque brutal não apenas contra o exército israelense mas contra centenas de civis, destruindo famílias inteiras e sequestrando mais de duzentos soldados e cidadãos comuns, incluindo crianças e trabalhadores estrangeiros. Essa ação serviu de pretexto para que o governo israelense de extrema direita testasse sua nova estratégia para as grandes prisões dos Territórios Ocupados.

Na Faixa de Gaza, como já sabemos, a proposta é destruir tudo e todos, por meio do genocídio e da limpeza étnica. Quase dois anos depois da implementação desse projeto, há sérias dúvidas de que o governo israelense concretizará totalmente seus objetivos. Contudo, o número de palestinos mortos é imenso – e, provavelmente, muito maior do que dizem as cifras oficiais. Na Cisjordânia, a ideia é reduzir o tamanho da grande prisão, expulsando os palestinos da Área C (que corresponde a cerca de 60% da Cisjordânia) e os espremendo nas áreas A e B.

Os governos do Norte global têm se mostrado indiferentes a esse novo modus operandi ainda mais desumano da maior prisão do mundo, enquanto a sociedade civil no Ocidente reage parcialmente, formando poderosas iniciativas de solidariedade. Alguns governantes do Sul global romperam ou restringiram as relações de seus países com Israel, impondo sanções parciais a Tel Aviv. O tempo dirá se essa nova versão da maior prisão do mundo finalmente fará com que o planeta – particularmente, a Europa – cumpra com a sua obrigação histórica e moral de defender os palestinos.

Ilan Pappe

Exeter, Inglaterra, junho de 2025

Prefácio

Uma colina, duas prisões e três agências

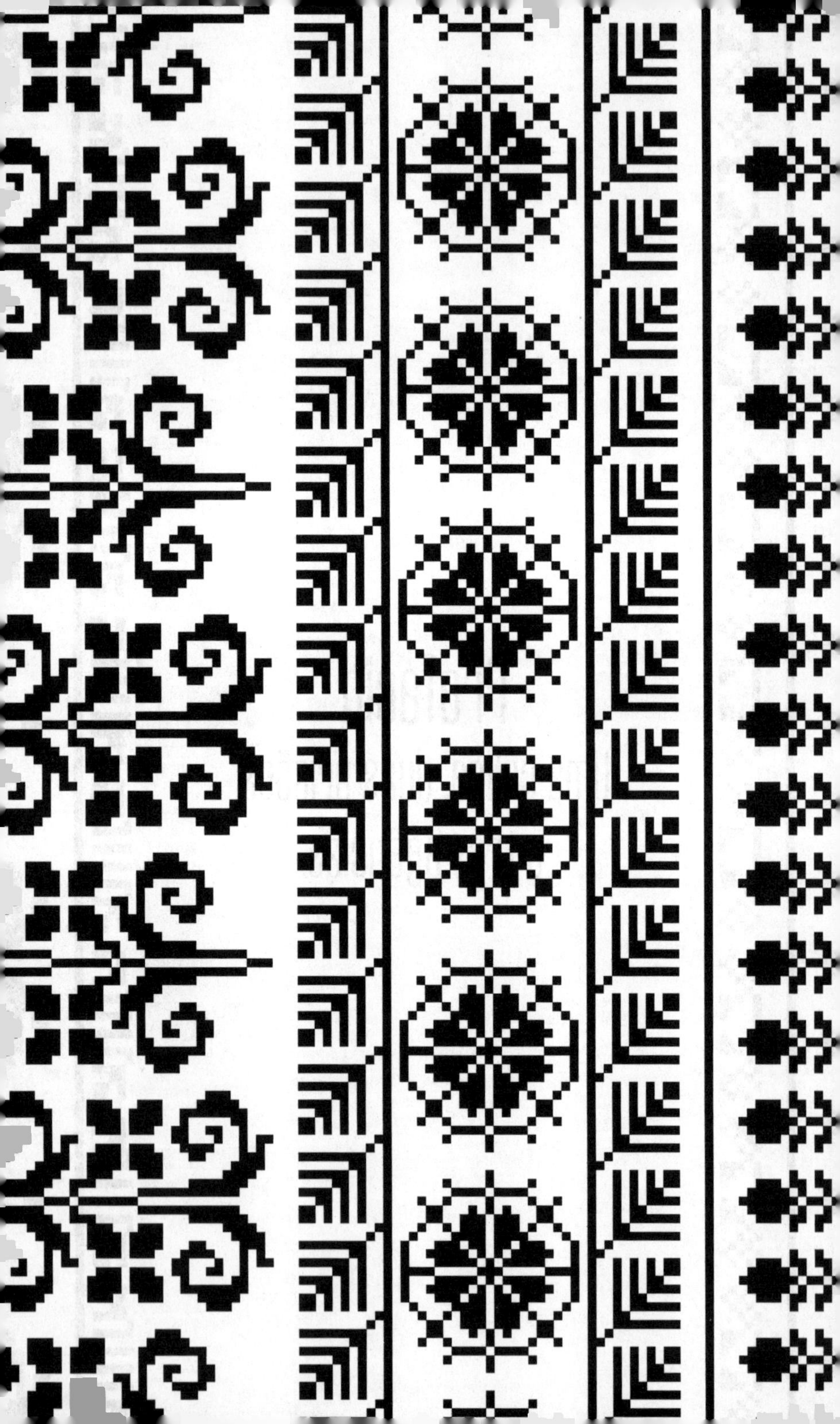

A UNIVERSIDADE NA COLINA

Givat Ram, a Colina de Ram, é um bairro de crescimento desordenado e relevo acidentado no extremo oeste da atual Jerusalém. Ali se localizam diversos ministérios do governo, o Knesset, uma parte da Universidade Hebraica e o Banco de Israel. Os israelenses de certa idade, origem étnica e contexto socioeconômico desenvolveram intensa nostalgia pelo lugar. A colina faz uma brevíssima e idílica aparição no primeiro e mais famoso romance de Amós Oz, *Meu Michel*, publicado em 1968. É o lugar onde, "ao lado do recém-construído edifício que abriga o gabinete do primeiro-ministro, se esparrama um pequeno rebanho de ovelhas. Carneiros ruminam tranquilos".[1] Não há nenhuma ovelha hoje em dia, e as pastagens do passado desapareceram faz muito tempo; foram substituídas por um elaborado sistema de rodovias, portões de metal, pontes suspensas e um belo roseiral.

É altamente improvável que houvesse ovelhas perto do gabinete do primeiro-ministro quando o livro de Oz foi publicado pela primeira vez. No entanto, as ovelhas de fato pastavam nessa colina quando a aldeia rural palestina de Sheikh al-Badr situava-se ali. Poucas de suas casas ainda perduram, perto dos hotéis estadunidenses frequentados por membros israelenses do Knesset que não moram em Jerusalém. A aldeia foi gradualmente engolida pela cidade, integrando-se à conurbação, até sofrer a limpeza étnica promovida pelas forças israelenses em 1948. Era uma área famosa, pois dali se podia vislumbrar um dos mais conhecidos marcos de Jerusalém: o Vale da Cruz. Segundo a tradição, a madeira usada na cruz de Cristo teria vindo de uma árvore daquele local; por isso se diz que os monges da

Igreja Ortodoxa Grega construíram ali um mosteiro impressionante, que segue de pé, embora cercado por novos bairros judaicos e anéis viários.

A oeste do mosteiro, há um dos dois principais campi da Universidade Hebraica em Jerusalém, construído em terreno confiscado da aldeia de Sheikh al-Badr e vendido à universidade pela Custódia Israelense da Propriedade de Ausentes[2] (que supostamente cuidaria da terra à espera de uma decisão futura, mas, na realidade, a venderia para qualquer indivíduo ou empresa judaica dispostos a pagar preços ridiculamente baixos pela área). Até 1948, a universidade se situava no Monte Scopus, que se tornou uma "terra de ninguém", uma ilha na parte jordaniana da cidade e, portanto, inacessível. Depois da guerra de junho de 1967, muitos departamentos do campus de Givat Ram foram transferidos de volta ao antigo campus no Monte Scopus, que foi então significativamente expandido sobre terras palestinas confiscadas.

Ao norte do campus construído mais recentemente, e quase na mesma época, foi erguida uma nova sede para o governo israelense. Enquanto os edifícios do campus eram modestos em aparência e contavam com gramados e vegetação aprazíveis, o encanto sereno dessa colina parece não ter inspirado os arquitetos da sede do governo do Estado judaico. Dando pouca atenção ao cenário idílico ou à herança bíblica, eles optaram por algo semelhante a imensas protuberâncias de concreto espalhadas por toda a colina, arranhando a beleza natural desse cume das montanhas de Jerusalém.

No verão de 1963, um grupo atípico de estudantes se matriculou nesse campus para um curso que duraria um mês. Quase todos tinham alguma experiência jurídica. Alguns eram membros da administração militar que controlava as áreas onde os palestinos de 1948 (os árabes israelenses, como foram chamados desde então) viviam sob regras estritas, que lhes privavam da maioria de seus direitos básicos. Outros eram oficiais no setor jurídico do exército israelense ou oficiais do Ministério do Interior, e um ou dois eram advogados particulares.

Eles haviam sido convidados pelo Departamento de Ciência Política da Universidade Hebraica. O curso incluía palestras sobre dominação militar em geral e sobre a situação política da Cisjordânia e da Faixa de Gaza, assim como uma discussão das lições a serem aprendidas com a dominação israelense no Sinai e em Gaza em 1956, e dentro de Israel desde 1948. Uma breve introdução ao Islã também fazia parte do currículo, e o curso se encerrava com uma palestra a respeito da limpeza étnica de Jerusalém em 1948 (embora, é claro, não fosse descrita dessa maneira pelo palestrante, que provavelmente se referiu a ela como Operação Yevusi, de abril de 1948), quando dezenas de aldeias palestinas foram dizimadas e seus moradores, expulsos. Após o encerramento, segundo um dos participantes, seguiu-se uma "refeição celebratória, e todo mundo estava de excelente humor".[3]

A presença dessas pessoas em Givat Ram em 1963 era parte de uma nova e abrangente estratégia militar: iniciada pelo chefe do estado-maior israelense e apresentada por ele ao exército em 1º de maio de 1963, tinha como objetivo preparar as tropas para o controle militar da Cisjordânia.

A Cisjordânia, é claro, ainda não havia sido ocupada, mas é bastante significativo que, quatro anos antes da efetiva ocupação, os militares israelenses já tivessem preparado uma infraestrutura judicial e administrativa para controlar a vida dos palestinos que viviam nesse território – cerca de um milhão.

As discussões em Israel sobre como administrar áreas árabes ocupadas começou durante a operação no Sinai em outubro de 1956, quando, em aliança com ingleses e franceses, o Estado judaico tentou derrubar o presidente egípcio Gamal Abdel Nasser. Como parte da campanha, a Faixa de

Gaza foi ocupada por alguns meses, e a sensação entre os estrategistas e comandantes do exército era de que as Forças de Defesa de Israel (IDF) não estavam bem preparadas para a missão. Precisavam de uma abordagem mais sistemática e bem estruturada. Em 1963, surgiu a oportunidade de desenvolvê-la. Naquele ano, a instabilidade crescente na Jordânia levou os chefes do estado-maior israelense a se prepararem para a eventualidade da queda do reino hachimita, que levaria a uma possível guerra com Israel. Eles começaram a contemplar mais seriamente a ocupação da Cisjordânia.[4] Para tanto, precisavam de um plano.

O primeiro capítulo deste livro insere esse plano num contexto mais amplo, mostrando que, desde 1948, e ainda mais a partir de 1956, os militares e a elite política de Israel procuravam o melhor momento histórico para ocupar a Cisjordânia.

O plano recebeu o nome codificado de "Plano Shacham" e dividia a Cisjordânia em oito distritos para facilitar a imposição de um regime militar organizado. Mishael Shacham era o governador militar dos territórios palestinos dentro de Israel (e um dos fundadores, ao lado de Ariel Sharon, da Unidade 101, divisão militar conhecida por realizar ousadas e brutais operações de retaliação contra guerrilheiros e agricultores palestinos que tentavam entrar clandestinamente na Palestina). O nome oficial do programa era Organização do Regime Militar dos Territórios Ocupados.[5]

Três grupos estavam envolvidos: membros do setor jurídico do exército, acadêmicos da Universidade Hebraica e oficiais do Ministério do Interior. Entre estes últimos havia principalmente pessoas que já serviam de uma forma ou de outra na administração militar imposta aos palestinos dentro de Israel em 1948, ainda intacta em 1963.

O plano incluía a indicação de um consultor jurídico para o futuro governador dos Territórios Ocupados e quatro tribunais militares. Nos apêndices, estavam traduzidas ao árabe a lei jordaniana e as Regulações de Emergência do Mandato Britânico de 1945.[6] Embora estas últimas já fossem aplicadas em Israel, por algum motivo os israelenses não tinham a tradução árabe – talvez porque, teoricamente, segundo a lei israelense, essas medidas draconianas, que depois seriam mais numerosas, eram impostas da mesma forma a judeus e a não judeus. No caso da Cisjordânia, deveriam ser aplicadas apenas aos palestinos (e, de fato, quando os colonos judeus chegaram, foram desobrigados desse regime legal).

Zvi Inbar, membro veterano da equipe militar da Procuradoria-Geral, era o procurador-geral do Comando Sul. Em suas memórias, revelou pela primeira vez detalhes do plano, explicando que os vocábulos da realidade do período do Mandato, quando essas regulações foram promulgadas pelo governo britânico em 1945, precisaram ser adaptados para a futura ocupação da Cisjordânia e da Faixa de Gaza em 1963. Assim, "Alto Comissariado" e "governo de Sua Majestade" eram termos irrelevantes e foram substituídos, respectivamente, por "governo geral militar" e "IDF".[7]

Outros trechos do plano sugerem que a compatibilidade do direito internacional e da Convenção de Genebra com essa ocupação também era uma questão preocupante, sobretudo – e de forma assustadora para os palestinos – porque o documento de Genebra não permitia execuções. Como este livro demonstrará, depois de um ano de ocupação Israel decidiu que a Convenção de Genebra não se aplicava aos Territórios Ocupados e que não adotaria a pena de morte; contudo, recorreria a outros meios igualmente letais de punição.

O direito jordaniano também foi estudado para determinar quais leis hachimitas não precisariam ser abolidas de imediato, de modo a não interferir na estratégia e nos objetivos israelenses. "De modo algum permitiremos uma lei que contradiga ou deslegitime leis israelenses", recordaria Inbar. Mas, em vários aspectos, a estrutura legal de dominação no período jordaniano se adequava bem às concepções israelenses de controle: era abrangente como os israelenses desejavam e incluía até uma lista de livros censurados na Cisjordânia, especialmente para crianças. Na lista jordaniana, estava *O diário de Anne Frank*, enquanto a lista israelense censurava *A estrutura das revoluções científicas* (supostamente porque continha no título a palavra "revolução"), de Thomas Kuhn.[8]

O Plano Shacham também sugeria nomes de veteranos que deveriam ser indicados a altos cargos na futura ocupação. Alguns deles de fato estariam lá em 1967 – homens como Chaim Herzog e o próprio idealizador do plano, o coronel Mishael Shacham. Em 1963, Herzog encerrou sua carreira no serviço militar com a patente de general e foi imediatamente nomeado futuro governador-geral da Cisjordânia. A nomeação de um oficial veterano indicava a relevância dos preparativos militares e judiciais de Israel em 1963.

Herzog nomeou um diretor de banco chamado David Shoham como "ministro das Finanças" dos futuros Territórios Ocupados, e Memi De-Shalit como "ministro do Turismo" – a nomenclatura formal desses postos seria "oficial comissionado" para Finanças e para Turismo, respectivamente.[9]

Um dos grandes resultados desses preparativos foi um dossiê sobre as condições econômicas na Cisjordânia. O relatório foi organizado por Uzi Narkiss, diretor da escola nacional militar próxima a Tel Aviv e, mais tarde, durante a guerra de 1967, chefe do Comando Central. Na época, Narkiss recusou os pedidos de Shacham e seus colegas para preparar um plano ainda mais detalhado de dominação da Cisjordânia (em 1963, ele não previa que esse cenário seria iminente). Shacham recebeu uma resposta mais encorajadora da inteligência militar, que começou a preparar arquivos sobre personalidades, instalações e instituições na Cisjordânia (e, evidentemente, na Faixa de Gaza). Os preparativos de 1963 culminaram em um exercício que ensaiava os primeiros dias da tomada do território.[10]

Um ano depois, em 1964, Shacham convidou outro grupo de potenciais recrutas para a Universidade Hebraica. Para esse novo curso, a universidade produziu, em parceria com o exército, um manual especial para os "estudantes", intitulado *Controle militar em territórios ocupados*.[11] Repleto de pormenores, o guia fornecia instruções minuciosas para lidar com municípios e conselhos locais na Cisjordânia e na Faixa de Gaza e para administrar o sistema educacional. Shlomo Gazit – que se tornou o oficial militar a coordenar a política do governo nos Territórios Ocupados – disse que o manual explicava como "limpar o território dos elementos hostis", "encorajar colaboradores e punir aqueles que resistissem à ocupação". Afinal, "o objetivo era estimular o surgimento de uma nova liderança local colaborativa com a ocupação (a não ser, é claro, que a liderança já estabelecida no território se porte bem; nesse caso, permaneceria inalterada)".[12]

Em três anos, a equipe ficou pronta para a eventualidade de uma ocupação militar, que de fato ocorreu em junho de 1967. O local dos diversos cursos mudou para Beit Hayal, o "dormitório dos soldados" de Jerusalém. A estrutura dos cursos e seu objetivo principal continuaram os mesmos: preparar-se para o dia em que a dominação militar da Cisjordânia e da Faixa de Gaza começasse a se estabelecer de fato.

A Procuradoria-Geral Militar tinha seu próprio codinome para o plano: Granit. Combinado com o Plano Shacham, mais generalizado, o Granit se tornou mais aplicável em maio de 1967. Nesse momento, governadores e juízes, todos militares, já haviam sido nomeados para a Cisjordânia e a Faixa de Gaza, e o Plano Shacham se tornou totalmente operacional (incluindo até preparativos para instalar um regime naquilo que o exército se referia como "Síria"). O Plano Granit foi o mais detalhado e estruturado de todos os preparativos de Israel anteriores a 1967 para administrar a ocupação da Cisjordânia e da Faixa de Gaza.

Em maio de 1967, cada potencial governador militar, assim como cada consultor jurídico e político, recebeu uma caixa (*argaz*) com os seguintes itens: instruções para governar uma área árabe ocupada; os textos das convenções de Genebra e de Haia; a tradução árabe das Regulações de Emergência; o livro *The Occupation of Enemy Territory: A Commentary on the Law and Practice of Belligerent Occupation* [A ocupação do território inimigo: comentários sobre o direito e a prática da ocupação beligerante], escrito por Gerhard von Glahn; e um conjunto de relatórios de direito internacional sobre normas administrativas, publicados em 1929 por Elihu Lauterpacht, C. J. Greenwood e A. G. Oppenheimer.

A principal fonte era o livro de Von Glahn. Se a obra tivesse sido de fato a base para as futuras políticas nos Territórios Ocupados, porém, a história dessas áreas teria sido bem diferente. Esse texto determinava que uma ocupação não pode alterar o *status de jure* de uma área, que uma ocupação não passa de algo temporário e que o ocupante pode apenas utilizar recursos como terras, casas etc., mas não pode possuí-los, vendê-los ou comprá-los.

Menciono em pormenores os materiais da caixa porque todos foram ou preparados antes da ocupação da Alemanha pelos Aliados em 1945, ou baseados em lições aprendidas com aquela ocupação. Em retrospecto, contudo, pode-se dizer que, apesar dos elaborados preparativos, na prática se optou por uma forma mais fácil: uma simples extensão da dominação militar já imposta a um grupo palestino (a minoria dentro de Israel) a outro grupo palestino (as pessoas na Cisjordânia e na Faixa de Gaza). Após a fundação do Estado de Israel, a minoria palestina que permaneceu em suas fronteiras foi submetida a um regime militar entre 1948 e 1966 (Mishael Shacham foi o último governador-geral desse regime), de modo que já havia uma experiência prévia de dominação que poderia ser estendida aos Territórios Ocupados. A base legal para a velha e a nova imposição era a mesma: as Regulações de Emergência do Mandato Britânico. A interpretação israelense dessas regras – em 1948 e também em 1967 – deu a um governo militar controle ilimitado sobre cada aspecto da vida do povo palestino em sua área. Os dominadores se tornaram o que o coronel Elimelech Avner, primeiro chefe do regime militar em 1948, descreveu como "monarcas absolutos" em seus pequenos domínios.[13]

Quando as Regulações de Emergência foram impostas pela primeira vez em 1948, e de novo em 1967, ninguém mencionou que haviam sido condenadas por todos os líderes sionistas quando originalmente introduzidas pelo Mandato Britânico, e tidas como uma legislação nazista. Esses líderes as descreviam como regras "sem paralelo em nenhum país esclarecido", e continuavam dizendo que "nem na Alemanha nazista houve regras assim, e as ações de Majdanek [campo de concentração na Polônia] e similares haviam sido cometidas em violação à letra da lei".[14]

As duas regras mais notórias foram – e ainda são – a Regulação nº 109, que permitia ao governo expulsar a população, e a Regulação nº 110, que dava ao governo o direito de intimar qualquer cidadão a uma delegacia de polícia sempre que julgasse necessário. Outro exemplo infame era a Regulação nº 111, que sancionava a prisão administrativa, uma detenção por tempo indeterminado, sem explicação e sem processo legal. Na ocupação de 1967, esta última regra viria a se tornar um recurso mais comum do que a opressão contra os palestinos em Israel. A interpretação de diversas dessas normas deu origem ao direito dos governadores de recorrerem a medidas preventivas, das quais a mais corriqueira era declarar aldeias inteiras como "áreas militares fechadas", sempre que o Shin Bet ou Shabak (Serviço de Segurança Geral) soubesse previamente de uma assembleia ou de uma manifestação. Essa prática se deu pela primeira vez em Israel em 1949, quando os palestinos se manifestaram contra a expropriação de suas terras, e seria constantemente aplicada para silenciar protestos na Cisjordânia até hoje e na Faixa de Gaza até 2005.

As Regulações de Emergência do Mandato se tornaram a infraestrutura legal dos tribunais militares israelenses, pelos quais centenas de milhares de palestinos passariam, detidos sem processo, torturados e abusados. Raramente escapavam ilesos. Os juízes eram todos oficiais do exército, e não se exigia que tivessem formação jurídica. Os tribunais tinham um, dois ou três juízes. Aqueles com três juízes tinham direito de ordenar execuções e sentenciar pessoas à prisão perpétua. Entre as instituições teóricas contempladas em 1963, havia um tribunal militar especial de apelações, que se tornaria operacional em 1967, sancionando as decisões dos tribunais inferiores para mostrar ao mundo um sistema que aparentemente continha instituído em si o direito ao recurso.

As caixas com instruções aos governadores militares foram distribuídas em maio de 1967 e entregues a um novo organismo, devidamente denominado "Unidade Especial", que se uniria às forças de ocupação no mês seguinte. Os graduados no curso em Givat Ram integraram essa unidade e assumiram a administração da Justiça militar da Cisjordânia e da Faixa de Gaza. Zvi Inbar, por exemplo, foi incorporado às forças que ocuparam a Faixa de Gaza, e, em dois dias, ele e outros estabeleceram o controle militar e o sistema judiciário da Faixa. Os quatro anos de preparação facilitaram uma dominação rápida e a criação de um regime que duraria, extraoficialmente, pelos cinquenta anos seguintes.

O que eles conceberam e executaram, e o que sucessivas gerações de burocratas israelenses sustentariam, foi a construção da maior prisão de todos os tempos: uma megaprisão para 1,5 milhão de pessoas – número que subiria para quatro milhões –, que ainda hoje estão, de uma forma ou de outra, encarceradas atrás de suas grades reais ou imaginárias. Este livro conta a história das origens dessa prisão e tenta captar como era – e ainda é – a vida nesse confinamento.

O GOVERNO NA COLINA

O complexo governamental construído em Givat Ram no início dos anos 1950 e finalizado pouco antes da guerra de 1967 era composto de três edifícios. Esses imensos prédios cúbicos se erguem no topo da colina e hoje abrigam o Knesset, a Suprema Corte e o Banco de Israel.

O gabinete do primeiro-ministro, na verdade, ficava – e ainda fica – no terceiro andar do edifício mais próximo do campus da universidade. Nesse mesmo andar está a sala de reuniões do governo, com uma enorme mesa retangular de madeira no centro, às vezes exibida na TV em notícias sobre a política israelense. Desde a década de 1960 e até hoje, o governo tem usado outra sala de reuniões no segundo andar do Knesset; ali, eles se sentam em volta de uma mesa oval, outra imagem familiar na história televisiva do Estado judaico.

O 13º governo de Israel se reuniu quase diariamente em volta de ambas as mesas logo após a guerra de 1967, em intensos debates sobre o destino da Cisjordânia, da Faixa de Gaza e do povo que vivia nessas regiões. Depois de quase três meses deliberando, eles concluíram as discussões com uma série de decisões – todas, de uma forma ou de outra, condenando aqueles que viviam na Cisjordânia e na Faixa de Gaza à detenção perpétua na maior prisão do mundo. Os palestinos que ali viviam foram encarcerados por crimes e infrações jamais cometidos, confessados ou tipificados. Enquanto escrevo este livro, uma terceira geração desses "prisioneiros" já nasceu dentro dessa megaprisão.

Esse governo em particular – que tomou as decisões mais insensíveis e desumanas – representou o consenso sionista mais amplo possível: todas as tendências ideológicas e todos os pontos de vista foram apresentados ao redor dessas mesas. Socialistas do partido Mapam se sentaram com o revisionista Menachem Begin e partilharam a glória e o poder com as diversas facções que compunham o movimento trabalhista sionista. Eles foram acompanhados por membros dos partidos seculares mais liberais e pelos mais religiosos e ultrarreligiosos. Nunca antes – nem depois – um governo tão amplo e com tamanho consenso liderou o Estado de Israel em suas decisões cruciais.

Diferentemente do que se costuma dizer sobre a história da Cisjordânia e da Faixa de Gaza, o governo de Israel foi o único a desempenhar um papel primordial na decisão sobre o destino desses territórios e das pessoas que neles viviam, seja à época, seja atualmente. O que os ministros israelenses determinaram na segunda metade de junho de 1967 – e nos meses seguintes, de julho e agosto – é até hoje a pedra fundamental da política nacional para os Territórios Ocupados. Nenhum dos sucessivos governos israelenses se desviou desse caminho, nem quis se desviar, de nenhuma maneira.

As resoluções adotadas naquele breve período, entre junho e agosto de 1967, estabeleceram os princípios aos quais os futuros governos israelenses iriam aderir religiosamente e dos quais não divergiriam, nem mesmo durante os eventos dramáticos que se seguiram, como as duas Intifadas ou o "processo de paz" de Oslo e a Cúpula de Camp David.

Uma explicação para a longevidade desse conjunto de decisões é a extraordinária composição do governo de 1967. Conforme mencionado, esse governo representou, como nunca antes ou depois, o consenso sionista mais amplo possível. Isso também pode ser atribuído ao clima eufórico que se seguiu à total devastação de três exércitos árabes pelas IDF e pela bem-sucedida *blitzkrieg* que resultou na ocupação militar de vastas áreas de terras árabes. Uma aura quase messiânica cercava os estrategistas políticos daqueles dias, encorajando-os a fazer escolhas ousadas, cujas consequências históricas seus sucessores teriam dificuldade de refutar ou transformar.

Todas essas explicações plausíveis tendem a compreender as políticas israelenses como produto direto das circunstâncias particulares e extraordinárias de junho de 1967. Mas o primeiro capítulo deste livro tentará mostrar que essas decisões foram, sobretudo, resultado inevitável da ideologia e da história sionistas (como quer que se escolha definir essa ideologia ou insistir em seus matizes e sutilezas). As circunstâncias particulares fizeram com que os políticos se lembrassem mais facilmente de sua herança ideológica e se reconectassem, como em 1948, com a motivação sionista de judaizar o máximo possível da Palestina histórica. Os princípios para adaptar os eventos dramáticos de junho de 1967 a essa visão ideológica foram estabelecidos nas reuniões realizadas em Givat Ram e no Knesset. Uma vez que as decisões refletiam a interpretação sionista consensual sobre a realidade do passado e do presente da Palestina como um Estado exclusivamente judaico, nenhum dos desenvolvimentos posteriores parecia minar sua validade para os políticos israelenses do futuro. A única maneira de desafiar a decisão então tomada era questionar a validade do próprio sionismo.

Dois fundamentos da ideologia sionista ainda estavam inabalavelmente vigentes entre os políticos de 1967, assim como entre seus predecessores. Esses fundamentos diziam que a luta pela sobrevivência do Estado judaico dependia, por um lado, de sua capacidade de controlar a maior parte da Palestina histórica e, por outro, de sua capacidade de reduzir consideravelmente o número de palestinos vivendo nela. Em termos sionistas, *realpolitik* significava reconciliar-se com a possibilidade de não atingir esses dois objetivos por completo. Houve momentos em que líderes sionistas como David Ben-Gurion tentaram quantificar esses dois objetivos (a saber: quanto da Palestina era necessário para um Estado judaico e quantos palestinos poderiam ser tolerados em suas fronteiras), porém a conclusão mais frequente defendia que a melhor opção era, primeiro, garantir mais terras e, depois, garantir que essas terras tivessem menos palestinos. Quando a Palestina foi claramente definida como entidade geopolítica pelo Mandato Britânico, após a Primeira Guerra Mundial (1914-1918), possuir a maior parte do país significava se apossar da maior parte da Palestina do Mandato (Israel de hoje mais os Territórios Ocupados).

O consenso sionista ditava o desejo de um Estado judaico etnicamente puro. Mais uma vez, houve algumas tentativas de determinar o que constituiria uma minoria não judaica tolerável dentro de um Estado judaico, mas o desejo não declarado (e às vezes declarado) era ter apenas judeus naquela que era considerada a antiga Terra de Israel.

O ano de 1948 ofereceu a oportunidade histórica de realizar ambos os objetivos: tomar o máximo de terras e se livrar da maioria da população local. Diversos processos parciais convergiram para permitir que o movimento sionista empreendesse uma limpeza étnica na Palestina naquele ano: a decisão britânica de se retirar da região depois de trinta anos de dominação; o impacto do Holocausto na opinião pública ocidental; a desorganização dos mundos árabe e palestino; e, por fim, a cristalização de uma liderança sionista determinada a concretizar esse projeto. Como resultado, metade da população nativa foi expulsa; metade de suas aldeias e cidades, destruída; e cerca de 80% da Palestina do Mandato se tornou o Estado judaico de Israel.

A expropriação de 1948 foi testemunhada de perto por representantes da comunidade internacional – delegados do Comitê Internacional da Cruz Vermelha, correspondentes da imprensa ocidental e funcionários da Organização das Nações Unidas (ONU). O mundo ocidental, no entanto, não estava interessado em ouvir esses relatos incriminadores; as elites políticas escolheram ignorá-los. A mensagem vinda da Europa e dos Estados Unidos era clara: o que acontecesse na Palestina seria o inevitável ato final da Segunda Guerra Mundial (1939-1945). Alguma coisa precisava ser feita para que a Europa pudesse reparar os crimes cometidos contra o povo judeu – e, portanto, foi necessária a expropriação em massa de palestinos para que o Ocidente avançasse na paz e na reconciliação do pós-guerra. A situação na Palestina, é claro, não tinha nada a ver com o movimento das populações na Europa no rastro da Segunda Guerra ou com o genocídio dos judeus europeus. Era o clímax não da guerra na Europa, mas da colonização sionista do território, que havia começado no século XIX; o ato derradeiro na construção de um Estado judaico de colonos modernos, numa época em que a comunidade internacional parecia ver a colonização como algo inaceitável, exemplo de uma ideologia deplorável do passado.

Mas não no caso da Palestina. A mensagem do mundo esclarecido era inequívoca: a expropriação dos palestinos pelos israelenses, assim como a tomada da maior parte de seu território, era algo legítimo e aceitável. Quase metade dos ministros israelenses presentes nos encontros de 1967 eram veteranos da limpeza étnica da Palestina de 1948. Alguns haviam sido membros de uma pequena cabala que tomou a decisão de expulsar quase um milhão de palestinos, destruir suas aldeias e cidades e impedi-los para sempre de retornar à terra natal – episódio conhecido como Nakba. Outros eram generais ou oficiais na máquina que perpetrou o crime. Todos tinham plena consciência da indiferença internacional ocorrida em 1948, quando o movimento sionista tomou 78% da Palestina. E é por isso que todos eles estavam convencidos de que a comunidade internacional lhes permitiria agir novamente de modo impune e unilateral, agora que Israel ocupava os 22% restantes da terra. Os políticos e militares israelenses receberam carta branca para os crimes que cometeram em 1948 e não havia motivos para esperar nenhuma retaliação séria ou obstáculos a uma política similar de limpeza étnica em junho de 1967.

Havia, contudo, uma imensa diferença entre 1948 e 1967. Em 1948, as decisões sobre o destino dos palestinos tinham sido tomadas antes da guerra, ao passo que, em 1967, elas foram formuladas depois. Portanto, havia mais tempo para ponderar sobre as ramificações de uma expulsão em massa, realizada sem nenhuma guerra em curso. O governo estava determinado, quase em bloco, a tomar uma decisão unilateral sobre o futuro dos territórios, porém mais dividido a respeito da possibilidade ou da prudência de outra imensa limpeza étnica[15] após o encerramento oficial das hostilidades. Os contra-argumentos eram claros: uma limpeza étnica no pós-guerra poderia despertar uma consciência ocidental que, de outro modo, estaria adormecida. Além disso, não se sabia ao certo se o exército teria força de vontade e condições de realizá-la, pois não estava claro se haveria recursos suficientes para tanto. O governo de 1967 era também um fórum maior do que aquele que idealizou a limpeza étnica de 1948. O 13º governo incluía certo número de ministros conscienciosos que fariam objeção a tal plano por questões morais.

Embora tenham decidido frear a expulsão em massa, pouquíssimos membros daquele governo e dos governos que o sucederam fizeram objeções ao incremento das expulsões e expropriações destinadas a reduzir de maneira significativa o número de palestinos nos Territórios Ocupados (assim como não protestaram contra a violência que deflagrou a emigração dos palestinos). Quanto menos palestinos, mais fácil seria policiá-los na nova megaprisão que estava sendo construída.

Assim, a limpeza étnica em grande escala foi descartada. No entanto, naquelas reuniões do governo, a sensação predominante era de que a comunidade internacional não agiria contra a expansão territorial de Israel – não tanto por apoiar o expansionismo em si, e mais por não estar disposta a confrontá-lo. Mas havia uma ressalva crucial: não poderia haver uma anexação *de jure* dos territórios, apenas uma anexação *de facto*. E isso por dois motivos: primeiro, a Cisjordânia e a Faixa de Gaza eram consideradas "territórios ocupados" pelo direito internacional, ao passo que as áreas que Israel ocupara em 1948 eram todas reconhecidas pela ONU como parte do Estado de Israel. Segundo, se os palestinos não podiam ser expulsos, tampouco deviam ser plena e igualitariamente integrados como cidadãos no Estado judaico, já que seu número elevado e potencial crescimento natural poria em risco a decisiva maioria judaica em Israel.

Havia na época – e há até hoje – um consenso israelense e um desejo avassalador de conservar a Cisjordânia e a Faixa de Gaza para sempre, e, ao mesmo tempo, o duplo reconhecimento da indesejabilidade de uma anexação oficial desses territórios e a incapacidade de expulsar massivamente a população palestina. No entanto, a conservação desses territórios, mantida neles a população, parecia tão vital quanto a necessidade de preservar uma maioria judaica nas terras que constituíssem um Estado judaico.

As atas das reuniões ministeriais de 1967 estão hoje em domínio público. Elas expõem tanto a impossibilidade quanto a incompatibilidade destas duas forças motrizes: o apetite de se apossar de novas terras e a relutância seja em expulsar, seja em incorporar plenamente os palestinos que vivem nesses territórios. Os documentos também revelam uma autossatisfação congratulatória diante da pioneira descoberta de uma forma de escapar desse impasse aparentemente lógico e teórico. Os ministros se convenceram – como todos os ministros depois deles se convenceriam – de que haviam encontrado a fórmula que permitiria a Israel manter os territórios que cobiçava sem incorporar as pessoas que rechaçava, ao mesmo tempo isentando-se da condenação e das críticas internacionais.

Na verdade, não havia nisso nada de novo. Os governantes israelenses enfrentavam uma dificuldade similar desde 1948, quando decidiram de que forma tratar a minoria palestina dentro de Israel, optando por impor-lhe uma dominação militar que só foi suspensa depois de dezoito anos, ao ser substituída por um novo tipo de regime de inspeção, controle e coerção. Com o tempo, isso se atenuou um pouco, ao passo que o sistema se tornava mais oculto e complexo. Àquela altura, porém, havia mais pessoas na Cisjordânia e na Faixa de Gaza; portanto, embora a cidadania limitada conferida à minoria palestina dentro de Israel parecesse alinhada ao objetivo de manter uma decisiva maioria judaica no interior do Estado, o mesmo não ocorreria se uma cidadania similar fosse estendida aos palestinos da Cisjordânia e da Faixa de Gaza. Assim, era necessário conservar os territórios sem expulsar as pessoas, mas, ao mesmo tempo, também era necessário não lhes conceder cidadania. Esses três parâmetros ou presunções se mantêm inalterados: são a trindade profana do catecismo sionista consensual.

Quando três objetivos como esses são traduzidos em políticas efetivas, só podem produzir uma realidade desumana e impiedosa. Não há nenhuma versão benigna ou esclarecida de uma política cujo intuito é manter as pessoas no limbo, sem cidadania, por longos e indeterminados períodos. Apenas uma única criação humana opera de modo a roubar, temporária ou indefinidamente, os direitos humanos básicos e os direitos civis do cidadão: a prisão moderna. Eis o objetivo de instituições contemporâneas que conhecemos como prisões, penitenciárias ou unidades correcionais, seja como parte de uma impiedosa ditadura, seja como consequência de um longo processo legal nas democracias.

Oficialmente, alguns palestinos da Cisjordânia tinham cidadania jordaniana; no entanto, sob a ocupação, essa "cidadania" não tinha nenhum valor, de forma que, para todos os efeitos, a partir de junho de 1967, eles eram pessoas sem cidadania. Além disso, no rastro dos eventos de setembro de 1970 (a guerra interna entre a Organização pela Libertação da Palestina e o reino hachimita) e do desligamento oficial da Jordânia da Cisjordânia, o número de palestinos com cidadania jordaniana diminuiu.

A prisão de hoje se parece com o panóptico originalmente concebido por Jeremy Bentham, o primeiro filósofo moderno a justificar a racionalidade do aprisionamento em um novo sistema penal coercitivo. A prisão do panóptico, que ganhou notoriedade no início do século XIX, era projetada para que os guardas pudessem ver os prisioneiros, mas não o contrário. O edifício era circular: as celas ficavam no perímetro externo, e no centro do círculo havia uma grande torre redonda de observação. A qualquer momento, os guardas podiam estar olhando para baixo e observando a cela do prisioneiro – e, portanto, monitorando comportamentos potencialmente desordeiros –, mas cortinas cuidadosamente posicionadas impediam que os prisioneiros vissem os guardas, de modo que eles não sabiam se ou quando estavam sendo monitorados. Bentham acreditava que o "olhar" do panóptico constrangeria os prisioneiros a se comportarem moralmente, como se, sob o olhar de Deus, que tudo vê, eles fossem se envergonhar de seu mau comportamento.

Se substituirmos a conduta moralmente correta pela colaboração com a ocupação e mudarmos a estrutura circular do panóptico para uma variedade de parâmetros geométricos de aprisionamento, a decisão israelense de 1967 foi isolar os palestinos na Cisjordânia e na Faixa de Gaza dentro de um panóptico moderno. E, para os leitores familiarizados, a posterior elaboração foucaultiana sobre o modelo do panóptico também pode ser uma ferramenta útil para entender a estrutura construída por Israel em 1967 e posteriormente. Contudo, assim como Bentham, Foucault enfatizou a natureza da prisão do panóptico como um sistema de controle que não tinha necessidade de barreiras físicas e no qual os guardas ficavam invisíveis aos prisioneiros. Como veremos – e como a maioria dos leitores provavelmente já sabe –, isso se aplica a apenas um elemento na matriz de poder que aprisionou a população palestina na megaprisão criada por Israel no século XX; outros elementos intencionalmente forçavam os "prisioneiros" a olhar para os guardas e a sentir, da forma mais física possível, as barreiras, os muros e o arame farpado que os cercavam.

Assim, em 1967, a hesitação oficial de Israel entre um nacionalismo impossível e ambições colonialistas transformou 1,5 milhão de pessoas em prisioneiros de uma megaprisão – não uma prisão que encarcerou alguns palestinos injusta ou justamente, mas uma prisão imposta à sociedade inteira. Era, e ainda é, um sistema perverso, construído pelos motivos mais vis. Alguns de seus arquitetos genuinamente visavam ao modelo mais humano possível para essa prisão, provavelmente porque tinham consciência de que se tratava de uma punição coletiva por um crime jamais cometido. Outros nem sequer se importavam em buscar uma versão mais suave ou mais humana. Devido à existência desses dois campos, o governo israelense ofereceu uma versão da prisão às pessoas da Cisjordânia e outra às pessoas da Faixa de Gaza. Uma versão era uma prisão no panóptico "aberto"; a outra, uma prisão de "segurança máxima". Se não aceitassem a primeira, seriam levados à segunda.

A "prisão aberta" permitia um certo nível de vida autônoma sob o controle israelense direto ou indireto, enquanto a "prisão de segurança máxima" roubava dos palestinos toda autonomia e os submetia a uma dura política de punições, restrições e, nos piores casos, execuções. A realidade da prisão aberta era dura o bastante e suficientemente desumana para deflagrar a resistência da população sob ocupação, e o modelo de segurança máxima foi imposto em retaliação a essa resistência. O modelo mais suave foi experimentado duas vezes – entre 1967 e 1987, e entre 1993 e 2000 – e a resistência ocorreu mais intensamente entre 1987 e 1993, e entre 2000 e 2009 (e na Faixa de Gaza até hoje). A prisão aberta também se tornou o "plano de paz" de Israel, apoiado pelos Estados Unidos e pelos países europeus. Esse plano estabeleceu a base dos esforços diplomáticos e do "processo de paz". Em Israel e no Ocidente, uma vasta manipulação discursiva, além de uma mídia e uma comunidade acadêmica muito colaborativas, foram essenciais para manter o ânimo e a validade política da opção pela prisão aberta como melhor solução para o "conflito" e como a visão idealizada de uma vida normal e saudável na Cisjordânia e na Faixa de Gaza.

"Autonomia", "autodeterminação" e, por fim, "independência" foram termos usados, e principalmente abusados, para descrever a melhor versão de um modelo de prisão aberta que os israelenses poderiam oferecer aos palestinos nos Territórios Ocupados.

Mas essa manipulação discursiva não se materializou na realidade, e a hipérbole da paz e da independência não ensurdeceu as pesssoas conscientes em todas as sociedades envolvidas, seja nos Territórios Ocupados, em Israel ou no resto do mundo. Na era da internet, de uma imprensa independente, de uma sociedade civil mobilizada e de ONGs atuantes, foi difícil aplicar a farsa da paz e da reconciliação em territórios onde as pessoas eram encarceradas na maior prisão da história. Este livro também é dedicado àqueles que, sem descanso, tentaram alertar seres humanos decentes ao redor do planeta sobre a importância de não ficar alheio e simplesmente observar enquanto milhões de pessoas recebem tratamento tão desumano e desumanizante só porque não são judias. Essas pessoas virtuosas forneceram descrições e análises que confrontaram as coberturas indiferentes e muitas vezes distorcidas feitas pela mídia ocidental hegemônica sobre a Cisjordânia e a Faixa de Gaza desde 1967. Ao lado da resistência palestina, elas continuam – até o momento sem muito sucesso – questionando a avassaladora impunidade que o Ocidente concedeu ao Estado de Israel por suas políticas criminosas em relação aos palestinos.

A BUROCRACIA NA COLINA

A prisão aberta e a prisão de segurança máxima exigiam uma equipe imensa para serem administradas. Esses milhares de soldados, oficiais, altos funcionários, juízes, médicos, arquitetos, policiais, cobradores de impostos, consultores acadêmicos e políticos são a principal face humana desse monumento israelense à desumanidade.

No topo da pirâmide burocrática estava o comitê dos diretores-gerais dos ministérios. Instaurado em 15 de junho de 1967, foi esse comitê que, nos meses seguintes, projetou a infraestrutura econômica, legal e administrativa para controlar os Territórios Ocupados. O conteúdo de suas reuniões está resumido em dois volumes de milhares de páginas de atas com cada uma de suas deliberações. Esse grupo de funcionários do governo recrutaria os principais acadêmicos israelenses da época e membros experientes do sistema de controle anteriormente empregado nas áreas palestinas no interior de Israel. Este livro é tanto sobre esses funcionários, acadêmicos e burocratas quanto sobre o sistema que eles construíram em junho de 1967 e que se mantém até hoje. Uma segunda geração de administradores já está em ação, e uma terceira entrará em cena em breve. Depois que um sistema atravessa gerações, qualquer discurso a respeito de seu caráter temporário ou de sua finalidade específica é inútil. Esse sistema se torna um organismo vivo muito difícil de ser combatido ou desmontado, daí o compreensível desespero dos palestinos nos últimos anos, que toma a forma de homens-bomba e ataques com foguetes caseiros, sem qualquer esperança de persuadir os israelenses a desarticularem essa monstruosidade.

O foco na burocracia é essencial para evitar que caiamos na armadilha da demonização; assim, este livro não busca demonizar a sociedade israelense como um todo, embora diversos de seus membros apoiem a existência da maior prisão do mundo e muitos outros prefiram fazer vista grossa. Aqui, buscamos ao máximo distinguir o sistema das pessoas que trabalham nele. Destacamos os políticos e acadêmicos que, em 1967, estabeleceram o mecanismo para criar um enclave e uma prisão, assim como os milhares de funcionários, oficiais, soldados e policiais que o administraram. Algumas pessoas mencionadas são tão culpadas quanto aqueles indivíduos que, no resto do mundo e ao longo da história, não fizeram nada a respeito dos crimes cometidos em seu nome ou diante dos próprios olhos. Esses israelenses que ou apoiaram ou não fizeram objeção à opressão até hoje são saudados no Ocidente como defensores da paz e da humanidade, recompensados com uma série infinita de prêmios e condecorações imerecidos. Há pouquíssimas pessoas realmente más na história humana moderna, porém há um bocado de sistemas perversos. A megaprisão israelense na Palestina é um deles.

Os vilões da peça – e deste livro – são, portanto, os israelenses que desenvolveram pormenorizadamente esse sistema, os que o defenderam por todos esses anos e os que "aperfeiçoaram" seu funcionamento, ou seja, seu poder de abusar, humilhar e destruir a vida palestina. Eles foram – e são – servidores da burocracia do mal. Entram inocentemente no sistema, mas apenas raríssimos deixam de sucumbir à sua razão de ser, ao seu modus operandi. Como carcereiros da maior prisão do mundo, eles são constantemente agressores, desumanizadores e destruidores dos direitos e da vida dos palestinos. Apenas quando o último desses carcereiros for dispensado do serviço é que saberemos que a megaprisão da Palestina foi abolida para sempre.

Introdução

Reler a narrativa da ocupação

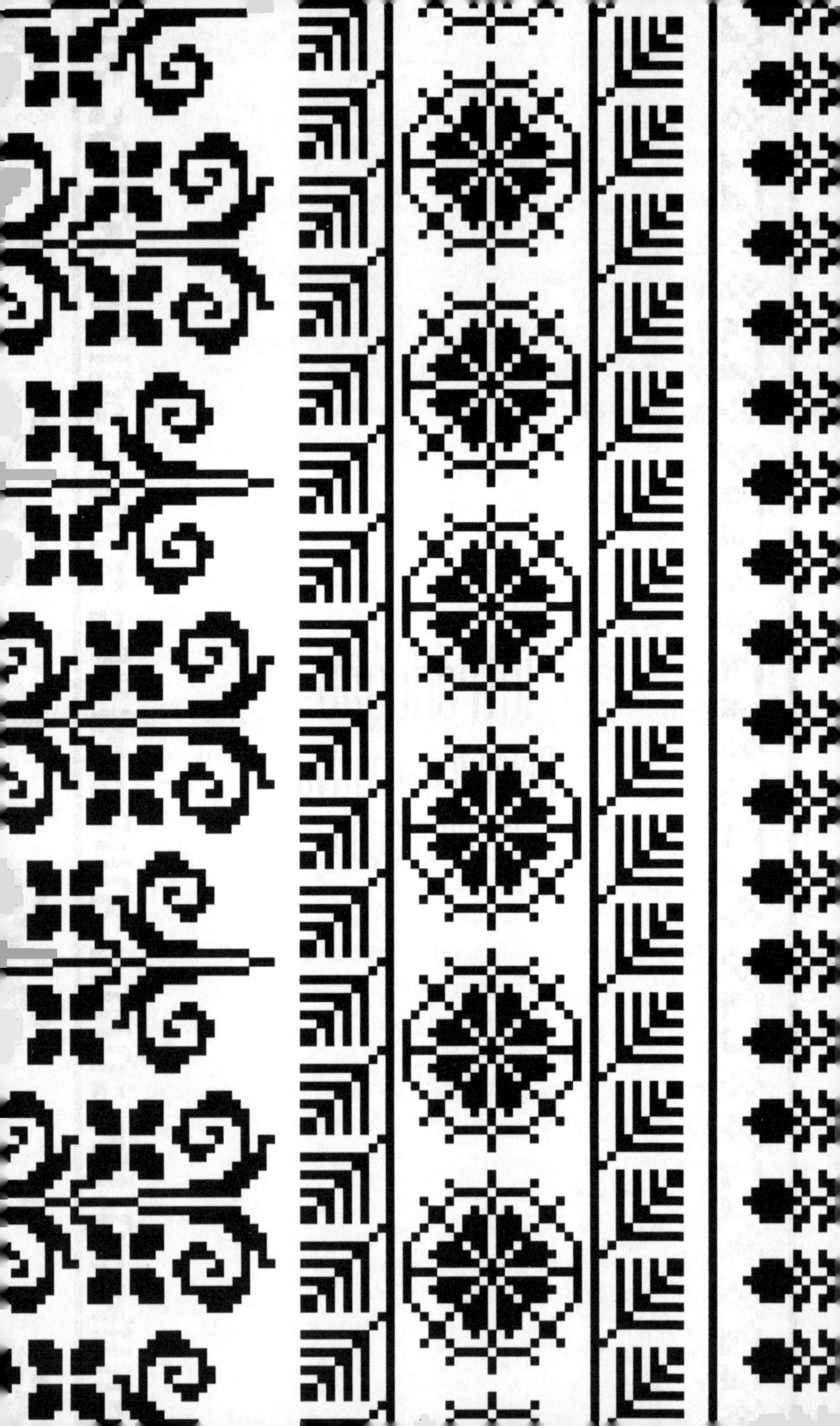

Quando findou o sexto e último dia da guerra de junho de 1967, o Estado de Israel se expandiu para uma área três vezes maior do que seu tamanho original e agregou um milhão de palestinos aos trezentos mil já residentes no país desde 1948. Era mais ou menos o mesmo número de palestinos expulsos por Israel em 1948. Esse milhão foi dobrado, depois triplicado, e continuou a crescer com o passar dos anos, até atingir, somando-se os palestinos no interior de Israel, quase cinco milhões no início do século XXI. Em mais de cinquenta anos de colonização, meio milhão de colonos judeus também habitariam vastas áreas dentro dos Territórios Ocupados e, enquanto escrevo, eles continuam a penetrar e avançar no limitado espaço permitido aos palestinos.

O destino destes e da terra onde viviam foi debatido pelo governo israelense em junho de 1967. A decisão definitiva, alcançada ao final daquele mês, foi a de excluir, para todos os efeitos, a Cisjordânia e a Faixa de Gaza de qualquer futura negociação de paz. A intenção era tomar uma decisão unilateral sobre os Territórios Ocupados e buscar apoio internacional para a nova política, fosse ela qual fosse. A narrativa deste livro gira em torno dessa decisão.

Até os críticos menos incisivos dessa decisão se referem à estratégia e aos fatos que se seguiram como uma "ocupação". As medidas jurídicas e militares descritas no prefácio indicam que, oficialmente, o Estado judeu se preparava para dominar a vida dos palestinos na Cisjordânia e na Faixa de Gaza da mesma maneira que controlava essa população no interior de Israel. Esses palestinos viviam sobretudo nas áreas alocadas para o Estado palestino pela ONU no Plano de Partilha de 1947, mas que agora haviam sido anexadas por Israel sem nenhuma discussão ou censura internacional. Os indivíduos envolvidos nos preparativos dessa anexação, no início dos anos 1960, e a natureza desses passos preliminares são indicativos dos problemas associados com o uso da palavra "ocupação" na história da Cisjordânia e da Faixa de Gaza sob domínio israelense desde 1967 e até os dias atuais.

Este livro adota o termo "ocupação" com ressalvas. Há dois motivos específicos para isso, embora eu admita que se trata do conceito mais ampla e comumente usado em referência à realidade da vida na Cisjordânia e na Faixa de Gaza, tanto por aqueles que se opõem à presença de Israel nessas áreas quanto por alguns políticos israelenses e ocidentais que não se opõem ou que não têm nenhuma intenção de encerrar essa presença.

A primeira ressalva é que a adesão ao termo "ocupação" cria a ideia de uma falsa separação entre Israel e as áreas ocupadas. O vocábulo legitima, de forma indireta, a presença israelense em qualquer outro lugar do que costumava ser a Palestina do Mandato e produz uma dicotomia inaceitável entre um Israel "democrático" e Territórios Ocupados "não democráticos".

A segunda diz respeito às implicações políticas e jurídicas geralmente associadas ao termo "ocupação", que costuma se referir a um recurso temporário para assegurar um território após um conflito armado ou guerra: tem início e fim, e há regras internacionais e imperativos muito claros associados ao aspecto temporário de qualquer ocupação.

A realidade na Cisjordânia e na Faixa de Gaza é diferente em dois aspectos muito significativos. Um deles, que vem à tona neste livro, é que a temporalidade não faz parte da história dessa "ocupação". Os poderes vigentes que detêm esses territórios e aqueles que apoiam o "ocupante" aceitaram a "ocupação" como um dado da realidade por anos a fio. Em 1987, ela já havia entrado para a história como a mais longa ocupação militar existente, e é difícil que esse recorde seja quebrado em um futuro previsível.

O segundo aspecto que a distingue de outros casos conhecidos de ocupação militar é a totalidade do controle exercido pelo ocupante. Essas formas de controle absoluto costumam ser vistas nos primeiros momentos de qualquer ocupação militar, mas, a menos que sejam oriundas de um grupo designado para o extermínio ou para o genocídio, nunca duram tanto tempo. A extensão dessas práticas de controle total naquilo que ficou conhecido como Territórios Ocupados nos leva a procurar uma terminologia melhor.

Na verdade, as análises aqui apresentadas nos fazem desconfiar de que os significados e as associações do direito internacional para o termo "ocupação" não só são inaplicáveis à realidade nesses territórios como também, em retrospecto, permitiram que o Estado de Israel se esquivasse de qualquer censura ou condenação global mais severa.

Mais recentemente, o mundo acadêmico tem aplicado o paradigma do colonialismo de assentamento (*settler colonialism*) para o caso de Israel e Palestina. O colonialismo de assentamento é a mudança dos europeus para outras partes do mundo com o propósito de construir uma vida nova e permanente. Esse movimento foi muitas vezes deflagrado por uma perseguição anterior, como de fato foi o caso dos colonos judeus na Palestina. A imigração para uma nova pátria quase sempre implicou conflitos com a população nativa. Com frequência, esses encontros terminaram em genocídio dos habitantes locais, ou, em raras ocasiões, como na Argélia, na África do Sul e no Zimbábue, no abandono do próprio projeto colonialista de assentamento.

A Palestina é um caso excepcional. Ainda não sabemos como essa situação terminará. Será que a lógica do colonialismo de assentamento, tão brilhantemente definida pelo falecido Patrick Wolfe como "a lógica da eliminação do nativo", continuará sendo implementada na Palestina através de limpeza étnica e colonização, ou cederá espaço à lógica dos direitos humanos e civis? O tempo dirá. O que podemos afirmar, de novo nos referindo a Patrick Wolfe, é que o colonialismo de assentamento não é um acontecimento, mas uma estrutura de deslocamento e substituição, ou, parafraseando Edward Said, uma substituição da presença pela ausência. Essa estrutura começou a ser implementada em 1882, atingiu certo ápice em 1948, prosseguiu com veemência em 1967, e continua atuante hoje em dia.[1] A megaprisão é um dos muitos métodos utilizados pelo Estado de Israel, colonizador de assentamento, para manter vivo esse projeto: criada em poucos dias, tornou-se uma realidade jamais vista em qualquer outro lugar na história. As prisões são estruturas permanentes, imunes ao escrutínio internacional, e funcionam como um mundo à parte.

A maior prisão do mundo foi criada em junho de 1967 não para manter a ocupação, mas como resposta prática aos pré-requisitos ideológicos do sionismo: a necessidade de controlar o máximo possível da Palestina histórica e criar uma maioria absoluta – se possível, exclusiva – de judeus na região. Esses ímpetos levaram à limpeza étnica da Palestina em 1948 e deram forma à política formulada em junho de 1967, assim como seguem alimentando as ações israelenses hoje.

A maior prisão do mundo era a consequência lógica e inevitável da história e da ideologia sionistas. Assim, o primeiro capítulo deste livro apresenta o contexto da política de 1967 como uma sequência das estratégias adotadas pelo sionismo desde 1882 e, em particular, em 1948. Trata-se, em essência, de uma análise que vê o período entre 1948 e 1967 como um prelúdio integral tanto da guerra de 1967 quanto da política adotada dali em diante. É a história de uma consistente motivação para ocupar a Cisjordânia e, em menor medida, a Faixa de Gaza – uma motivação que só não se concretizou totalmente por falta de oportunidade, e não devido a uma tática para ganhar tempo.

Os primeiros quatro capítulos descrevem como as decisões de 1967 foram implementadas. Uma primeira demarcação geográfica e demográfica da megaprisão é seguida por uma articulação da infraestrutura jurídica para a administração burocrática dos Territórios Ocupados. O governo israelense primeiro decidiu onde assentar judeus em diversas faixas avançadas de penetração na Cisjordânia e na Faixa de Gaza; em seguida, tomou uma clara decisão sobre o sistema judiciário que regularia os processos da população nos Territórios Ocupados, mas deixaria em aberto a questão de seu status jurídico – até hoje, sem solução.

Depois de examinar o avanço da demarcação territorial e dos limites demográficos da megaprisão, o livro observa mais de perto, em ordem cronológica, os dois modelos "oferecidos" aos palestinos. O primeiro, a prisão aberta, esteve em vigor entre 1967 e 1987, ou seja, até a deflagração da Primeira Intifada. Foi bastante opressor, a ponto de engendrar significativa resistência da população local, mais tarde intensificada e apoiada pela Organização para a Libertação da Palestina (OLP) na Tunísia.

A resposta israelense foi cruel, e, entre 1987 e 1993, o modelo mais brutal de uma prisão de segurança máxima foi imposto. A pressão internacional levou a outra tentativa de introduzir uma prisão aberta. Isso durou de 1993 a 2000 e foi revelado ao resto do mundo como um "processo de paz" iniciado e conduzido pelos Estados Unidos.

A base para esse processo foi uma farsa que adotou a forma de um debate interno em Israel entre dois campos, o da "paz" e o "nacional" – um querendo encerrar a ocupação, outro disposto a mantê-la. Assim, teoricamente, seria possível promover um "processo de paz" graças à presença de um grande número de israelenses que queria encerrar a ocupação. Tratava-se de uma farsa porque, embora houvesse israelenses que desejavam o fim da ocupação, eles representavam um contingente irrelevante e marginal, e, como em 1967, a elite política e militar continuou a adotar, na década de 1990, os mesmos princípios que desde o início a levaram a ocupar aqueles territórios.

Na verdade, o resultado dessa lacuna entre um diálogo sobre paz e a ausência de qualquer transformação na realidade da ocupação foi muito pior. A empreitada diplomática permitiu que Israel solidificasse e fortalecesse o domínio dos territórios e das pessoas que ali viviam, enquanto se mantinha imune à pressão ou às críticas internacionais.

O paradigma que este livro oferece requer dicionário e vocabulário novos. Isso fica particularmente evidente no modo como eu abordo os esforços diplomáticos que escolhi para mostrar parte da tentativa israelense de solidificar o modelo de prisão aberta, e em como rejeito, assim, a noção corrente de que houve um esforço genuíno de buscar reconciliação e entendimento com o povo palestino.

Da perspectiva da megaprisão, os debates internos israelenses sobre os Territórios Ocupados são uma narrativa de fraude e ilusão. As decisões primordiais e estratégicas de Israel nas áreas ocupadas foram tomadas logo após a guerra de 1967, de modo que a maioria das discussões políticas que supostamente se seguiram entre um "campo da paz" e um "campo da guerra" é, na melhor das hipóteses, irrelevante, ou, na pior, desonesta. Se essa avaliação estiver correta, então o "processo de paz" que se desenvolveu inteiramente em torno desse "debate" estava fadado ao fracasso desde o início.

O livro termina, como narrativa histórica, com a reimposição da segunda prisão de segurança máxima na Cisjordânia e na Faixa de Gaza neste século XXI. Alguns observadores acreditam que uma nova versão de prisão aberta voltou a ser oferecida aos palestinos em 2006, mas apenas para a Cisjordânia, enquanto a Faixa de Gaza, naquele mesmo ano, se tornou uma versão ainda mais extrema de prisão de segurança máxima. Essas duas hipóteses são examinadas no final do livro.

Esta não é uma história completa ou exaustiva da Cisjordânia e da Faixa de Gaza a partir de 1967 (por mais que ainda nos falte uma obra assim). O livro se concentra em alguns momentos cruciais – hoje bastante familiares – dessa história, mas, diferentemente da narrativa usual desses eventos, eles são examinados aqui enquanto adaptações do modelo de megaprisão levadas a cabo pelos burocratas israelenses conforme as circunstâncias. Aparentemente, nada do que ocorreu desde junho de 1967 até hoje diminuiu a determinação das autoridades de conservar a Cisjordânia e a Faixa de Gaza sob estrito controle de Israel, de encarcerar as pessoas que vivem ali em uma imensa prisão e desconsiderar qualquer pressão internacional para encerrar essa política criminosa. O modelo é falho, pois, ao mesmo tempo que encarcera palestinos, as autoridades de controle não se importam se eles saem e não voltam mais para a prisão. Mas, para quem está determinado ou não quer ser mais um dos milhões de refugiados sem teto no Oriente Médio no século XXI, a única opção é a megaprisão.

Além disso, esta é uma história dos ocupantes, não tanto dos ocupados, no sentido de tentar explicar o mecanismo criado para a dominação de milhões de palestinos. Os palestinos aparecem no livro, mas esta é mais uma narrativa de sua opressão do que uma narrativa de suas aspirações, de seu tecido social, de sua produção cultural e de outros aspectos da vida palestina tão merecedores de uma história que espero venha a ser escrita um dia. Sua resistência e determinação merecem ser registradas e enfatizadas para as futuras gerações.

Este livro deve ser interpretado através do prisma particular da megaprisão, o que significa que assuntos e temas comuns são tratados em um contexto diferente daquele analisado em algumas das melhores obras a respeito da ocupação. Assim, por exemplo, os colonos judeus e os assentamentos são considerados aqui mais como uma forma de confinar o espaço para a vida palestina e de reduzir o número de palestinos nos territórios, e menos como resposta a um desejo ideológico sionista de se expandir para o resto da Palestina.

Considero apenas brevemente o aspecto econômico, apesar de seu papel-chave nessa história. A economia aparece aqui como um conjunto de considerações a respeito dos formuladores das políticas, tanto no momento em que o modelo de prisão aberta foi testado quanto na ocasião da imposição do modelo de prisão de segurança máxima. Nesse contexto, também incluo o uso israelense de financiamentos vindos dos Estados Unidos e do Ocidente de modo geral, sem os quais Israel não conseguiria sustentar esse controle. De maneira ainda mais perniciosa, burocratas experientes consideraram os fundos internacionais que fluíam para os territórios, oriundos de governos preocupados e sociedades civis solidárias ao redor do mundo, como recursos vitais para manter baixos os custos de Israel para cuidar dos "residentes" (como as pessoas na Cisjordânia e na Faixa de Gaza são chamadas pelo Estado judaico).

Também não há nenhum capítulo à parte sobre a Autoridade Palestina, um tema exaustivamente tratado em alguns livros recentes. Ela é apresentada aqui tal como foi percebida pelos formuladores de políticas e burocratas israelenses ao longo dos anos. Para eles, a Autoridade Palestina foi um componente integral e decisivo no modelo de prisão aberta proposto nos anos 1990 – e que a pragmática elite de Israel ainda espera instalar na Cisjordânia, ao menos em um futuro próximo.

Da primeira à última página, este livro descreve uma movimentação histórica que, de muitas formas, começou no século XIX, continuou em 1948 e se encontra agora em seu terceiro estágio, iniciado em 1967. O tempo dirá se será o último. A resistência palestina e o amplo apoio de setores da sociedade civil mundial até agora impediram que fosse. Este é um registro sobre a empreitada sionista até os dias atuais, com um foco particular na fase que começou com as reuniões do governo israelense em 1967.

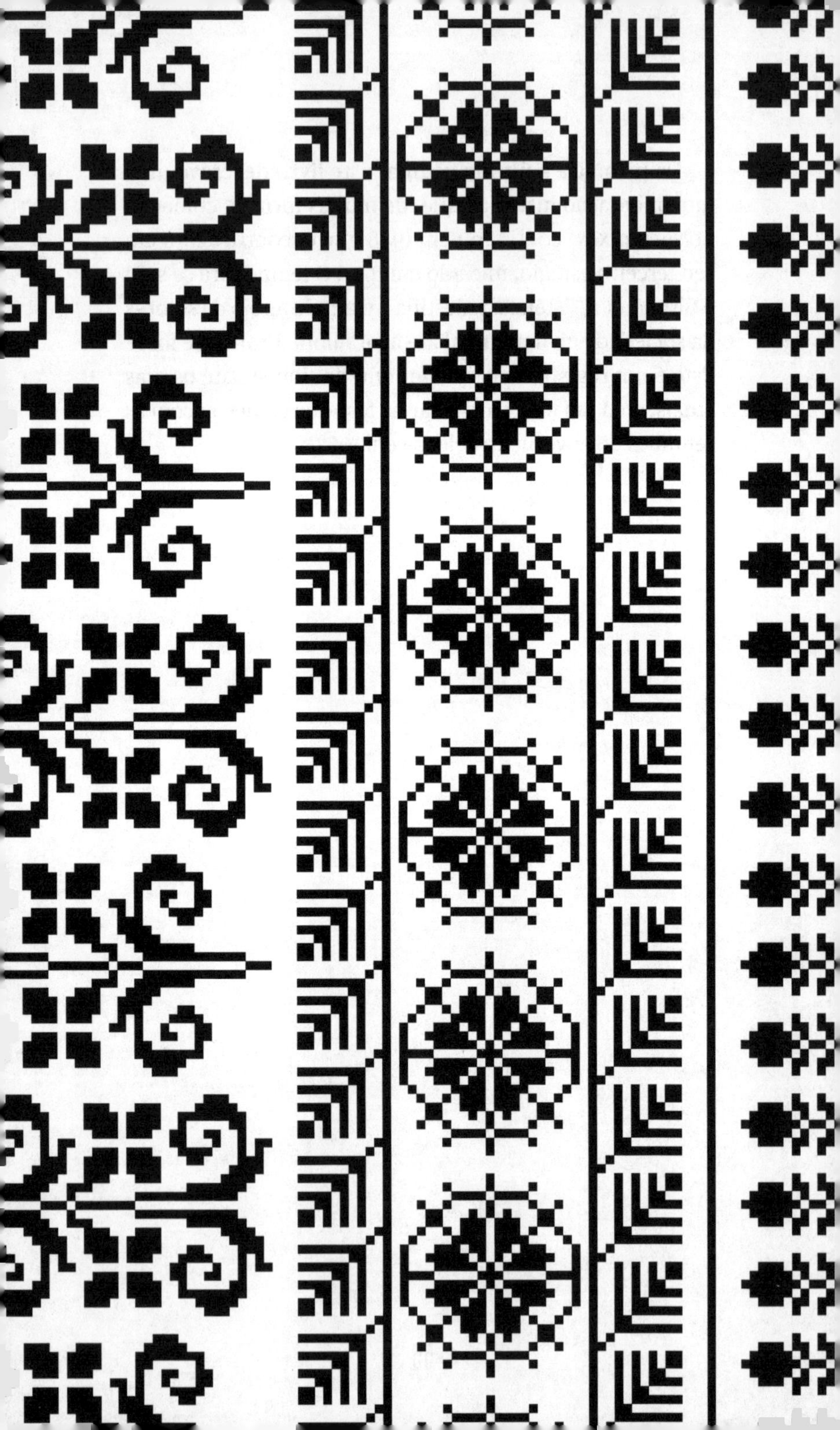

1

A guerra favorita

1948 E A OPORTUNIDADE PERDIDA

Certa tarde, em 10 de março de 1948, as lideranças da comunidade judaica na Palestina, ao lado de seus comandantes militares, tomaram a decisão de ocupar 78% do país. Desde 1917, a Palestina vivia sob o domínio do Mandato Britânico. Na época, um milhão de palestinos habitavam aquela fatia de 78% do país (o que corresponde ao Israel atual sem os Territórios Ocupados). Os sionistas decidiram expulsar a maior parte deles. Naquela tarde, as forças posicionadas em campo receberam ordens de uma evacuação sistemática de palestinos de grandes áreas do perímetro. As instruções especificavam como a expulsão deveria ocorrer: intimidações em grande escala, cercos às aldeias, bombardeios dos bairros, incêndios de casas e cultivos, expulsões forçadas e, finalmente, detonações de dinamite nos escombros, a fim de impedir o retorno dos moradores desalojados. Cada unidade militar recebeu uma lista de aldeias e bairros a serem destruídos. O plano e as formas de sua implementação foram incluídos em um conjunto de documentos chamado Plano Dalet, ou Plano D – que se seguiu aos planos A, B e C, todos preparados pelas lideranças sionistas a partir de 1937 –, e foi o primeiro a introduzir a ideia da limpeza étnica da Palestina.[1]

Essa decisão histórica dos líderes judeus foi o resultado inevitável do ímpeto ideológico sionista de garantir uma presença exclusivamente judaica na Palestina. O sionismo surgiu como um movimento que almejava um porto seguro contra o antissemitismo europeu, procurando um território onde pudesse redefinir o judaísmo como uma nacionalidade. Como esse território escolhido foi uma terra já habitada por outros povos, o sionismo se tornou um projeto colonial de assentamento, e como os fundadores do movimento queriam criar um Estado "democrático", eles se preocuparam com a questão do equilíbrio demográfico, o que levou à decisão tomada em março de 1948. Em outros projetos coloniais de assentamento, como nas Américas e na Austrália, essa preocupação demográfica levou a genocídios de populações indígenas; na Palestina, deflagrou um interminável processo de limpeza étnica.

As lideranças sionistas consideraram o mês de março de 1948 – ao menos é o que parece, em retrospecto – o melhor momento para implementar sua estratégia de judaização da Palestina. Diversos desdobramentos levaram a essa confluência histórica "ideal". O primeiro deles foi a decisão britânica de sair da Palestina e confiar seu futuro às Nações Unidas. O segundo foi a bancada sionista na ONU, que refletia o equilíbrio de poder internacional. As elites políticas ocidentais eram hostis à comunidade palestina e evitavam particularmente seu líder, Hajj Amin al-Husayni, que consideravam um aliado dos nazistas durante a Segunda Guerra Mundial. Mais importante, elas queriam enterrar o capítulo genocida do extermínio dos judeus pelos nazistas permitindo que o movimento sionista expropriasse a Palestina. Como resultado, a ONU rejeitou de antemão a exigência da liderança palestina, que solicitava um processo democrático para determinar o futuro do país (em 1947, os palestinos constituíam 66% da população local), e em vez disso apoiou uma solução sionista de dividir a Palestina em dois Estados, um árabe e um judeu. A divisão foi rejeitada tanto pelos palestinos quanto pelos países árabes vizinhos. Essas nações árabes ameaçaram impedir a implementação do plano à força, enquanto os palestinos fizeram greve, enviaram petições e, durante cerca de uma semana, atacaram indistintamente assentamentos e comboios judaicos.[2]

Seis meses mais tarde, a cobiçada porção de 78% da Palestina se tornou Israel, construído sobre as ruínas de centenas de aldeias destruídas, cidades demolidas e terras agrícolas expropriadas. Com o fim das hostilidades, terras e imóveis foram confiscados, como parte de uma legislação especial iniciada pelo novo Estado judeu no intuito de se apossar da propriedade, primeiro dos que haviam sido expulsos e, em seguida, dos palestinos que tiveram permissão de ficar (a estes, em alguns casos, era oferecida alguma compensação ou uma terra alternativa; em outros casos, a opção de comprar a própria terra por um preço muito mais alto). Os 22% restantes constituíram a Cisjordânia e a Faixa de Gaza. A Cisjordânia não foi ocupada pelos judeus graças a um entendimento tácito com o reino hachimita na Jordânia, que anexou a região em troca de uma limitada intervenção jordaniana na guerra de 1948.[3]

Assim, a exclusão da Cisjordânia do futuro Estado de Israel naquele momento não foi resultado de uma derrota militar, mas de uma decisão política estratégica. Essa decisão nunca foi oficialmente adotada pela liderança sionista, porque a Cisjordânia – ou Judeia e Samaria, no jargão sionista – fazia parte do Eretz Israel (Terra de Israel), assim como a Galileia e o Neguev. Quando o acordo com os jordanianos foi divulgado, muitos funcionários e políticos em Israel o consideraram um erro nacional grave. Em resposta, rapidamente introduziram na opinião pública israelense o discurso da "oportunidade perdida", mais tarde adotado pelos principais partidos e pela mídia, e que desempenharia um papel crucial no apoio subsequente à ocupação da Cisjordânia em 1967. O que se perdeu, segundo aqueles que divulgaram essa ideia, foi uma oportunidade histórica de ocupar a região durante a guerra de 1948.

Motivado por um senso de urgência, um significativo grupo de generais começou a buscar pretextos que obrigassem o governo a renegar o compromisso firmado com os jordanianos. Eles bateram com frequência seus tambores de guerra, acusando o reino hachimita de violar o acordo do armistício de 1949, que havia definido as fronteiras entre os dois Estados. Não seria uma empreitada fácil, pois os jordanianos aderiram fielmente aos principais pontos do armistício. Levaria mais dezoito anos até que uma nova oportunidade de ouro, similar àquela que se apresentara em 1948, permitisse a criação do cobiçado Grande Israel.

Na Faixa de Gaza, a história foi diferente, ao menos até 1967. Em muitos aspectos, foi a determinação egípcia que impediu uma ocupação israelense da Faixa entre 1948 e 1956, e esse território, quase 2% da Palestina histórica, foi submetida a um regime militar depois da guerra de 1948 – regime que o governo egípcio garantiu à Liga Árabe e aos palestinos que terminaria tão logo a Palestina fosse inteiramente libertada.

Mas a Faixa de Gaza, de modo muito similar à Cisjordânia, era tradicionalmente considerada pelos líderes israelenses conservadores como uma parte da Terra de Israel, e, na visão romântica dos artífices do Grande Israel, o Estado judaico precisava possuir ambas as áreas para florescer e prosperar. Alguns políticos cobiçavam essas regiões como territórios estratégicos e consideravam as fronteiras do armistício de 1949 verdadeiras "fronteiras de Auschwitz", nas palavras cruelmente formuladas por Abba Eban, ministro das Relações Exteriores de Israel entre 1966 e 1974.[4] Era uma expressão paranoica e alarmista de um representante do campo liberal e moderado dos sionistas de Israel (e alguém que, na hora da verdade, tentou conter a agressividade israelense em 1967, como veremos). Mas a maioria dos israelenses de fato sentia que aqueles contornos cartográficos – com um estreito corredor entre norte e sul, em torno da área da Grande Tel Aviv – representavam uma constante ameaça à existência de

Israel. Qualquer exército árabe vindo da Cisjordânia poderia, de acordo com os estrategistas israelenses, rachar o Estado judeu ao meio facilmente.

O foco do expansionismo se deu, então, na Cisjordânia. O grupo expansionista dentro das forças armadas e da elite política israelense era formado por alguns dos políticos e generais do mais alto escalão. O principal deles era David Ben-Gurion, o mesmo homem que havia arquitetado o primeiro conluio com a Jordânia, mas que logo mudou de ideia quanto à prudência desse acordo. Foi primeiro-ministro de Israel por dois mandatos, de 1948 a 1963, com exceção dos dois anos em que o posto foi ocupado por Moshe Sharett (1953-1955). Ben-Gurion começou a considerar seriamente uma anexação forçada da Cisjordânia no início da década de 1950. Em três diferentes ocasiões, seu governo aventou incorporá-la a Israel, mas foi reiteradamente impedido pelo receio de uma forte reação do Reino Unido, o que poderia levar a um confronto militar aberto com o principal aliado e protetor da Jordânia.[5]

O pretexto no início dos anos 1950 foram supostas violações do acordo de armistício por parte da Jordânia. Mais tarde, no final daquela década, outros motivos foram apresentados.[6] O principal argumento em favor de uma invasão militar da Cisjordânia era a debilidade da dinastia hachimita após o assassinato de seu fundador, o rei Abdullah, em julho de 1951. Uma nova ameaça foi forjada: a ameaça dos radicais árabes. Seu epicentro era o Cairo, onde os Oficiais Livres tomaram o poder em 1952 e iniciaram uma enérgica política pan-arabista, encorajando a substituição das tradicionais monarquias e repúblicas árabes pró-ocidentais por um modelo próprio de governo. Em retrospecto, esse parecia um pretexto muito mais importante do que as violações do armistício. O lobby israelense em favor da anexação da

Cisjordânia usaria incansavelmente esse novo desenvolvimento regional como justificativa para uma possível ocupação do território palestino. Sempre que a queda da dinastia em Amã parecia iminente, esse grupo, liderado muitas vezes pelo primeiro-ministro de Israel, explorava planos ora de dividir a Jordânia com a monarquia hachimita do Iraque, ora de separar a Cisjordânia de uma futura Jordânia "radical".

De fato, o governo e o exército em Israel passaram a ter um profundo interesse pelas questões políticas da Jordânia em 1954, quando Gamal Abdel Nasser ascendeu ao poder no Egito e outros líderes "radicais" assumiram o governo em diferentes partes do mundo árabe. Essa nova variedade de nacionalismo árabe tinha expoentes na Jordânia e gerou um envolvimento israelense mais ativo – e, por vezes, mais agressivo – com a política dos países vizinhos. A política e a orientação daqueles que eram considerados porta-vozes do nacionalismo árabe, contudo, jamais justificaram uma atitude combativa do lado israelense. No início da década de 1950, Nasser, conhecido líder desse movimento de transformação, estava disposto a examinar a possibilidade de paz com Israel. Se as chances de paz eram reais ou não, dependeria em parte da política interna israelense, mais especificamente da rivalidade entre David Ben-Gurion e Moshe Sharett, os dois líderes do partido Mapai, que estava no governo e representava o sionismo trabalhista.[7]

Durante o mandato de Sharett como primeiro-ministro, as oportunidades de uma história alternativa pareciam mais genuínas. Diferentemente de Ben-Gurion, ele queria estabelecer um diálogo substancial com Nasser. Infelizmente, o esforço de paz mais significativo da parte do Egito foi feito antes, enquanto Sharett ainda era ministro das Relações Exteriores. Em meados de maio de 1953, Nasser escreveu a Abdel-Rahman Sadiq, assessor de imprensa na embaixada do Egito em Paris, indicando sua disposição em chegar a um acordo com o Estado judaico. Sadiq tivera conversas secretas com seu equivalente na embaixada de Israel ao longo dos dois anos anteriores. Nasser enviara a carta a Sadiq, mas dirigindo-se ao governo israelense. Na carta, ele pedia a compreensão de Israel para sua posição na área como um todo, e particularmente no Egito. Enfatizava seu compromisso com as negociações de paz entre os dois países, mas pedia tempo. Como primeiro passo, Nasser estava disposto a evitar qualquer declaração agressiva e pedia ao governo israelense que exercesse sua influência em Washington a favor do Egito, em especial para convencer os Estados Unidos a apoiarem a exigência egípcia de uma retirada britânica total de seu país. Enquanto Sharett, como ministro das Relações Exteriores, estava disposto a usar o novo canal, o primeiro-ministro Ben-Gurion, como antes nessas conjunturas históricas, não demonstrou nenhum entusiasmo, e nada resultou dessa iniciativa.[8]

Aparentemente, durante aqueles meses, Ben-Gurion formulou sua intransigente atitude em relação ao "radicalismo" árabe, que ele então via como comunismo disfarçado ou, mais especificamente, como uma versão anti-israelense e antiocidental do comunismo. Ele temia essa orientação ideológica e estava preocupado com a capacidade militar que a União Soviética poderia oferecer a esses regimes "radicais". No início de 1953, Ben-Gurion foi favorável a uma ação israelense preventiva contra esses regimes.[9] Considerava-os mais comprometidos com a luta armada contra Israel do que os regimes tradicionais "ineficientes" e acreditava que se sairiam melhor no campo de batalha, a não ser que fossem derrotados por um ataque israelense preventivo.

Inesperadamente, Sharett se tornou primeiro-ministro em dezembro de 1953 e logo retomou as negociações com Nasser.

As conversas avançaram de vagas promessas para detalhes concretos. Em troca de paz, o Egito queria não só parte do Neguev como também que Israel se reconhecesse como protagonista na criação do problema dos refugiados palestinos. Mas, a essa altura, o processo de paz chegou a um impasse. Em fevereiro de 1955, o exército israelense atacou uma base egípcia em Gaza. Os generais levaram Sharett a acreditar que seria uma manobra de retaliação limitada contra a continuada infiltração de guerrilheiros palestinos vindos da Faixa de Gaza controlada pelos egípcios. Na ocasião, a ação mostrou ter sido planejada de tal modo que apenas prejudicasse o prestígio de Nasser, sem abalar a capacidade dos guerrilheiros palestinos. Depois disso, não foi nenhuma surpresa quando Nasser abandonou suas intenções pacíficas e passou a uma política mais agressiva em relação ao Estado judaico.[10]

Enquanto Sharett foi primeiro-ministro, Ben-Gurion conduziu um governo "alternativo" em um local que denominou de "meu exílio voluntário", um kibutz no sul chamado Sde Boker. Estabelecido nessa localidade deserta, ele defendeu uma política israelense ativa, destacando como meta central a necessidade de conter o avanço das relações entre Egito e Estados Unidos, que ele via como um desdobramento extremamente perigoso. Estava convencido de que uma boa relação entre Cairo e Washington prejudicaria a capacidade de Israel de influenciar a política estadunidense.[11]

Sharett teve pouquíssimo controle sobre as políticas militares israelenses mesmo antes de ter sido deposto por Ben-Gurion em 1955. Era o general Moshe Dayan quem tomava as decisões mais importantes nessa área, e ele continuaria sendo uma figura determinante nas formulações políticas israelenses na década de 1960, pressionando o Estado rumo à guerra de 1967. Nos diários pessoais de Moshe Sharett, há uma entrada de maio de 1955 em que ele cita as ideias de Dayan:

> Não precisamos de um pacto de segurança com os Estados Unidos; esse pacto só constituirá um obstáculo para nós. Não corremos nenhum risco de que os árabes obtenham vantagem na correlação de forças pelos próximos oito a dez anos. Mesmo que eles recebam massivo auxílio militar do Ocidente, manteremos nossa superioridade graças à nossa capacidade infinitamente maior de assimilar novos armamentos. O pacto de segurança só nos amarraria e nos negaria a liberdade de ação de que precisamos pelos próximos anos. As ações de represália, que não poderíamos executar se estivéssemos amarrados a um pacto de segurança, são nossa linfa vital [...]. Elas possibilitam que mantenhamos um alto nível de tensão entre a nossa população e o exército. Sem essas ações, teríamos deixado de ser um povo combativo, e sem a disciplina de um povo combativo, estamos perdidos. Precisamos gritar que o Neguev está em perigo, de modo que os jovens queiram ir para lá.[12]

Livia Rokach, cujo pai foi um pilar do movimento sionista em seus primeiros estágios na Palestina, mas que se tornou ela mesma uma antissionista, teceu alguns comentários sobre essa mensagem (com base, em parte, em seu íntimo conhecimento das personalidades envolvidas):

> Esse Estado não tem nenhuma obrigação internacional, nenhum problema econômico, a questão da paz é inexistente [...] e esse Estado deve calcular seus passos com uma mentalidade estreita e viver da própria espada. Deve ver a espada como o principal – se não o único – instrumento para manter o entusiasmo e conservar a tensão moral. Na consecução desse objetivo, esse Estado pode – aliás, deve – inventar riscos, e para tanto deve adotar o método da provocação seguida de vingança [...]. E, sobretudo, precisamos torcer para uma nova guerra com os países árabes, de modo a, finalmente, nos livrarmos dos nossos problemas e adquirirmos nosso espaço.[13]

Em todo caso, nos anos 1950, Ben-Gurion ainda era o principal formulador político. Quando voltou ao poder, ele traduziu essas ideias agressivas em ação. Em conluio com a Inglaterra e a França, conduziu Israel a uma guerra contra o Egito em outubro de 1956, a campanha de Suez, e, apesar de ter sido obrigado a se retirar do Sinai pelos Estados Unidos e pela União Soviética, não abandonou essa política beligerante.

Por um momento, durante a campanha de Suez, a possibilidade de invadir a Cisjordânia surgiu outra vez. Durante as negociações tripartites entre Israel, França e Inglaterra, em preparação para a ação conjunta no Sinai, o primeiro-ministro israelense teve uma discussão séria com Guy Mollet, o representante francês, quanto à possibilidade de anexar a Cisjordânia em meio ao contexto geral do ataque de 1956 contra o Egito e do "radicalismo" árabe. Os estadunidenses, de alguma forma, ficaram sabendo dessa interlocução e explicitamente alertaram Ben-Gurion contra a empreitada.[14]

Mas Ben-Gurion não desistiu da ideia. Terminada a operação de Suez, a situação política da Jordânia se deteriorou, e a posição do jovem rei Hussein pareceu tão insustentável que, em abril de 1957, o governo iraquiano, ainda hachimita na época, enviou tropas para ajudá-lo. Ben-Gurion considerou que essa talvez fosse a oportunidade que vinha esperando e mandou o exército se preparar para tomar a Cisjordânia. Ele estava confiante de que os iraquianos seriam incapazes de sustentar o rei Hussein, e, nesse caso, seu exército invadiria o almejado território. Contudo, Hussein sobreviveu.[15]

Nessa época, a opinião pública israelense teve plena consciência do alerta dado ao exército e da possibilidade de uma operação militar. A imprensa foi posteriormente avisada de que tal operação havia sido evitada porque os Estados Unidos enviara a 6ª Frota para o Mediterrâneo Oriental a fim de impedir que Israel tomasse uma medida agressiva. Os analistas da imprensa israelense (e também da estadunidense) consideraram o esforço de conter Israel como "o mais ousado movimento dos Estados Unidos desde a [Guerra da] Coreia" (1950-1953). O culpado, de acordo com a imprensa israelense, foi o secretário de Estado John Foster Dulles, que, segundo relatos, havia pessoalmente enviado a frota. Mas, na verdade, de acordo com documentos dos Estados Unidos, os navios foram mandados para conter desenvolvimentos antiestadunidenses na Síria, não para deter políticas expansionistas israelenses. Washington, no entanto, escolheu deter Israel por meios menos dramáticos, e conseguiu. Naquelas circunstâncias, adquirir mais território e conservar a simpatia dos Estados Unidos eram objetivos contraditórios. Como veremos, a reconciliação dessas duas iniciativas permitiu a ocupação e a anexação da Cisjordânia e da Faixa de Gaza em 1967.[16] É importante notar que, embora os Estados Unidos não reconhecessem a anexação da Cisjordânia pela Jordânia, estavam comprometidos com a França e a Inglaterra, através de uma declaração tripartite de 1950, em manter o status quo territorial na Palestina histórica.

Apesar do desconforto básico dos Estados Unidos com a agressiva política de Israel, Ben-Gurion não se conteve e, imediatamente após a campanha de Suez, conduziu seu governo a uma das posições mais intransigentes e duras em relação ao mundo árabe em geral e aos vizinhos de Israel em particular. Essa atitude intransigente foi também traduzida internamente na intensificação do regime militar opressivo sobre a minoria palestina no interior de Israel. Em 1958, esses palestinos já estavam submetidos à dominação militar sistemática há uma década, tempo suficiente para que Israel construísse um método de controle que, nove anos mais tarde, seria transferido para a Cisjordânia e a Faixa de Gaza.

Ao mesmo tempo, Ben-Gurion se esforçava para alinhar totalmente Israel aos Estados Unidos, concentrado sobretudo em fortalecer o embrião do American Israel Public Affairs Committee [Comitê estadunidense de assuntos públicos de Israel] (Aipac), o lobby sionista em Washington. Ele também mandou seu exército às compras mundo afora para equipar as IDF com as armas mais recentes disponíveis.[17]

A atenção de Ben-Gurion dirigia-se principalmente para as fronteiras sul e norte de Israel. Na Síria, a ascensão do partido Ba'ath ao poder foi vista da mesma forma que a ascensão do nasserismo no Egito. Os levantes políticos sírios que resultaram na formação da República Árabe Unida [unificação da Síria com o Egito] no início de 1958 eram constantemente citados como possível causa de uma ação militar contra a Síria.

O pretexto para atacar a Síria foi o persistente atrito e a escaramuça entre os dois exércitos na chamada "terra de ninguém", território que, segundo o armistício assinado entre Tel Aviv e Damasco no verão de 1949, não pertencia a nenhum dos dois países. Desde então, os conflitos nessa área foram deflagrados pela política de provocação israelense. Israel estimulou seus agricultores a cultivarem ali; inevitavelmente, o fogo sírio dirigido a esses agricultores logo se transformou em um duelo de artilharias e, algumas vezes, em ataques aéreos de ambos os lados.[18]

Em 1957, essa fronteira ainda era extremamente instável, com israelenses e sírios violando de forma alternada o frágil armistício. A imprensa israelense era particularmente antissíria e retratava Damasco como uma fortaleza anti-israelense da qual só se podia esperar o pior. Poucas vozes, contudo, salientaram que muitos desses conflitos de fronteira eram, na verdade, deflagrados por provocações israelenses. Martin Buber e Ernest Simon estiveram entre os raros críticos dentro do partido de Ben-Gurion que confrontaram de modo inequívoco o primeiro-ministro, a quem acusavam de agir contra os interesses da paz no Oriente Médio.

David Ben-Gurion esperava que a França fosse a principal aliada de Israel na ação militar contra a Síria. Em uma conversa com o general Maurice Challe, representante do estado-maior da força aérea francesa, ele retratou a Síria como "o problema do mundo, não só de Israel". O perigo era tão agudo, afirmou, que a França deveria trabalhar com urgência para incluir Israel oficialmente na Organização do Tratado do Atlântico Norte (Otan), ou ao menos estimular o órgão a aceitá-lo como aliado privilegiado. A França, é claro, não poderia fazer isso, mas cedeu aos israelenses grandes quantidades de armamento, e em 1957 lhes forneceu infraestrutura nuclear. O auxílio francês garantiu a Israel uma capacidade militar que expandiu e fortaleceu a autoconfiança da elite política israelense e sua atitude intransigente.[19]

Preocupados com o papel antifrancês da Síria na guerra de libertação da Argélia, os políticos franceses, em sua maioria, aceitaram a necessidade dessa aliança, e a França forneceu a Israel trinta milhões de dólares de crédito, usados principalmente para comprar armamentos. Mas essa forte parceria com a França jamais distraiu Ben-Gurion de buscar uma aliança ainda mais forte com os Estados Unidos. Aos membros de seu partido no Knesset, ele declarou:

> Os mais populares em Israel hoje são os franceses. Mas isso não é suficiente. Precisamos dos americanos. Não podemos contar com a Inglaterra, já que, diferentemente do que acontece nos Estados Unidos, os judeus não têm nenhuma influência política por lá. Assim, por exemplo, o Partido Trabalhista britânico é todo composto de *goyim* [não judeus].[20]

De muitas formas, o sucesso da solidificação da aliança militar com os Estados Unidos, que só se concretizou em 1966 e 1967, parecia ser uma precondição para a implementação bem-sucedida do sonho de um Israel maior, expandido. O poder estadunidense seria necessário não para ocupar mais áreas da Palestina, e sim para manter a ocupação.

Isso é particularmente verdadeiro em relação à Cisjordânia, que era considerada pelos Estados Unidos um território jordaniano (mesmo que sua anexação por Amã jamais tenha sido formalmente reconhecida). Nenhuma das administrações mais beligerantes dos Estados Unidos teria apoiado uma ocupação israelense da Cisjordânia, mas todas a apoiaram depois que ela se deu.

ENSAIANDO A OPÇÃO DO GRANDE ISRAEL

A unificação da Síria com o Egito em fevereiro, a guerra civil que explodiu no Líbano em maio e, por fim, a revolução em Bagdá em julho – tudo isso em 1958 – foram eventos que direcionaram os olhos de Israel para a fronteira oriental. Mas, por mais volátil e precária que a situação naqueles países parecesse aos estrategistas políticos israelenses, uma operação militar contra eles não estava nos planos, especialmente em relação à Síria, ao Líbano e ao Iraque.

A Jordânia, porém, era um caso totalmente diferente. Para esse importante grupo de políticos e generais israelenses, o país possuía um território integrante da pátria judaica. Se a radicalização nos outros países árabes se espalhasse para a Jordânia e derrubasse os hachimitas, isso talvez servisse de pretexto e justificativa para a ocupação da Cisjordânia.

Como consequência, embora não houvesse nenhuma vontade de invadir uma Síria “radical” ou um Líbano “potencialmente radical" em 1958, houve uma forte iniciativa para ocupar a Cisjordânia, caso a Jordânia se radicalizasse ou – e isto é extremamente importante para entender a decisão israelense em junho de 1967 – parecesse estar prestes a se radicalizar. O problema em 1958 era o momento e as capacidades, não a intenção ou a vontade. Como os leitores talvez se recordem, a Jordânia não era radicalizada e a dinastia hachimita permanecia no trono, de modo que os políticos e generais israelenses discutiram a ocupação *antes* que ocorresse uma possível tomada "radical" do poder em Amã. Em 1958, ninguém queria ir para a guerra contra a Jordânia hachimita, uma aliada pronta para a batalha, ainda considerada capaz de desempenhar um papel positivo para Israel, apesar da urgência e do desejo de obter dela a cessão da Cisjordânia.[21]

Não obstante, levaria algum tempo até os formuladores políticos israelenses se convencerem de que a oportunidade de tomar a Cisjordânia havia escapado. A "radicalização" do cenário político no reino hachimita foi um processo observado de perto pela inteligência israelense e pelo Departamento de Pesquisas do Ministério das Relações Exteriores. Relatos mensais eram entregues aos formuladores políticos, e em todos eles os especialistas israelenses recomendavam fortemente que se mantivesse intacta a aliança *de facto* com os jordanianos. O problema dos israelenses era que, caso os hachimitas estivessem na iminência de ser derrubados, o Ocidente preferiria agir para salvar a dinastia jordaniana e não permitiria que os israelenses anexassem a Cisjordânia – e foi justamente o que aconteceu em 1958.[22]

Embora isso pareça inconcebível hoje, foram na verdade os estadunidenses que, naquele ano, trabalharam de perto com o secretário geral da ONU Dag Hammarskjöld para conter a ambição expansionista de Israel. Hammarskjöld não tinha nenhuma dúvida de que, naqueles tensos dias de 1958 – quando o Ocidente temia o que seus líderes chamavam de "radicalização do mundo árabe" –, o primeiro-ministro israelense tinha em mente um único objetivo: a anexação da Cisjordânia. Não é de espantar que a relação de Israel com a ONU naquele ano tenha atingido os níveis mais baixos observados até então.[23]

Não está claro se Hammarskjöld entendeu o estado de espírito bizarro de Ben-Gurion naqueles momentos angustiantes de crise. Em meio a tudo aquilo, esse homem, que havia considerado um erro fatal a decisão de não ocupar a Cisjordânia em 1948 e, de fato, havia preparado seu exército para tomá-la em abril de 1957, começou a duvidar da prudência dessa política em 1958. Seus diários revelam uma preocupação crescente com as implicações demográficas da anexação da Cisjordânia caso os palestinos não fossem expulsos. "Lamentavelmente, desta vez os palestinos não fugiriam", escreveu ele, receoso de que Israel não conseguiria forçá-los a fugir como em 1948. Seus temores ecoaram nas cabeças da inteligência militar que expressaram oposição a uma ocupação da Cisjordânia justamente por esse motivo.[24]

Dez anos depois, em 1968, Ben-Gurion recomendaria a retirada imediata e unilateral de israelenses da Cisjordânia (exceto de Jerusalém), no intuito de manter as conquistas demográficas de 1948, ou seja, a limpeza étnica da Palestina. Mas, é claro, a partir de 1963 ele não faria mais parte do processo decisório. Ainda em 1958, quando essa hesitação se traduziu em ordens entregues a um exército israelense pronto e disposto a agir, elas revelaram um plano muito limitado de operações militares na Cisjordânia. Ben-Gurion autorizou a ocupação apenas dos bairros árabes que conectavam o Monte Scopus com Jerusalém Ocidental. Os chefes do exército e alguns ministros do governo ficaram profundamente decepcionados com esse plano e recomendaram uma tomada geral dos territórios – em vão.[25]

Esses generais e políticos eram apoiados por uma imprensa agressiva e ultranacionalista. Em outras palavras, dada a natureza muito centralizada da mídia israelense, a imprensa estava precisamente afinada com o chauvinismo que esses políticos queriam encorajar. Em 1958, tanto os meios de comunicação quanto os principais membros do governo discutiam, de forma aberta e entusiasmada, a possibilidade de um Grande Israel. De acordo com a imprensa, o principal motivo para pressionar por essa opção na época era que a opinião pública mundial toleraria a expansão, independentemente de qualquer outra justificativa, para redimir o "coração da pátria judaica". Essa redenção estava profundamente integrada ao currículo e aos subtextos do sistema educacional israelense e, como ressalta Tom Segev, podia ser encontrada até mesmo nas embalagens dos brinquedos das crianças, em jogos que incluíam mapas de um Israel que se expandia sobre a Cisjordânia e apresentava essa ocupação imaginária.[26]

Mas os israelenses falharam em suas tentativas de explorar a crise de 1958. Ficaram frustrados – como ficariam novamente muitos anos depois, durante a Guerra do Golfo de 1991 – com o papel subordinado que lhes fora destinado pelo Ocidente. As potências ocidentais estavam dispostas a empregar todos os recursos possíveis e disponíveis, inclusive os mais letais e cruéis, para conter Gamal Abdel Nasser, os oficiais do Iraque, o partido Ba'ath na Síria e as forças pró-nasseristas no Líbano. Todos eram considerados – equivocadamente, é bom que se diga – representantes da União Soviética e um grave risco às possibilidades de construir um forte controle imperial estadunidense sobre o Oriente Médio e seus vastos recursos naturais. No entanto, os líderes desse campo – a administração dos Estados Unidos – não confiavam nos israelenses e não queriam que eles desempenhassem um papel relevante nessa iniciativa.

Nesse contexto, Israel era, portanto, o "sócio minoritário", incapaz de impor sua linha política. Assim, uma solução ocidental é que seria eventualmente implementada contra a ameaça de radicalização na Jordânia: conservar o reino hachimita intacto a todo custo. As soluções israelenses não foram bem recebidas pelo Ocidente, e Israel teve de esperar.

ENSAIANDO A GUERRA DE 1967

Encerrada a crise de 1958, o desejo de partir para a ação militar contra qualquer um dos países árabes "radicais" aparentemente se atenuou em Israel por um certo período. Na verdade, seria correto dizer que, na maior parte do tempo, os políticos israelenses estavam contentes em manter o status quo, como a maioria dos políticos faria em tais circunstâncias. Mas os generais e algumas outras figuras importantes nunca pararam de buscar oportunidades e novos pretextos para agir. E um dos homens mais ativos em esforços calculados e subversivos foi Yigal Allon.

Em 1960, em sua autobiografia *Masach Hol* [Cortina de areia],[27] ele definiu claramente o caminho que seguiria. No livro, Allon, herói da guerra de 1948 e um dos primeiros defensores da limpeza étnica da Palestina, listou um conjunto de contingências, cada uma constituindo um motivo de guerra para Israel. Uma delas era a queda da monarquia hachimita da Jordânia. Nesse caso, segundo Allon, Israel deveria ocupar a Cisjordânia e, possivelmente, partes da margem oriental do Rio Jordão. Havia também cenários relacionados a ações árabes agressivas, como o fechamento do Estreito de Tiran ou o desvio dos estuários do Rio Jordão de modo a ameaçar o precioso fornecimento de água para Israel.

Allon foi muito específico sobre as condições para o colapso do reino hachimita. Israel deveria agir a despeito das alianças passadas com o rei Abdullah ou seu neto, o rei Hussein. Allon e outros líderes israelenses alegavam que uma tomada do poder por radicais na Jordânia constituía um grave risco à segurança de Israel e, a bem dizer, à própria existência do Estado judeu. Ele não se deu ao trabalho de argumentar; subentendia que seus seguidores israelenses compreenderiam que regimes radicais naturalmente seriam obcecados pelo desejo de eliminar o Estado de Israel.

Mas não era só isso. Allon tinha outros motivos para descrever as transformações internas na Jordânia como um cenário de *casus belli*. Ele era um dos líderes do Ahdut Ha'avodah, um partido político que representava uma mistura de socialismo com nacionalismo romântico. Para seus membros, as fronteiras israelenses de 1948 eram inaceitáveis. Achavam difícil perdoar os líderes políticos da limpeza étnica de 1948 por terem permitido que a Jordânia anexasse a Cisjordânia e fracassado em explorar o resultado da guerra para ocupar o que consideravam o coração da pátria judaica – as cidades de Hebron, Nablus e, é claro, a totalidade de Jerusalém. Como jovem general em 1948, Allon havia exigido que Israel ocupasse a Faixa de Gaza e uma parte do Sinai, mas, na época, Ben-Gurion não permitira que ele prosseguisse com esses planos.

Apesar de ter fracassado em 1958, Allon e outros membros da elite política e militar não abandonaram a intenção de ocupar a Cisjordânia. Dois anos mais tarde, fizeram mais uma tentativa de se apossar da terra com o emprego de força militar, o que foi outra vez apresentado como parte de um plano israelense de derrotar o radicalismo árabe e o nacionalismo palestino. A situação teve início com uma provocativa intrusão israelense na "terra de ninguém" entre Israel e Síria, o que levou a um agravamento do conflito na região. Uma série de eventos, que incluíram a entrada de forças egípcias no Sinai e preparativos israelenses para um ataque preventivo, sob o codinome de Operação Rotem, terminou quando os líderes egípcios decidiram retirar as tropas da península. Se tivesse continuado, a operação militar teria abrangido uma tomada militar da Cisjordânia e da Faixa de Gaza. Desse modo, tratou-se de um grande ensaio para 1967.[28]

É interessante notar que esse era o mesmo plano de ação que acabaria ocasionando a guerra de 1967: escalada do conflito na fronteira síria, deflagrada por provocações israelenses, levando a rumores de um ataque iminente a Damasco e à histeria pública na Síria. Todos os cenários que se seguem são conhecidos: Nasser conduziu às pressas tropas para a Península do Sinai e mandou a ONU concentrar unidades em diversos lugares, em vez de se espalharem apenas nas fronteiras do armistício. Israel, por sua vez, reagiu convocando reservistas como preparativo para um ataque ao Egito. As últimas peças do quebra-cabeça precisariam esperar até 1967. Um ataque israelense e uma retaliação jordaniana simbólica ficaram faltando em 1958. Àquela altura, o inseguro rei da Jordânia não precisava estar totalmente nas mãos das potências ocidentais – o que se mostraria necessário em 1967 – e, portanto, a Jordânia não teve nenhum envolvimento na crise de 1960.

A diferença entre 1960 e 1967 foi a presença do secretário-geral da ONU, que permitiu que Nasser desempenhasse seu patriótico papel pan-arabista demonstrando o compromisso de defender o Egito e a Síria, sem fazer objeção à substituição das forças da ONU por tropas egípcias. Em vez disso, ele esperou pacientemente a saída dos soldados egípcios, o que ocorreria dois meses depois. Em 1967, um secretário-geral muito menos sofisticado ordenou a completa retirada das forças da

ONU e, ao fazê-lo, ajudou a criar uma oportunidade de ouro para que Israel implementasse seus sonhos expansionistas.

A série de eventos que se seguiram à Operação Rotem, que acabaria culminando na guerra de junho de 1967, continuou com mais uma rodada de conflitos militares entre Israel e Síria em 1964 e 1965. O pomo da discórdia da vez foi o controle dos estuários do Rio Jordão. A Síria, apoiada pela veterana Liga Árabe e por uma nova organização, a Cúpula Árabe, confrontou a tentativa de Israel de expropriar a água para seu consumo exclusivo. Em 1964, os israelenses iniciaram o desvio dessas fontes hídricas para um novo megarreservatório no interior de Israel. De quando em quando, outros pequenos incidentes evoluiriam para confrontos abertos. Outra fonte de atrito foram as operações palestinas de guerrilha, vindas do território sírio. Elas se expandiram para a fronteira entre Israel e Jordânia em 1965 e resultaram em uma série de "retaliações" israelenses, que tomaram a forma de ataques mensais na Cisjordânia contra aldeias e delegacias de polícia.[29]

Em agosto de 1965, a força aérea israelense foi acionada pela primeira vez para implementar a Operação Moked (Foco) – a destruição preventiva da força aérea árabe em preparativos para a guerra. A operação envolvia uma opção limitada, em que apenas a força aérea síria seria alvo, e uma opção estendida, que visaria à destruição de diversas forças aéreas árabes, inclusive a jordaniana. A crise terminou dois dias depois, mas o plano estendido acabou sendo implementado em 5 de junho de 1967. A força aérea jordaniana foi designada como alvo, pois a Cisjordânia era um objetivo-chave no caso da conflagração de uma guerra.[30]

Por um breve momento em 1966, a motivação para fortes reações militares se atenuou. Isso se deu basicamente graças ao enfraquecimento dos vínculos entre Israel e França, por um lado, e às ameaças implícitas dos soviéticos a Israel caso enfrentasse o regime Ba'ath em Damasco, por outro. Mas essas preocupações logo se dissiparam. Lyndon B. Johnson, o novo presidente dos Estados Unidos, provou ser o aliado mais leal que os israelenses poderiam esperar. No primeiro ano de governo, Johnson forneceu auxílios da sociedade civil no valor de 52 milhões de dólares, além de caças Skyhawk e tanques Patton – os mais recentes e letais armamentos do arsenal estadunidense –, e ainda mais estava por vir.[31] As conquistas militares israelenses na guerra de 1967 se deveram, em parte, às armas fornecidas pelos Estados Unidos, inclusive à avançada tecnologia dos caças, que se revelaram fundamentais quando Israel lançou seu ataque-surpresa aos exércitos árabes na manhã do primeiro dia de combate.[32]

Com armamentos novos e um aliado poderoso, o exército israelense intensificou suas operações contra as organizações palestinas que eventualmente se infiltravam no Estado judaico, vindas da Cisjordânia. Em novembro de 1966, Israel atacou diversas cidades e aldeias palestinas, matando dezenas de civis e ferindo centenas de outros, deixando para trás escombros de casas e blocos de apartamentos demolidos. Como em 1936, e de novo em 1948, a principal arma contra o povo palestino foi a punição coletiva, fosse durante uma guerra, fosse em um período de relativa calmaria. O motivo oficial para a ação punitiva era a retaliação contra as intrusões e operações guerrilheiras do Fatah (a principal facção palestina que fundou e dirigiu a OLP), mas era impossível não identificar nas manobras israelenses a brutalidade intencional dos mesmos líderes e generais que executaram a limpeza étnica de 1948. Seus alvos eram inocentes cisjordanianos que pouco tinham a ver com o Fatah – um preocupante prenúncio das operações de punição coletiva que após 1967 se tornariam institucionalizadas, rotineiras.[33]

Essas missões punitivas culminaram, em 13 de novembro de 1966, no ataque à aldeia de Samu, com cinco mil habitantes, na Cisjordânia. Quase todas as casas foram demolidas. Embora a Jordânia tenha feito uma tentativa relativamente ousada de defender o local – o que custou a vida de mais de uma dúzia de soldados da Legião Árabe –, a população se sentiu totalmente exposta à vontade e ao poder de Israel. E logo descobriria que tinha toda razão para se sentir assim.

Desse modo, os planos, as ambições e os motivos de Israel para ocupar a Cisjordânia eram firmes muito antes da guerra de junho de 1967. Mas essas motivações expansionistas ainda não tinham cronograma definido. Esse cronograma seria determinado por circunstâncias que não foram previstas por parte da elite política e militar israelense. Quando a oportunidade surgiu – como resultado da escalada dos conflitos na fronteira norte de Israel, causada, principalmente, por ações agressivas do exército israelense na região –, as ambições logo foram traduzidas em políticas efetivas.

Conforme mencionado no prefácio, equipes profissionais já vinham sendo capacitadas desde 1963 para a dominação administrativa, jurídica e militar da Cisjordânia e da Faixa de Gaza, usando como modelo o método já implementado nas áreas de população árabe dentro de Israel. O exército estava preparado, assim como a estrutura da ocupação.

Mais uma vez, a fronteira síria assistiu ao imediato prelúdio da guerra de 1967. Enquanto o exército da Jordânia ficou relativamente contido em sua reação às operações de Israel na Cisjordânia, o exército sírio continuou a responder a cada provocação israelense com poder de fogo cada vez maior. A força aérea israelense, em particular, se revelou muito superior em qualidade de aeronaves e capacidade dos pilotos. Com a escalada das hostilidades, é plausível que a liderança síria – e os seus conselheiros soviéticos – tenham se dado conta de que, virando a esquina, uma imensa operação militar ou até mesmo uma guerra espreitava. As lideranças sírias juntaram forças a princípio com o Egito, depois com o Iraque e a Jordânia, na esperança de impedir o ataque israelense. Seguiram-se pactos de defesa entre países árabes e uma série de atos de Nasser um tanto ousados – e até irresponsáveis, alguns diriam em retrospecto. A sequência dos eventos, a essa altura conhecidos, conclui esse capítulo.

A ESCALADA FINAL: O MITO DO ATAQUE PREVENTIVO

As fronteiras orientais do Estado de Israel estavam qualquer coisa menos calmas entre o final de 1966 e o início de 1967. Os motivos para a tensão eram os mesmos de antes: a questão não resolvida do controle na "terra de ninguém" entre Israel e Síria e a tentativa israelense de desviar o Rio Jordão e seus estuários para seu próprio sistema de abastecimento. De modo similar, a contínua atividade guerrilheira do Fatah e de outros grupos palestinos de libertação desencadeou ainda mais represálias e ataques israelenses.

Nos primeiros dias de 1967, novos ventos de guerra começaram a soprar, a princípio delicadamente, depois com ferocidade, vindos dos quartéis-generais políticos e militares de Israel. O linguajar dos líderes, como mais tarde revelaram os debates internos do governo, demonstrava uma inclinação para descrever a situação como dramaticamente diferente de tudo o que ocorrera antes, mesmo que a realidade local refletisse uma onda mais cíclica de escalada e desescalada de conflitos desde 1948. Mas aqueles que eram favoráveis à guerra e à anexação sugeriram uma nova interpretação da realidade e, mais importante, exigiram uma resposta sem precedentes aos problemas que claramente existiam desde a criação do Estado de Israel.

Os indícios preliminares dessa nova atitude surgiram em uma das primeiras reuniões do governo em 1967, ocorrida no gabinete do primeiro-ministro, em Givat Ram, em 17 de janeiro. O primeiro-ministro Levi Eshkol disse que a escalada das tensões na fronteira com a Jordânia era inaceitável. Ao longo das semanas seguintes, linguagem semelhante foi usada para descrever a situação na fronteira síria, seguida de ações mais duras na região. Anos mais tarde, em uma entrevista ao *New York Times*, Moshe Dayan admitiria que a política de Israel naquele período era provocativa e visava especificamente apaziguar os colonos judeus próximos da fronteira síria. Esses colonos, explicaria Dayan, vinham exigindo desde 1949 que Israel ocupasse as Colinas de Golã: "Muitos dos combates com os sírios foram provocados por Israel, pressionados pelos residentes dos kibutzim". Em retrospecto, Dayan não atribuiria as preocupações dos colonos a uma proteção maior contra bombardeios sírios, mas a seu apetite por mais terras para a agricultura. "Nem mesmo tentavam esconder a ganância por terras", diria ele.[34]

O resultado foi uma política muito mais agressiva por parte da força aérea israelense. Os pilotos entraram em cena, expandindo as manobras de rotina e exercícios para além da fronteira de Israel e para dentro do espaço aéreo sírio. Tratava-se, como alguns desses pilotos lembrariam anos mais tarde, de uma política para aumentar a tensão. As inevitáveis escaramuças que explodiram entre as duas forças aéreas culminaram na derrubada de seis aviões sírios no dia 7 de abril de 1967 – aniversário da fundação do partido Ba'ath na Síria –, ações que tinham como objetivo "humilhar o regime sírio".[35]

O presidente egípcio Gamal Abdel Nasser estava convencido de que Israel pretendia derrubar o Ba'ath do governo sírio e ameaçou os israelenses com uma ação militar. Passadas algumas semanas, em 19 de maio, Israel convocou seus reservistas. Três dias depois, Nasser respondeu fechando o Estreito de Tiran, bloqueando assim o acesso de Israel ao porto secundário de Eilat. A maioria dos ministros do governo israelense considerou isso um *casus belli*, mas o consenso era de que os Estados Unidos deveriam tentar encerrar o bloqueio por outros meios. Essa posição era totalmente contrária à avaliação que o exército fazia daqueles gestos nasseristas. Yitzhak Rabin, então chefe do estado-maior, relatou ao governo, em 21 de maio de 1967, que considerava tudo aquilo uma "movimentação propagandista e ainda não agressiva, pois os egípcios não deslocaram seus tanques para dentro da península".[36] Naquela reunião, Rabin analisou a situação corretamente – ao menos é o que parece, em retrospecto – e previu de forma precisa o movimento seguinte. Ele ainda acreditava que a intenção de Nasser não era ir além das palavras, mas também achava que o líder egípcio seria "envolvido por eventos além de seu próprio controle". Ou seja, Israel exploraria a situação melhor do que fizera em 1960:

> Agora estamos prontos para atacá-lo, se quisermos [...]. Não há preparativos para uma guerra no Iraque ou na Jordânia, não creio que estejam preparando um ataque. O norte está calmo, sem nenhum desenvolvimento dramático. Temos o mesmo número de soldados e tanques que a Síria e o Egito somados.

Na verdade, até o dia 5 de junho de 1967, quando Israel lançou o ataque, Rabin relatou diariamente que as tropas egípcias no Sinai não seriam suficientes para uma guerra contra Israel. Em seu livro *Fateful Triangle* [Triângulo fatal], Noam Chomsky cita diversos casos para mostrar que, em retrospecto, os generais e políticos israelenses admitiram ter sido a parte agressora na guerra de 1967. Um deles foi Yitzhak Rabin, que disse ao *Le Monde*, já em fevereiro de 1968: "Não creio que Nasser quisesse a guerra. As duas divisões que ele mandou ao Sinai não teriam sido suficientes para iniciar uma ofensiva. Ele sabia disso, e nós sabíamos disso".[37]

Esse é um ponto crucial da historiografia. A narrativa comum desses eventos, difundida pelo Ministério das Relações Exteriores de Israel e recontada por historiadores israelenses mais recentes e mais neutros, é de que Israel travou uma guerra de autodefesa no intuito de prevenir um ataque conjunto dos países árabes. Não foi isso que eu li nos documentos recentemente divulgados. Na época, ninguém em posição de comando em Israel atribuía intenções agressivas genuínas aos egípcios ou aos sírios, muito menos aos jordanianos.

Segundo a narrativa predominante, contudo, o fechamento do Estreito de Tiran por Nasser, a entrada das tropas egípcias no Sinai e a retórica beligerante são todas provas de que o mundo árabe estava prestes a atacar. Isso sugere que a ofensiva de Israel teria sido um ato de autodefesa. Mas esse retrato da guerra de 1967 é uma reconstrução histórica falaciosa. Todas essas ações, muito típicas da política pan-arabista para a Questão Palestina, com exceção da guerra de 1973, foram provavelmente *reações* à retórica agressiva e às atividades militares israelenses que, estas sim, poderiam ser razoavelmente compreendidas como preparativos preliminares para atacar a Síria a qualquer momento. A diferença do passado foi a intensidade e a escalada do ataque israelense no leste e no norte, e não a repetição dos atos de Nasser em 1960, que foi mais uma tentativa de dissuasão do que um ataque.

A ideia de que Nasser teria repetido o mesmo roteiro de 1960 também foi levantada por Abba Eban, o ministro das Relações Exteriores, na reunião do gabinete após as ações egípcias. Ele se referiu ao episódio de 1960 e descobriu que a única diferença foi uma reação tola do secretário-geral da ONU em 1967, U Thant, que havia se recusado a aceitar que a intenção de Nasser fosse apenas mostrar seu compromisso com a Palestina, mais do que agir de acordo com esse compromisso. Eban disse ao governo que as ações de Nasser em 1960 foram motivadas pela necessidade de manter as aparências (nas atas do gabinete, registra-se que Eban disse "1962"; ou ele errou o ano, ou o erro foi de quem datilografou). Nessa ocasião, Nasser havia pedido a Dag Hammarskjöld, antecessor de U Thant, para que as forças da ONU fossem concentradas em diversos locais, em vez de espalhá-las ao longo da fronteira com Israel, e em 1960 a ONU havia cumprido esse pedido. Nasser enviou tropas para a península e as retirou depois de um mês. Eban sugeriu que, em 1967, por conta própria, Nasser teria feito a mesma coisa, mas comentou: "U Thant errou ao dizer a Nasser que 'nós [a ONU] não nos concentramos [em lugar nenhum], nós apenas vamos embora ou ficamos'". A reputação de Nasser estava em jogo, acrescentou ele, e de repente se formou um "vácuo" inesperado, com o qual ninguém sabia lidar.[38] U Thant pediu a Eban que desse um tempo para que Nasser encerrasse o episódio, em vez de manter uma atitude que ele via como beligerância da parte de Israel: "Suas embaixadas no mundo inteiro criam a impressão de que um ataque israelense é iminente", queixou-se ao ministro das Relações Exteriores de Israel.[39]

Ao que parece, Eban pensava estar diante de um caso menor, e que apenas teria permissão de recorrer à cláusula 51 da Carta da ONU, que assegura o direito à autodefesa, se seus navios fossem atacados; e essa era a posição estadunidense oficial. Eban também ridicularizou o pânico das comunidades judaicas no resto do mundo, em especial nos Estados Unidos. Alertou que essa resposta descabida dos judeus mundo afora poderia se revelar mais deletéria ao poder de dissuasão de Israel do que a ação de Nasser. "Somos retratados como o cordeiro entre os lobos", uma imagem estranha, ele sentia, "pois sabemos que as forças no Sinai não são tão poderosas". O ministro do Interior também ficou preocupado com o nível de desespero nos Estados Unidos, que era pior do que em Israel: "Será que não conseguiremos controlar isso?", questionou.[40]

De muitas maneiras, Rabin confirmou a análise de Eban. Conforme mencionado, ele também afirmou que Nasser não esperava que a ONU fosse se acovardar e "entrou em pânico quando se deu conta de que não havia tropas da ONU em Sharm el-Sheikh e, portanto, enviou paraquedistas" (em outras palavras, a preocupação de Nasser era de que Israel tomasse uma ação preventiva similar).[41]

Em 21 de maio de 1967, então, a análise era de que a guerra ainda poderia ser evitada; na verdade, a guerra dependia exclusivamente do governo israelense. Seriam essas as condições adequadas para ir à guerra e expandir o Estado? Essa era a principal pergunta que os políticos se faziam.

Não se sabe ao certo, porém, se ministros como Eban conheciam o suficiente sobre o nível dos preparativos para a guerra no exército israelense. Ele alertou que os egípcios e os russos já estavam profundamente convencidos de que Israel preparava um ataque à Síria no norte e de que as IDF já haviam reunido imensas forças na região. Mas as atas do governo não registram nenhuma resposta a isso.

Uma realidade local diferente – segundo a qual o exército se preparava seriamente para a guerra e apenas aguardava a aprovação dos políticos – foi sugerida por Yisrael Galili, ex-comandante da Haganah, milícia judaica que se tornou as IDF, e ministro da Informação (Propaganda). Em uma reunião em 21 de maio, ele expressou satisfação, pois, em seu entendimento, enquanto o povo israelense recebesse uma avaliação ponderada de que havia uma crise séria, teria confiança de que o exército estava plenamente preparado para enfrentá-la. Galili criticaria Eshkol publicamente, primeiro por dar a impressão de que a movimentação de Nasser era meramente propagandista e, segundo, por dizer que a política egípcia representava um grave risco a Israel. Galili queria manter o público ao mesmo tempo em alerta e no escuro.[42]

Ao ler os jornais e as transcrições dos programas de rádio desse período – além de resgatar minhas recordações da vida de adolescente em Haifa –, parece-me que Galili deturpou de maneira deliberada a opinião pública em seus relatórios ao governo. Ele era responsável por fornecer informações à imprensa e ao público e, a julgar pelo modo como essa informação foi emitida em programas de rádio e manchetes de jornal, fica claro que o cenário apocalíptico que construiu conseguiu gerar pânico na população em geral. Tratava-se de uma repetição da propaganda interna veiculada pelas lideranças sionistas em 1948, quando invocaram o espectro do Holocausto e previram uma catástrofe, embora estivessem cientes de que a correlação de forças estava a seu favor e de que havia muitas opções não militares para encerrar a crise.

As reuniões cruciais do gabinete israelense ocorreram nos últimos dias de maio de 1967. A possibilidade de uma intervenção de Washington ainda estava no ar, e com o tempo ela teria emergido não tanto como uma operação militar, conforme esperavam os israelenses, mas como uma tentativa diplomática sincronizada para neutralizar a tensão. O governo se reuniu em 28 de maio e ouviu de Abba Eban que o presidente Johnson havia prometido que os "Estados Unidos irão, ao lado de outros países, abrir o Estreito [de Tiran]". Em seu entendimento, eles queriam prevenir uma operação militar israelense, mas estavam preocupados, porque levaria tempo para construir uma força-tarefa para essa missão. Johnson também havia apontado que a União Soviética vinha se mostrando contida e fez outro comentário, que seria apagado pelos censores israelenses trinta anos mais tarde. Eles ouviram algo que não queriam que soubéssemos, mas, com base na deliberação do governo em 29 de maio, é possível arriscar um palpite sobre o que Johnson teria dito: ou foi um pedido de contenção, ou um alerta contrário à ação militar de Israel.[43]

Documentos da Agência Central de Inteligência (CIA) recém-divulgados revelam que, no final de maio de 1967, os Estados Unidos já estavam convencidos de que, se Israel fosse à guerra, derrotaria com facilidade os exércitos árabes. Em um memorando intitulado "Who Will Win" [Quem vencerá], Richard Helms, então diretor da CIA, disse ao presidente que Israel poderia "se defender com sucesso de ataques árabes simultâneos em todas as frentes [...] ou conter qualquer uma das três frentes enquanto organiza de forma bem-sucedida uma grande ofensiva em uma quarta frente de batalha".[44]

Nem mesmo a CIA estava convencida de que houvesse qualquer mérito nas alegações israelenses sobre a existência de uma política soviética agressiva:

> O objetivo soviético ainda é evitar envolvimento militar e difamar os Estados Unidos entre os árabes ao identificar os Estados Unidos com Israel [...]. [Moscou] provavelmente não poderia ajudar os árabes abertamente por falta de capacidade e possivelmente por medo de um confronto com os Estados Unidos.

Foi uma declaração corajosa da parte de Helms. Na época, em conversas com oficiais estadunidenses, o Mossad [serviço secreto israelense] insistia na ideia de que os militares israelenses tinham muito menos armamento que a máquina de guerra árabe apoiada pelos soviéticos. Pesquisas recentes demonstraram que os israelenses tinham um contato direto dentro da CIA: James Angleton, chefe de contrainteligência da agência. Durante anos, ele recebeu informações e avaliações israelenses, e as reportava como se fossem suas. Como escreveu David S. Robarge,

> esse arranjo incomum pode ter dado a Tel Aviv a sensação de que Washington dava uma importância tão especial a essas análises que os líderes dos Estados Unidos dariam ouvidos a seus julgamentos sobre questões árabe-israelenses, mais do que ao próprio serviço de inteligência.[45]

Helms ficou convencido de que os israelenses estavam pregando peças. "Não acreditamos que a avaliação israelense [...] fosse uma estimativa séria como a que eles submeteriam a seu próprio alto oficialato". Antes, "provavelmente se trata de uma jogada no intuito de influenciar os Estados Unidos a [...] fornecerem recursos militares [...], assumirem mais compromissos públicos com Israel [...], aprovarem iniciativas militares israelenses e [...] colocarem mais pressão sobre Nasser".[46] Em retrospecto, aparentemente a CIA tinha razão ao prever os resultados da guerra. Ciente dessas avaliações, o presidente Johnson se recusou a enviar aviões com recursos militares especiais ou mesmo a apoiar publicamente esse envio. Mais tarde, ele se lembraria de ter dito com rispidez ao ministro das Relações Exteriores israelense, Abba Eban: "Todo o nosso pessoal de inteligência é unânime em afirmar que, se a República Árabe Unida [Egito e Síria] atacar, vocês darão uma surra neles".[47]

Enganado pelo Mossad, o primeiro-ministro Levi Eshkol expressou certos temores naquelas reuniões finais antes da guerra, algo que o deixou em péssima posição no *éthos* bélico israelense, pois foi tido como um homem tímido e, portanto, um risco à segurança de Israel. Na época, sua hesitação enfureceu tanto os generais quanto seu principal porta-voz no governo, o ministro da Defesa, Moshe Dayan. Em discursos públicos e privados, Eshkol considerava a guerra uma operação essencialmente limitada à região norte, a fim de conter a infiltração do Fatah, mas, ao que tudo indica, no final da reunião de 29 de maio, ele já estava conformado com a ideia de que o exército israelense iria para a guerra dentro de "duas semanas". Eshkol tentou convencer o governo a esperar esse tempo, pois os preparativos militares já estavam muito caros e ele achava que seriam necessários mais recursos militares estrangeiros antes de entrar em ação.[48] Não sabemos se ele de fato acreditava nisso ou se apenas tentava ganhar tempo. Isso é irrelevante, na verdade, pois os chefes do exército já estavam decididos a não esperar mais de uma semana para lançar um ataque em todas as frentes. Eliyahu Sasson – ministro da Polícia (anteriormente um ministério que supervisionava as questões relativas à minoria palestina no interior de Israel), um dos consultores de Ben-Gurion para assuntos árabes em 1948 e membro da cabala que planejou o programa de limpeza étnica naquele período – pediu ao exército que não esperasse duas semanas, porque isso daria a Nasser "tempo para fortalecer sua posição". Israel já havia reunido uma força imensa, disse ele, e, no entanto, atos de sabotagem continuavam sendo perpetrados no norte. O público, segundo ele, queria ação.[49]

A decisão foi tomada para enganar os Estados Unidos, anunciando que o governo israelense estava disposto a esperar três semanas. A posição de Washington àquela altura já foi analisada por outras fontes e não é o tema em discussão aqui;[50] o que me importa é saber como os formuladores da política israelense chegaram a essa decisão, uma vez que sabiam que a CIA e a inteligência militar dos Estados Unidos acreditavam que a política egípcia era essencialmente não agressiva. O que o governo israelense não sabia era que a CIA já estava ciente, em 1º de junho, de que Israel decidira entrar em guerra. Helms havia previsto que seria no início daquele mês.[51]

Em resposta à notícia recebida de Washington, Yaakov Shimshon Shapira, ministro da Justiça de Israel, curiosamente argumentou: "Deveríamos exigir dos Estados Unidos que garantam o fim do terrorismo, a abertura do estreito e a evacuação das tropas egípcias do Sinai". Foi uma declaração interessante, porque exprimiu aos estadunidenses uma lista de expectativas e demandas consideravelmente expandida. Dada a experiência política de Shapira, talvez ele quisesse apresentar aos Estados Unidos uma missão impossível, garantindo assim que eles fracassassem, ou talvez ele acreditasse, quiçá ingenuamente, que essa ainda seria uma opção plausível aos olhos de Moshe Dayan e outros ministros beligerantes.[52]

Mas, de todo modo, não havia nenhuma vontade de esperar que isso acontecesse. Dayan, que defendia uma operação militar imediata, era apoiado por seu arquirrival no governo israelense, Yigal Allon. Esses dois veteranos da limpeza étnica de 1948 haviam decidido, desde o início de maio, que junho de 1967 era a oportunidade histórica para a expansão, assim como março de 1948 havia sido o momento apropriado para a limpeza étnica da Palestina. Para garantir que ministros como Shapira não levassem a opção de Washington tão a sério, Allon declarou, naquela reunião:

> Perdemos nosso prestígio; as IDF perderam seu prestígio aos olhos do mundo árabe. Estávamos errados ao esmagar as forças egípcias nas três últimas semanas. O mundo tinha certeza de que estávamos prestes a atacar nesta manhã [29 de maio de 1967], o que seria um ato justificado. Deveríamos encontrar uma

maneira de libertar os Estados Unidos de seu compromisso de agir em nosso nome.[53]

Allon não teve pressa nessa reunião. Empregando a retórica bíblica de que, se alguém vier te matar, mate-o primeiro, ele disse que a guerra deveria ter sido iniciada no dia anterior; tanto o ministro da Agricultura, Haim Givati, quanto Rabin, ambos socialistas do Mapam, também tinham consentido com essa abordagem, como revelam as atas.

O nome do ministro das Finanças, Pinchas Sapir, está gravado na memória coletiva dos israelenses como uma "pomba da paz"; ele foi um homem que sempre defendeu a prudência e preferiu formas pacíficas às militares para resolver os problemas da agenda nacional. Na reunião de 29 de maio, Sapir parecia seguir essa linha no início das discussões, mas, depois dos comentários de Allon, optou por uma posição mais beligerante. A partir daí, ficou batendo na mesma tecla: "Deveríamos aproveitar o entusiasmo do mundo judaico para angariar recursos e dinheiro".[54]

Foi Rabin quem primeiro ecoou a afirmação de Allon de que o exército não poderia esperar duas ou três semanas, dizendo que talvez fosse mais difícil atacar mais tarde. Ele não especificou a natureza da dificuldade, apenas garantiu aos ministros que a força aérea israelense tinha poderio suficiente para atacar as duas forças aéreas e os exércitos do lado árabe. Então outro veterano de 1948 acatou a posição: o ministro dos Transportes, Moshe Carmel, que havia sido o responsável por supervisionar a limpeza étnica no norte. Abba Eban se sentiu isolado e exigiu o direito de fazer a seguinte declaração: "Não se vai à guerra por prestígio. Você não gera órfãos e viúvas por prestígio".[55] Mas prestígio, especificamente como poder de dissuasão, era o que Rabin e Dayan queriam, e mais território era o que Allon e Carmel buscavam.

Aharon Yariv, chefe da inteligência militar, resumiu os relatos e as análises da posição estadunidense de uma forma bastante adequada ao temperamento agressivo de seus colegas oficiais e ministros beligerantes no governo. Em suas palavras, "os Estados Unidos não encabeçarão nenhuma ação militar, portanto a porta está aberta para um ataque israelense geral".[56] Prevenindo a apreensão quanto a uma possível retaliação de Washington, Yariv acrescentou que os judeus estadunidenses garantiriam que "os Estados Unidos se entusiasmassem com a perspectiva de uma guerra". Três dias depois, ele enviou um relatório de inteligência completo, afirmando que Washington, na verdade, ficaria muito feliz com um rápido ataque israelense.[57]

No início de junho, o pêndulo decisório se deslocou de Jerusalém para Tel Aviv. Foi em uma fortaleza subterrânea, o infame Bor (poço), escavado no centro de Sarona – velha colônia construída pelos templários protestantes alemães no século XIX e tomada pelo Estado judaico em 1948 –, que se deram algumas das decisões mais cruciais sobre a guerra. Os ministros costumavam ser acompanhados ali pelo estado-maior do exército e pelos chefes dos serviços de segurança. O lugar permaneceria o quartel-general de todas as futuras ações militares contra os palestinos, inclusive das punições coletivas promovidas pela força aérea contra o povo da Cisjordânia em 2002 e de Gaza em 2009 e 2014.

Foi no Bor que os chefes do exército tiveram a famosa desavença com Levi Eshkol em 2 de junho de 1967, atacando-o por não ter tomado uma ação militar enquanto aguardava até o dia 5 do mesmo mês. A decisão de ir à guerra se deu efetivamente em 4 de junho, após uma reunião no quartel-general em Tel Aviv.

Ami Gluska, então coronel da inteligência militar – e mais tarde ajudante de ordens e secretário particular tanto do quinto quanto do sexto presidente de Israel –, comentou que, mesmo no auge da crise, teria sido possível seguir uma política muito diferente. A mais óbvia era a dissuasão, que, segundo Gluska, "era mais adequada para a forma como essa crise se desenvolveu". Mas os políticos e generais, em vez disso, preferiram uma política agressiva que lhes permitiria, enfim, ocupar vastas áreas dos países árabes vizinhos, em particular a Cisjordânia e a Faixa de Gaza.[58]

Tudo isso é corroborado pelas lembranças de Uri Avnery, na época editor da *Ha-Olam Hazeh*, uma revista semanal de oposição (que, além de veicular críticas sérias ao Estado de Israel, bizarramente incluía um pôster com nudez). Graças a seu papel heroico na guerra de 1948, Avnery desfrutava de relações pessoais próximas com alguns veteranos do exército. Ele recordaria um encontro com David Elazar, chefe do Comando Norte, o qual, supostamente, teria relatado rezar todas as noites para que Nasser concentrasse forças suficientes no Sinai, a fim de justificar a guerra. Avnery lembraria que, enquanto muitos jornalistas à sua volta alimentavam a sensação de uma catástrofe inevitável, até mesmo de um segundo Holocausto, suas reuniões frequentes com os generais o persuadiram de que esse risco não existia, e o belicismo impregnava tudo.[59]

Entre os generais, parecia haver um consenso quanto à necessidade da guerra. Entre os políticos, alguns davam indícios de hesitação, especialmente Abba Eban, então ministro das Relações Exteriores. Algumas semanas depois do fim da guerra, o *Washington Post* relatou debates acalorados que antecederam as hostilidades entre um beligerante Moshe Dayan e um relutante Abba Eban. Parece que Eban continuou acreditando em uma resolução pacífica da crise até 3 de junho.[60] David Ben-Gurion, que recebia informações de Rabin, escreveu em seu diário, em 4 de junho: "Por que a pressa? Eu não entendo. Não deveríamos primeiro consultar os Estados Unidos?".[61]

Durante a guerra, nem todas as reuniões do gabinete ocorriam na sede do governo. Algumas foram feitas no Knesset – quando Jerusalém Ocidental foi bombardeada nos primeiros dias pelo exército jordaniano – e outras em Tel Aviv, no subterrâneo Bor. Diante do ritmo do avanço e da conquista israelenses, não houve muitas decisões a serem tomadas. Poucas medidas estratégicas foram discutidas entre o governo e o exército, mas duas em particular são de grande relevância para este relato. A primeira foi a de ocupar a Cisjordânia, e a segunda, menos conhecida, a de ocupar a Faixa de Gaza.

A historiografia hegemônica, que ignorava a motivação ideológica por trás da decisão de ocupar a Cisjordânia, culpou o rei Hussein da Jordânia por um erro fatal: por volta das dez horas da manhã do primeiro dia da guerra, ele ordenou que seu exército bombardeasse Jerusalém, assim como diversas outras áreas relevantes do norte da Cisjordânia, adjacentes à fronteira. A maioria dos livros de história israelenses registra que foi esse o principal motivo para a ocupação da Cisjordânia.

É interessante notar que, quando Israel decidiu atacar preventivamente o Egito e a Síria, houve ampla aceitação; era uma explicação razoável para o rumo histórico dos acontecimentos. No entanto, quando o rei Hussein tomou ações para prevenir o que ele e seus generais consideraram um iminente ataque israelense, sua atitude foi considerada um erro fatal, que levou à ocupação da Cisjordânia por Israel. Os generais jordanianos pareciam fazer tudo o que podiam para se preparar para um possível ataque israelense. Na verdade, seus preparativos para uma eventual guerra eram muito mais defensivos do que os dos outros exércitos árabes. O general Abd al-Munim Riad, supremo comandante militar egípcio indicado para liderar as forças jordanianas e egípcias na Cisjordânia, estava preocupado que uma operação das IDF, mais do que deflagrar uma guerra, permitisse a Israel ocupar parte da região. Ele também receava que os palestinos jamais perdoassem os jordanianos por essa derrota e que, por isso, pudessem invadir o reino hachimita.[62]

O pouco que sabemos sobre os planos árabes para a guerra sugerem que o exército jordaniano foi estrategicamente empregado para se tornar o mais visível possível aos olhos da população palestina. Na realidade, o plano alternativo era facilitar uma rápida retirada, se necessário, no intuito de concentrar forças na proteção da margem oriental a partir das montanhas da Cisjordânia, próxima ao Rio Jordão. Isso significaria abrir mão de Jerusalém, como observou o chefe do estado-maior jordaniano, Habis al-Majali, mas tal estratégia foi autorizada pelo próprio rei Hussein, ainda que em vão. Conforme os eventos se desenrolaram, o exército israelense parou no Jordão, uma vez que esse era seu objetivo primordial, e porque foi detido por ações militares.[63]

O rei Hussein parece ter se dado conta apenas em 4 de junho de que a agressão israelense era iminente. Pelo tratado com os egípcios, a Jordânia foi obrigada a reagir quando Israel atacou o Egito na manhã seguinte. Esse compromisso, por parte de um rei que já era tachado como fantoche do Ocidente, foi compensado por um famoso alerta israelense para que a Jordânia evitasse qualquer ação. A julgar pelo passado, especificamente o caso da Palestina em 1948, as promessas israelenses de imunidade durante a guerra não eram muito concretas.

Hussein buscava uma espécie de meio-termo, e, sob pressão dos comandantes egípcios, seu exército retaliou duas horas depois, bombardeando Jerusalém Ocidental.

Por sua vez, o exército israelense respondeu com um bombardeio mais pesado e a destruição da força aérea jordaniana – seguindo os planos traçados como parte da Operação Moked (um ataque preventivo para destruir todas as forças aéreas árabes).

Há historiadores israelenses que descrevem as duas horas entre o primeiro bombardeio jordaniano de Jerusalém Ocidental e o início da ocupação da Cisjordânia como absolutamente cruciais, um período em que a natureza do ataque jordaniano a Israel foi dramaticamente transformada. Na realidade, não foi; não houve tempo para nenhuma transformação nem muita sofisticação ou planejamento do lado jordaniano. Mas já era de fato uma guerra de verdade.

No entanto, em 5 de junho, Eshkol e até mesmo Rabin, por motivos táticos, procrastinaram a decisão de ocupar a Cisjordânia. Na verdade, quando as notícias da bem-sucedida destruição da força aérea jordaniana começaram a chegar, Rabin perguntou em voz alta: "Por que precisamos ocupar territórios agora?". Mas suas opiniões foram derrotadas. Ele foi apoiado, por algum tempo, por Eshkol, que não estava convencido de que estivessem esgotadas as opções para manter a Jordânia fora da guerra. Mas esses dois não davam as cartas. O jogo estava nas mãos do ministro da Defesa, Moshe Dayan, e de Uzi Narkiss, general que comandava o front central. Eles legariam aos historiadores a pergunta sobre o quanto a situação ainda podia ser flexível, mesmo naquela época. Durante um longo tempo, quiseram usar todas as oportunidades possíveis para criar o Grande Israel e, no final, alcançaram esse objetivo em dois dias – o que não significa que tenha sido fácil ou que tenha envolvido custos mínimos ao exército e à população civil de Jerusalém. Esses custos se deveram, sobretudo, à defesa desesperada da Legião Árabe, mas, no fim das contas, no cálculo cínico dos generais, o preço foi baixo, bem baixo.[64]

Washington não se surpreendeu tanto com o êxito israelense, como mencionado. Dentro da administração, havia aqueles como Arthur Goldberg, embaixador estadunidense na ONU, que trabalhavam próximos ao governo israelense, na tentativa de ganhar tempo para que Israel completasse a ocupação total da Cisjordânia antes que uma intervenção das Nações Unidas pudesse se efetivar.[65]

Para os propósitos deste livro, vale a pena acrescentar outro comentário sobre a natureza da teoria israelense da "reação", já apresentada de modo muito convincente por Tom Segev e Norman Finkelstein. Se os israelenses queriam domesticar o rei da Jordânia, ou mesmo puni-lo com severidade, por que ocupar a Cisjordânia inteira? Como disse Finkelstein: "Seria possível derrotar a Jordânia sem tomar a Cisjordânia. Bastaria simplesmente destruir sua força aérea e desarmar seu exército".[66] Conforme demonstrado, em 5 de junho Rabin compartilhava dessa opinião.

A decisão de ocupar a Faixa de Gaza foi discutida dentro do governo, e as mesmas poucas vozes hesitantes a respeito de uma guerra total aqui também não consideraram prudente a ocupação da Faixa. Foram mais uma vez os generais que suprimiram qualquer incerteza genuína e conduziram o governo a votar a favor da ocupação.

Israel Tal, comandante da Divisão 84 – a qual, em todos os ensaios de guerra, era destinada a ocupar a Faixa de Gaza –, foi o primeiro fomentador da decisão de adentrar a Faixa. Se o exército israelense hesitasse, alertou, "haveria caos nos assentamentos judaicos [ao longo da Faixa]", e todos os outros generais o apoiaram.[67] O mais vociferante entre eles era Rehavam Ze'evi, futuro fundador do Moledet, partido que defendia a expulsão dos palestinos dos Territórios Ocupados e cujos militantes eram alguns dos mais violentos colonos dos assentamentos nesses territórios. "Seria uma pena desperdiçar a manchete: 'A Faixa de Gaza é nossa'", disse ele. A única nota de precaução veio de Moshe Dayan, que estava preocupado com o grande número de refugiados de 1948 que viviam naquela área. Por fim, como todo mundo, ele viria a "superar essa preocupação, adotando a política da megaprisão".[68]

Em três dias, a Cisjordânia e a Faixa de Gaza estavam sob estrito controle israelense. O contexto histórico fornecido neste capítulo deixa claro que, em 1958, uma firme opinião internacional impediu a ocupação israelense da Cisjordânia e que um atento secretário-geral da ONU – Hammarskjöld – não permitiu que a ousadia de Gamal Abdel Nasser em 1960 se convertesse em guerra.

O capítulo também mostra que havia diversas opções em aberto para a comunidade internacional quando eclodiu a nova crise, em maio de 1967. Essas opções foram descartadas graças à ousada decisão israelense de enganar um governo dos Estados Unidos *a priori* pró-israelense. Washington não desejava conter Israel, e o secretário-geral da ONU – U Thant – não quis ou talvez não pôde entender seu papel potencial em uma área volátil, onde a diplomacia ousada era um movimento da política regional no sentido de evitar a violência, e não gerá-la. Essa mudança na abordagem dos Estados Unidos, até então mais dura, diante de um ato israelense de agressão sem precedentes se deveu, em parte, ao crescente poder do lobby sionista do Aipac, que, àquela altura, já existia havia mais de dez anos.

Michael Oren alega que a influência do Aipac só seria sentida em meados dos anos 1970,[69] mas a administração Johnson já estava ciente de sua presença. Isaiah "Si" Kenen, fundador do Aipac, se gabava em 1973 de que o comitê garantia a Israel o generoso auxílio de cerca de um bilhão de dólares por ano. Isso veio à tona na investigação do Congresso dos

Estados Unidos sobre a forma como o Aipac destruiu a carreira do senador J. William Fulbright, que se opôs à própria ideia de criar o comitê.[70] Mas é verdade que não foi apenas o poder do Aipac que reorientou a política estadunidense. A presença de pesados armamentos soviéticos fornecidos aos exércitos egípcio e sírio transformou Israel em um aliado na Guerra Fria. O impressionante triunfo israelense na guerra de 1967 reforçou essa imagem em Washington.

Outra diferença importante era a ausência de Ben-Gurion, já aposentado, que poderia ter sido capaz de conter as manobras beligerantes de Moshe Dayan e Yigal Allon, ambos atores menores nas crises de 1958 e 1960.

Além disso, em 1967, o exército israelense estava ainda mais bem equipado para finalizar o serviço – centenas de aeronaves, mais de mil tanques e quase 250 mil soldados foram empregados no campo de batalha, uma força sem precedentes na história da região desde 1945. Por fim, a liderança israelense em 1967 estava muito mais comprometida ideologicamente do que qualquer governo anterior com a criação do Grande Israel. O governo conduzido pelo Mapai em 1960 era mais limitado em seu escopo ideológico e politicamente fraco demais para arriscar uma transformação dramática da realidade geopolítica na Palestina histórica.

Em uma perspectiva cronológica mais ampla, os diversos momentos-chave mencionados neste capítulo – 1948, 1957, 1958, 1960 e 1967 – podem ser vistos como estágios de um projeto colonial contínuo, cuja intenção era judaizar a Palestina e desarabizá-la. Em 1967, não havia nenhuma ameaça existencial contra Israel, e as manobras de Nasser não eram diferentes em tipo ou escopo de suas ações anteriores. Uma política israelense menos agressiva na fronteira síria também poderia ter acalmado a situação naquele front. É surpreendente que até mesmo historiadores críticos e conscienciosos ainda hoje considerem que a guerra israelense de 1967 foi inevitável e desencadeada em nome da autodefesa. Na verdade, essa guerra foi, acima de tudo, uma continuação da limpeza étnica de 1948 e uma expropriação geral da Palestina. Como em 1948, ocorreu em dois fronts. O primeiro se desenvolveu contra os Estados árabes vizinhos, que mais uma vez constataram que guerra e retórica de guerra não são a mesma coisa e voltaram a ser derrotados no campo de batalha. O segundo front era a porção de 22% da Palestina histórica que Israel havia decidido não ocupar em 1948; agora, em 1967, surgia a oportunidade de corrigir, aos olhos israelenses, um erro histórico.

2

A criação da megaprisão

A Assembleia Geral [da ONU] caracterizou a ocupação israelense da Cisjordânia e de Gaza como uma negação da autodeterminação e, portanto, uma "ameaça séria e crescente à paz internacional e à segurança".

— JOHN QUIGLEY, *PALESTINE AND ISRAEL: A CHALLENGE TO JUSTICE*

Em 11 de junho de 1967, o governo israelense se reuniu pela primeira vez para discutir a nova realidade geopolítica que se instalou na região com o fim da guerra. Depois de três dias de combate, Israel tinha o controle de toda a Palestina histórica. Dominava mais de um milhão de palestinos na Cisjordânia e 450 mil na Faixa de Gaza, dos quais 315 mil eram refugiados da limpeza étnica de 1948 (outro relato, fornecido pelo governo israelense naquele mesmo mês, contabilizava quase 400 mil refugiados em Gaza).[1]

Três dias antes, os ministros seguiam trancados na fortaleza subterrânea do Knesset e, ao retornarem à superfície, no dia 8 de junho, o primeiro-ministro Levi Eshkol declarou que a nova Jerusalém unificada seria a eterna capital de Israel. Mais para o final do mês, em 23 de junho, ele anunciou no Knesset que a Cisjordânia e a Faixa de Gaza ficariam sob controle israelense e jamais haveria qualquer presença militar palestina ou qualquer outra força militar árabe no solo da capital. Israel, prometeu Eshkol, normalizaria a vida das pessoas nesses territórios.[2]

Na semana seguinte, os ministros mais experientes, reunidos sob a alcunha de "Comitê Ministerial para Assuntos de Defesa", foram incumbidos de buscar uma política consensual para os territórios recém-ocupados – mas falharam. No fim daquela semana, a questão foi transferida para o gabinete de união nacional do 13º governo de Israel, e, surpreendentemente, foi aquele imenso conjunto de ministros que conseguiu decidir de modo rápido a estratégia que se tornou a pedra fundamental da política israelense desde então.

QUATRO DECISÕES CRUCIAIS

Em uma semana de ocupação, o governo israelense teve de responder a quatro questões sobre o futuro dos 22% restantes da Palestina que Israel não conseguira ocupar em 1948 e que estavam agora sob seu controle total. Em primeiro lugar, qual seria o destino desses territórios? Israel deveria conservá-los ou permanecer neles apenas temporariamente (na falta de um acordo político com a Jordânia, a autoridade soberana anterior na Cisjordânia, e com o Egito, que controlava anteriormente a Faixa de Gaza)?

Como essa questão havia sido respondida antes em favor de uma presença permanente, ela foi discutida em conjunto com um segundo questionamento: qual seria o destino dos palestinos que viviam na Cisjordânia e na Faixa de Gaza? Uma vez que não se decidiu pela expulsão em massa, os formuladores políticos discutiram as diversas formas de dominar o povo sem expulsá-lo nem conceder-lhe cidadania. De início, foi feita uma distinção entre áreas que seriam controladas diretamente e áreas que seriam monitoradas indiretamente. Em certo sentido, a solução para o problema era mais uma vez dividir a Palestina – sempre a tática favorita do movimento sionista nesses casos –, e assim a Cisjordânia e a Faixa de Gaza foram fracionadas em um espaço "judeu" e um espaço "palestino".

Com o passar dos anos, e como este e outros livros demonstram, Israel pressionou e deu continuidade a uma política que incitou os palestinos da Cisjordânia e da Faixa de Gaza a deixarem suas casas e suas terras. Portanto, quando me referi à decisão de não optar pela limpeza étnica, quis dizer que não se promoveu uma expulsão massiva e imediata na escala de 1948. Mesmo quando começaram a perceber que havia outras formas de reduzir a população – e esses métodos foram implementados intencionalmente –, ficou claro que um número significativo de palestinos permaneceria nos territórios, ainda que sob o controle de Israel.

Como veremos nos próximos capítulos, os palestinos podiam ser punidos ao não receber permissão de sair e, da mesma forma, podiam também ser punidos com a expulsão. A decisão dependia do que os "prisioneiros" mais quisessem: se quisessem sair, seriam barrados; se quisessem ficar, seriam ameaçados de expulsão. Essa metodologia não era nada nova, mas um resgate de velhas práticas: sugeriu-se uma política de "cenoura e porrete" – recompensa e punição – para aqueles que aceitassem ou rejeitassem qualquer normativa israelense. A linguagem extraída do universo agrícola não é minha. "Cenoura e porrete" são termos utilizados pelos formuladores políticos israelenses para descrever a escolha feita em 1967.[3] A principal imposição aos habitantes locais era que aceitassem que não tinham nenhum direito de determinar o próprio futuro; caso rejeitassem as novas circunstâncias, seriam encarcerados em uma prisão de segurança máxima. No entanto, se cooperassem, poderiam desfrutar de uma prisão aberta, administrada por eles de forma autônoma. Como veremos, essa política já estava sendo implementada em junho de 1967.

Uma terceira questão era de que modo Israel venderia essa ideia "generosa" de prisão aberta autônoma como proposta de paz, enquanto ocultava a instauração unilateral dos fatos *in loco*. Abba Eban, ministro das Relações Exteriores, insistiu reiteradamente nesse ponto, mas os outros membros do governo pareciam bem menos preocupados.

Por fim, era preciso pensar no consumo interno: como vender a nova realidade para o público judeu, que, ao menos naquele estágio, não estava inteiramente convencido de que a ocupação funcionaria como estratégia de longo prazo?

Vejamos agora como o governo israelense abordou esses quatro pontos entre junho e julho de 1967.

DECIDINDO O FUTURO DOS TERRITÓRIOS E DE JERUSALÉM

Essa discussão teve um ponto de partida consensual. Tanto o limitado Comitê Ministerial para Assuntos de Defesa quanto o governo expandido apoiaram a declaração do chefe do Comitê, o primeiro-ministro Eshkol, de que a fronteira de segurança de Israel deveria ser o Rio Jordão. Uma semana mais tarde, em 18 de junho, esse assunto foi pautado outra vez por Yigal Allon, que afirmou que não só o curso d'água como também o Vale do Jordão, ao longo das margens ocidentais do rio, deveriam sempre ser parte de Israel. Isso significava que, como Eliyahu Sasson observou naquela reunião, tanto o Vale do Jordão quanto a área de Jerusalém estariam excluídos de qualquer possível negociação com os jordanianos.[4]

Qualquer um que visite o Rio Jordão hoje em dia teria dificuldade de imaginar como esse córrego poderia ser considerado um obstáculo natural para um bando de escoteiros, que dirá para um exército moderno. Mesmo naquela época, era ridículo sugerir que esse curso d'água extremamente estreito fosse uma fronteira natural – e, no entanto, esse era um dos principais trunfos da lógica israelense para a estratégia que Israel criou para si mesmo e para os outros como justificativa para manter a Cisjordânia ocupada.

Um único ministro liberal, Moshe Kol, sugeriu que qualquer insistência em manter o Jordão como futura fronteira de Israel levaria a um Estado binacional em toda a Palestina histórica. O primeiro-ministro, no entanto, não queria saber disso; preocupava-o principalmente o discurso que o ministro das Relações Exteriores – que estava na ONU naquela ocasião – deveria adotar perante o mundo sobre as intenções israelenses, se a estratégia fosse mesmo essa. De que modo Israel poderia ser considerado um Estado comprometido com a paz se, na prática, estava decidindo unilateralmente que a Cisjordânia e a Faixa de Gaza deveriam permanecer sob seu controle para sempre? Desde então, esse ponto representa o grande paradoxo da diplomacia israelense.[5]

Nas reuniões de 11 e 18 de junho, discutiu-se separadamente se a Faixa de Gaza deveria ser tratada como um caso distinto da Cisjordânia. Naqueles primeiros dias, sempre que vinha à tona o destino dos Territórios Ocupados, a Faixa de Gaza era mencionada junto com a Cisjordânia. E ficava subentendido, embora não articulado, que a decisão a respeito de uma se aplicaria à outra. De fato, até 2005, quando o primeiro-ministro Ariel Sharon resolveu se retirar unilateralmente da Faixa de Gaza, a região era tratada da mesma forma que a Cisjordânia. O discurso sobre Gaza sempre foi menos messiânico e eufórico, mas os israelenses ainda a consideravam, nas palavras de um dos ministros, Eliyahu Sasson, uma "área liberada". Foi Menachem Begin, ministro sem pasta, quem se perguntou, em voz alta, se a Faixa não deveria permanecer de alguma forma sob controle egípcio. "Gaza agora é nossa responsabilidade", foi a resposta de Eshkol.[6]

A partir de 18 de junho, as reuniões do gabinete de união nacional voltaram a ser diárias, como durante a guerra. No dia seguinte, o conjunto dos líderes políticos de Israel decidiu, por unanimidade, excluir a Cisjordânia e a Faixa de Gaza de futuras negociações. Como já havia ficado claro na semana anterior, seria preciso recorrer a uma linguagem dupla: uma para circulação interna e internacional – o discurso da paz – e outra para a burocracia da ocupação – a linguagem da anexação e do controle.[7]

Essa posição foi esclarecida pelo próprio primeiro-ministro Eshkol, que explicou aos ministros os comentários que havia feito em uma coletiva na véspera da reunião. Naquele encontro com a imprensa, ele falara da disposição israelense de se retirar dos territórios em troca da paz: "Não estava me referindo à Cisjordânia e à Faixa de Gaza", confirmou Eshkol a seus colegas de governo.[8]

Moshe Dayan, ministro da Defesa, de muitas formas o principal formulador político daquela época e provavelmente mais transparente do que qualquer outra liderança do período, falava o que pensava tanto dentro quanto fora do governo. Em 1969, ele entregou o jogo:

> Nossos pais haviam chegado às fronteiras que foram reorganizadas no Plano de Partilha da ONU de 1947 [56% da terra]. Nossa geração chegou às fronteiras de 1949 [78% da terra]. Agora a Geração dos Seis Dias [de 1967] conseguiu chegar a Suez, à Jordânia e às Colinas de Golã. E esse ainda não é o fim.[9]

No contexto daquelas reuniões de junho, alguns desdobramentos políticos internos já haviam solidificado a inclinação consensual de ver na ocupação de 1967 uma oportunidade histórica de expandir o Estado judaico. Naquele mesmo mês, o Ahdut Ha'avodah – um partido dissidente do movimento trabalhista, liderado por Yigal Allon, e que acalentava a ideia do Grande Israel – começou a negociar com o Mapai, partido então no poder. Dessas negociações, nasceria o novo Partido Trabalhista, que hoje conhecemos muito bem.

Nunca se chegou a uma decisão final quanto ao destino das pessoas que habitavam os Territórios Ocupados. Em vez disso, um processo dialético permitia a autonomia como principal opção. A expulsão imediata foi descartada logo no início, e a anexação de parte da Cisjordânia à Jordânia, embora fosse uma possibilidade séria, acabaria se tornando impraticável quando o rei Hussein declarou, em 1988, com lágrimas nos olhos, que Amã abandonava todos os seus vínculos e afiliações com a Cisjordânia. De todo modo, os israelenses jamais lhe ofereceram a totalidade da Cisjordânia. Não tenho certeza de que a expulsão dos palestinos tenha sido, afinal, eliminada da lista de possibilidades, mas um sistema que permitisse certa dose de autonomia parecia ser a principal preocupação dos estrategistas israelenses nessa época.

Assim, Israel estava prestes a englobar as áreas da Palestina histórica que não conseguira tomar em 1948. A pergunta seguinte, inevitável, era: qual seria o destino das pessoas que viviam naquelas áreas?

DECIDINDO O DESTINO DO POVO

Em 18 de junho, além de debater o futuro dos territórios, os ministros israelenses começaram a deliberar sobre o futuro das pessoas. Desde o princípio, o primeiro-ministro tinha consciência de que, de um ponto de vista sionista – sobretudo de um sionismo socialista ou liberal –, qualquer tipo de anexação representava um risco real para a natureza e a identidade judaicas de Israel. Ele, portanto, brincou com a ideia de concentrar todos os palestinos em um mesmo lugar, "um cantão com autonomia". Também pediu a consultores e especialistas garantias de que o problema não era tão grande e exigiu um recenseamento, no intuito de determinar o número exato de palestinos que então passariam a viver sob controle israelense.[10]

Todos os ministros estavam plenamente cientes da relação entre geografia e demografia. Por isso, naqueles primeiros dias de ocupação, a ideia de transferir a população também foi cogitada:

> Não podemos expulsar os palestinos de Jerusalém: eles são setenta mil. Mas precisamos entender que estamos aumentando de modo perigoso o número de árabes em Israel. Também já temos duzentos mil refugiados. Há quatrocentos mil palestinos na Faixa de Gaza – deveríamos negociar a transferência deles para a Jordânia.[11]

Eliyahu Sasson, ministro que havia feito essa sugestão, estava convencido de que todos sairiam ganhando com isso:

> Que incentivo seria para a Jordânia se eles fossem, seria sua fonte de vida e haveria mais dinheiro da UNRWA [Agência das Nações Unidas de Assistência e Obras para os Refugiados Palestinos no Oriente Próximo]. Dayan nos contou que os notáveis[12] da região [...] estão dispostos a discutir essa hipótese. Nós só podemos fazer isso se a Jordânia quiser; do contrário, teremos de resolver a questão.[13]

Se fosse necessário, acrescentou Sasson, poderiam oferecer aos jordanianos certas partes da Cisjordânia; contanto que o Rio Jordão permanecesse como fronteira de Israel, essa seria uma solução ideal. Como se revelou, os jordanianos não entraram no jogo, mas é interessante notar que apenas Menachem Begin fez objeção à simples ideia de transferir a população.[14]

Begin, contudo, sucumbiu facilmente à engenhosa solução de "territórios anexados não anexados" – e se manteria preso a essa fórmula mesmo depois do fim de seu mandato como primeiro-ministro pelo Likud (1977-1983), apesar de seu compromisso público com a anexação de territórios enquanto era líder da oposição. Assim, seus apoiadores leais na direita israelense, que desejavam uma anexação histórica *de jure* daquilo que consideravam "o coração da antiga pátria", admitiam que essa anexação sem anexação era, na prática – embora não na teoria –, uma ideia brilhante.

Outros acabariam seguindo essa posição, mas não sem ressalvas. Apesar de não acharem tão prudente anexar territórios, gostavam da ideia de falar pouco enquanto incorporavam *de facto* a Cisjordânia, ao menos através de uma espécie de anexação sorrateira. Era assim que um dos opositores mais vociferantes da anexação direta, o ministro da Educação, Zalman Aran, do partido Mapai, acreditava que conseguiria resolver o problema. Ele aparece nos registros exigindo que o governo evitasse qualquer medida que pudesse ser considerada indicativa do desejo israelense de permanecer nos Territórios Ocupados. Quando foi convencido de que nenhuma declaração oficial seria feita, pois os territórios seriam absorvidos silenciosamente, ele aceitou que a nova fórmula era obscura o suficiente para satisfazê-lo. Em todo caso, Aran não se manteve coerente em sua posição e, por algum motivo bizarro, também exigiu a anexação *de jure* da Faixa de Gaza.[15]

Pinchas Sapir, o ministro das Finanças, foi mais coerente ao rejeitar qualquer ato de anexação, mas nunca se deu o trabalho de explicar como o problema poderia ser sanado. Até o fim de sua vida, ele parecia incomodado com a realidade demográfica criada por uma eterna ocupação "temporária", e, ao longo dos anos, defendeu que uma separação total dos territórios ou sua plena incorporação eram, na verdade, as duas únicas opções viáveis. Na prática, Sapir tentou impedir a integração de trabalhadores palestinos no mercado de trabalho israelense, mas, como não propôs uma alternativa, suas opiniões foram ignoradas. Sapir não era poderoso o bastante para superar Dayan, que queria que os palestinos trabalhassem em Israel, indo e voltando diariamente, e acabaria apoiando não apenas a entrada de trabalhadores palestinos como também o abuso desse "benefício", ao proibi-los de trabalhar em Israel sempre que o governo israelense decidissem infligir punições coletivas à população palestina local.[16]

Seria de esperar que ministros mais esquerdistas, filiados ao partido socialista sionista Mapam, compartilhassem das preocupações de Aran. Contudo, ao que parece, eles não só abraçaram a nova ideia de anexação não anexada proposta pelo ministro da Justiça como foram além ao imaginá-la. Seu principal representante no governo, o ministro da Habitação, Mordechai Bentov, via toda essa questão como uma "guerra psicológica", explicando que a melhor forma de dar andamento às políticas já acordadas era declarar que não haveria nenhuma retirada israelense dos territórios antes da conclusão de um tratado de paz. É intrigante a franqueza com que ele associa acordo de paz com guerra psicológica. O enigmático "tratado de paz" como precondição para a retirada seria, a partir daí, o principal argumento israelense, o pretexto para consolidar a ocupação e recusar qualquer compromisso com quem quer que representasse os palestinos. Na época, em 18 de junho de 1967, todos os outros ministros concordaram com Bentov que essa era a melhor frase de propaganda que poderiam adotar. Moshe Carmel, ministro dos Transportes, garantiu que não havia nenhuma perspectiva de paz para um futuro próximo, a não ser talvez com a Síria, mas também havia dúvidas quanto a isso, acrescentou.[17]

De certa forma, havia duas discussões diferentes quando o assunto era o destino das pessoas nos Territórios Ocupados: uma dizia respeito aos que viviam na Cisjordânia e outra, aos habitantes da Faixa de Gaza. A conversa sobre Gaza era mais franca – os ministros falavam abertamente sobre a necessidade de expulsar as pessoas de lá, mas pouco foi feito nesse sentido. A discussão sobre a Cisjordânia era mais contida; porém, no final, muito mais gente foi expulsa desse território. Gaza foi destacada de tal modo que, desde o início, seria descrita como um local exclusivamente palestino e hostil, provavelmente por ter sido o primeiro front a partir do qual os guerrilheiros palestinos tentaram iniciar uma guerra de libertação contra Israel, no início dos anos 1950.

A discussão sobre Gaza era intimamente associada ao destino dos campos de refugiados da região. A primeira decisão foi permitir que a UNRWA permanecesse como a única agência responsável pela administração desses acampamentos. Com esse arranjo, o primeiro-ministro Eshkol viu uma oportunidade de lucro e propôs que Israel deveria ser o único fornecedor de alimentos e outras mercadorias essenciais para a Faixa de Gaza. No entanto, essa decisão foi, a princípio, protelada e depois esquecida: a responsabilidade da UNRWA continuou a mesma de antes da ocupação.[18]

Ainda em 18 de junho, revelou-se um desdobramento mais alarmante, que iluminou os temores israelenses do passado e do futuro e também a animosidade de Israel em relação à Faixa de Gaza. No geral, não se decidiu muita coisa – foi, acima de tudo, uma conversa especulativa sobre como lidar com uma população considerada hostil e indesejada. De modo perturbador, todas as ideias propostas tinham um aspecto em comum: o desejo de reduzir a população de refugiados em Gaza a um número mínimo. As três principais propostas eram expulsá-los para o Egito, estabelecê-los na Cisjordânia ou transferi-los para a Jordânia. Eshkol queria enviá-los para o Iraque. Bentov, o ministro socialista do Mapam, sugeriu reassentá-los no Vale do Jordão, ao que Menachem Begin objetou retoricamente: "Seria prudente termos uma faixa de árabes entre nós e o Rio Jordão?".[19]

Os ministros oscilaram entre reassentar os refugiados à força e tentar induzi-los a ir embora. Desde então, passamos a entender essa "transferência voluntária" como outra denominação para a limpeza étnica; portanto, não é precisamente uma surpresa que essa conversa tenha sido conduzida por Moshe Carmel, uma das principais figuras das operações de 1948. Ele sugeriu: "Deveríamos tomar a frente na questão dos refugiados palestinos, encorajá-los a emigrar e reassentá-los no Sinai; por isso, devemos manter o controle do Sinai um pouco mais. Deveríamos angariar dinheiro internacional e judeu para isso".[20]

Vários ministros gostaram da ideia; até o primeiro-ministro ficou brevemente animado e, por algum tempo, permitiu que sua imaginação corresse solta, delineando um novo projeto de transferência e reassentamento. Eshkol era o maior especialista de Israel em recursos hídricos, de modo que, naturalmente, começou explicando a infraestrutura hídrica necessária para o projeto. Por algum motivo, ele achava que os refugiados poderiam, como Moisés, extrair água do deserto. Isso seria plausível, comentou, "especialmente se eles encontrarem água por lá, como fizeram há pouco tempo no deserto do Saara". Ele lembrou seus ministros do plano sionista El-Arish, do início do século XX. Tratava-se de uma das primeiras tentativas de Theodor Herzl, o fundador do movimento sionista, de persuadir o governo britânico no Egito a apoiar a colonização sionista da Palestina. Uma Gaza judaica, em vez de palestina, irrigada pela água doce vinda de um canal do Nilo. Na época, lorde Cromer, o governador-geral do Egito, rejeitou o plano.[21]

Mas o monólogo de Eshkol logo perdeu o ímpeto, a visão e o otimismo. Israel precisava de território, ele concordava um tanto desolado, mas e se o reassentamento dos palestinos não se provasse factível? O que poderia ser feito?, questionava ele. Israel precisava da Faixa de Gaza, mas "o coração se amarga" (*mar balev* – expressão hebraica que se refere a uma sensação muito perturbadora e desagradável) por esses cobiçados territórios terem de incluir quatrocentos mil palestinos. Eshkol não foi tão longe quanto o ministro das Finanças, Pinchas Sapir, que descreveu a Faixa de Gaza como um "poço de serpentes" – algo que o próprio Sapir dizia já haver percebido em 1956, quando Israel ocupara a Faixa pela primeira vez –, mas estava bem perto de também usar esse tipo de linguagem racista. Diante das taxas de natalidade típicas entre os palestinos, observou, eles seriam incontroláveis.[22]

De quando em quando, durante o debate, Sapir tentou explorar as possibilidades de transferir os palestinos – proposta que deveria ser exibida ao mundo como uma troca populacional. "Como fizeram a Grécia e a Turquia [em 1923]", acrescentou Menachem Begin. "Exatamente, sem nenhum dano causado. Não estamos agindo no escuro, dizemos que esta é nossa terra e os expulsamos."[23]

Concluída no verão de 1967, a política efetiva que resultou dessas deliberações foi a divisão da Cisjordânia (e, em menor medida, como veremos, da Faixa de Gaza) em duas áreas fundamentais: uma "palestina", outra "judaica". A Cisjordânia tem 124 quilômetros de comprimento e 30 quilômetros de largura; sua topografia e demografia desempenharam papel crucial ao determinar as decisões israelenses *in loco*. As áreas mais populosas – as "áreas palestinas" – se espalhavam pela serra que corta a Cisjordânia ao meio, onde se localizavam as principais cidades: Hebron, Jenin, Nablus e Jerusalém. As montanhosas áreas palestinas eram a única parte da Cisjordânia que se provaram um problema para os estrategistas israelenses. O restante da Cisjordânia foi concebido, de uma forma ou de outra, como parte integral do futuro Estado judaico expandido. Aqueles palestinos que tinham a infelicidade de viver nessas áreas mais "problemáticas" em 1967 aguardaram que Israel determinasse seu destino.

Essa visão cartográfica da Cisjordânia como uma área dividida entre regiões anexadas e espaços "povoados" serviu de base para as políticas de colonização e judaização de Israel a partir de 1967. Assim, já naquele ano, a motivação era determinar, por um *fait accompli*, quais áreas seriam diretamente anexadas por Israel e quais formariam enclaves palestinos. Nesse ponto – algo que segue vigente –, o Vale do Jordão, a Grande Jerusalém, Hebron e Gush Etzion foram considerados e desenvolvidos como parte do futuro grande Estado judaico. Dez anos mais tarde, já haveria 32 assentamentos judaicos bem estabelecidos nessas áreas, sem incluir os chamados vizinhos de Jerusalém Oriental, que ainda são designados como assentamentos até mesmo pelo Departamento de Estado dos Estados Unidos.

Assentar judeus foi o principal método para redefinir o que era "nosso" e o que era "deles", e as primeiras tentativas se deram na área da Grande Jerusalém – onde essa operação continua em andamento ainda hoje, enquanto escrevo este texto, o que demonstra a firmeza dos palestinos diante de uma política muito determinada e sistemática de judaizar sua vida e tudo ao seu redor. O esforço de colonização da Grande Jerusalém consistiu em três anéis, cada um deles um espaço palestino considerado como área destinada para a instalação de um assentamento judeu. O anel interno era a Cidade

Velha de Jerusalém; o intermediário, os subúrbios palestinos pré-1967, no leste; e o mais externo, Jerusalém Ocidental.

Foi o anel interno que primeiro recebeu a atenção dos estrategistas israelenses em 1967, com o objetivo específico de reduzir o número de palestinos dentro da Cidade Velha, a qual, passados poucos dias de ocupação, foi coberta de cartazes convidando os palestinos dispostos a serem transferidos para a Jordânia a se registrarem no tribunal da cidade. Os interessados tinham cinco dias para se voluntariar. Na ocasião, eles não tinham como saber que alguns seriam despejados à força, mesmo se decidissem ficar. Foram os primeiros a descobrir que já havia partes da Cisjordânia consideradas totalmente judaicas, mesmo se houvesse palestinos vivendo ali.[24]

Fosse a respeito de território ou de demografia, a retórica nessas primeiras reuniões era messiânica e eufórica, mas o resultado era bastante prático. O equilíbrio entre a decisão de permanecer nos territórios e a necessidade de Israel de ser visto internacionalmente como amante da paz foram postos à prova de imediato no caso de Jerusalém.

VENDENDO A NOVA REALIDADE: A CEGUEIRA VOLUNTÁRIA DOS ESTADOS UNIDOS

Cientes do amplo consenso a respeito de Jerusalém, os ministros pautaram esse tópico antes de qualquer outro. Nenhuma voz dissidente foi ouvida em meio aos louvores da nova Jerusalém libertada e unificada, a eterna capital de Israel. O problema – e isso tornou a discussão um tanto urgente – era que a comunidade internacional não parecia compartilhar desse entusiasmo messiânico. Havia o temor de que alguns governos, agências e religiões cristãs se propusessem a administrar interinamente a cidade até que se encontrasse uma solução, o que poderia impedir a anexação israelense da cidade. Curiosamente, a pressão para que houvesse uma ação unilateral sobre Jerusalém foi feita por ministros que, ao menos na memória coletiva de Israel, são descritos como "pombas", isto é, políticos que buscavam um compromisso com os palestinos. Isso refletia a extensão do consenso sobre o futuro da cidade em todos os pontos do espectro político. E o consenso se manteve constante, o que explica por que, a despeito de qualquer mudança partidária nos governos seguintes, Jerusalém não apenas foi unificada como continuou se expandindo até tomar quase um terço da Cisjordânia no final do século XX.

O governo israelense levou mais tempo do que pretendia para definir a questão da anexação *de jure* de Jerusalém. Haim Moshe Shapira, ministro do Interior, logo entendeu que, depois da ocupação, o governo teria de se acostumar a proferir um discurso dúbio para a comunidade internacional. Ele então sugeriu que, ao invés de proferir declarações oficiais apressadas, Israel acelerasse em silêncio o estabelecimento dos fatos *in loco*. Mas a maioria dos ministros estava profundamente convencida de que, no caso de Jerusalém, não havia necessidade de discurso dúbio: o governo deveria declarar desde o início que o domínio israelense sobre a cidade estaria permanentemente excluído de qualquer negociação futura. Assim, nos primeiros dias, o Knesset foi solicitado a aprovar uma lei que reconhecia o direito incontestável de Israel de ser, perpetuamente, o único poder soberano em Jerusalém.[25]

Haim Moshe Shapira era o único a insistir na cautela. Ele não via nenhuma lógica em atrair atenção desnecessária à iminente anexação e judaização de Jerusalém. E sobretudo não conseguia entender a urgência de formalizar o processo por meio de uma lei. Shapira (não confundir com Yaakov Shimshon Shapira, o ministro da Justiça) não via diferença entre esse novo projeto e o modo como Israel anexara e judaizara áreas da Palestina originalmente designadas como Estado árabe na Resolução 181 da ONU, de 1947, que estabeleceu o Plano de Partilha. Político experiente, ele havia supervisionado a tomada de dezenas de cidades e centenas de aldeias evacuadas à força durante a limpeza étnica da Palestina em 1948. Na reunião, Shapira alegou: "Anexei Yafa a Tel Aviv sem precisar de nenhuma lei".[26]

Essas deliberações, que se estenderam até o fim do mês, como veremos, não diminuíram em nada a velocidade da anexação da parte palestina de Jerusalém em 1967. O aeroporto da cidade já era usado para voos domésticos, e as ruas foram renomeadas – ora hebraizando nomes árabes, ora homenageando líderes sionistas famosos, ou nem tão famosos. Essa não era uma prática nova: renomeação similar ocorrera na Palestina após a limpeza étnica de 1948. Agora, em 1967, o velho mapa palestino, muçulmano e internacional das ruas de Jerusalém desapareceu em um único dia, e a história foi instantaneamente reescrita com a ajuda daquele essencial embaixador local do sionismo – o guia turístico. Logo depois da ocupação, as agências de turismo israelenses começaram a avançar no território de seus concorrentes na Cidade Velha. Todos participaram: a atmosfera era tal que não havia, em meio ao público, uma única voz contrária a converter Jerusalém na capital eterna de Israel e em uma cidade essencialmente judaica.[27]

Até aqueles que a princípio duvidaram da prudência de conservar os territórios (e havia alguns deles) exigiram que Jerusalém ficasse sob controle israelense. Uma das vozes inesperadas que concordavam com isso foi a do fundador e principal líder de Israel, David Ben-Gurion, então isolado e sem influência política. "Deveríamos manter Jerusalém e criar um Estado palestino autônomo, sob administração da ONU, com fortes vínculos econômicos com Israel", sugeriu.[28]

Apesar de toda essa confiança, ainda era necessário ter cautela em relação a Jerusalém, pois Washington não havia esclarecido sua posição a respeito da cidade. Os Estados Unidos não tinham aceitado o modo como Israel abolira o status internacional de Jerusalém após 1948, por isso mantinham sua embaixada em Tel Aviv. Foram de fato dias muito tensos para essa relação bilateral – que havia sido prejudicada pelo ataque aéreo que Israel lançou contra o *USS Liberty*, um navio estadunidense de inteligência e vigilância.

Não cabe aqui tratar exaustivamente do incidente com o *USS Liberty*, apenas contextualizar a apreensão israelense de que Washington retaliasse o ataque por meio de uma política unilateral em relação a Jerusalém. O *USS Liberty* exibia a bandeira dos Estados Unidos e estava claramente identificado com grandes letras e números brancos no casco quando foi destruído por torpedos israelenses em 8 de junho de 1967.[29] George Lenczowski admitiu que "Israel nitidamente não desejava que o governo dos Estados Unidos tivesse muitas informações sobre sua disposição de atacar a Síria", já que era evidente que os sírios estavam prestes a aceitar um cessar-fogo.[30] Outro especialista acreditava que o objetivo de Israel era matar todos a bordo para garantir que esse plano não fosse descoberto.[31]

Esse episódio significava que o governo israelense tinha de proceder com cuidado se quisesse enganar os Estados Unidos de novo, desta vez a respeito de Jerusalém. Mas essa preocupação não durou muito; apesar de tudo, os ministros estavam confiantes em sua capacidade de orientar a política de Washington para um apoio incondicional ao Estado de Israel e às suas políticas de ocupação. Isso não é tão óbvio quanto se poderia imaginar. Pouco tempo antes, em 1964, não estava claro que Israel seria a menina dos olhos dos Estados Unidos na região. A mudança de postura veio depois do assassinato do presidente Kennedy e da nomeação do presidente Johnson. De um só golpe começou uma nova era, em que Israel é considerado membro de um clube exclusivo de países em cujas políticas os Estados Unidos, via de regra, não interferem; apenas oferecem protestos polidos quando, aos olhos do resto do mundo, eles foram longe demais – situação que perdura até hoje.[32] Abba Eban, o superdiplomata do Estado judaico, já antecipava o desenvolvimento de uma política condescendente em Washington. Naquela ocasião, ele previu que, no longo prazo, os Estados Unidos apoiariam, ou ao menos não rejeitariam, as decisões unilaterais de Israel sobre os territórios em geral e sobre Jerusalém em particular.[33] Cinquenta anos depois, é bastante espantoso constatar como foi acurada essa previsão.

A política dos Estados Unidos em relação a Jerusalém ao longo dos anos teve três aspectos particulares: não havia, e não há, embaixada estadunidense em Jerusalém; existe um consulado separado em Jerusalém Oriental; e existe um compromisso ativo de senadores e candidatos à presidência de algum dia transferirem a embaixada de Tel Aviv para Jerusalém.[34] Essas três posições contraditórias convenientemente ofuscaram para todos os envolvidos qualquer posição coerente dos Estados Unidos sobre a questão. Mas esse é o nosso entendimento em retrospecto. A questão é: por que Abba Eban se sentia tão confiante em 1967, uma vez que o governo dos Estados Unidos deixou claro em todos os documentos que se opunha a essas políticas, primeiro quando foram anunciadas, em 19 de junho, e depois quando começaram a ser aplicadas, em 28 de junho?

O presidente Johnson disse, em 19 de junho: "Na nossa opinião deve [...] haver um reconhecimento adequado do interesse especial das três grandes religiões nos lugares sagrados de Jerusalém". Seguindo esse princípio, ele admitiu que, antes de qualquer ação unilateral sobre o status da cidade, deve "haver consultas apropriadas com os líderes religiosos e outros que estão profundamente envolvidos".[35]

O Departamento de Estado foi ainda mais claro ao comunicar, em 28 de junho: "Os Estados Unidos nunca reconheceram ações unilaterais desse tipo, vindas de nenhum país da região, pois eles não comandam o status internacional de Jerusalém". E o embaixador estadunidense na ONU, Arthur Goldberg, informou à Assembleia Geral em 14 de julho:

> Gostaria de deixar claro que os Estados Unidos não aceitam nem reconhecem, nas medidas tomadas pelo governo de Israel em 28 de junho, uma alteração do status de Jerusalém. Meu governo não reconhece que essas medidas administrativas, aplicadas pelo governo israelense em 28 de junho, possam ser consideradas a palavra final sobre a questão. Lamentamos que essas medidas tenham sido tomadas e insistimos que elas não podem ser consideradas nada além de interinas e provisórias, e não são um prejulgamento sobre o status definitivo e permanente de Jerusalém.[36]

Uma explicação possível para a capacidade profética de Eban, ou ao menos para sua posição confiante, foi o papel decisivo que desempenhou na fundação do Aipac nos anos 1950 – época em que estava preocupado, enquanto enviado de Israel à ONU, com a mudança anti-israelense no governo de Eisenhower. Em 1960, o lobby, como se tornou conhecido, podia se gabar de seu primeiro sucesso significativo: a aniquilação política do poderoso senador J. William Fulbright, que desejava expor a ilegalidade da atividade do Aipac. Isso lhe custou bem caro – sua carreira política foi permanentemente arruinada.[37] Walworth Barbour, embaixador dos Estados Unidos em Israel, seria um dos muitos diplomatas estadunidenses em Tel Aviv completamente ignorados pelos governos israelenses; como consequência disso, Washington enviaria uma série de embaixadores pró-israelenses *a priori*, que desempenhariam apenas papéis minoritários na formulação da relação bilateral entre os dois países.

Um comentário revelador de Eban na reunião ministerial indicava a ambiguidade da mensagem que os israelenses tentavam transmitir ao povo e ao governo estadunidenses. Enquanto a população era incitada a apoiar um pequeno Davi judeu que vivia constantemente o risco grave e existencial de outro iminente Holocausto, o governo era levado a aceitar a invencibilidade de Israel como trunfo na Guerra Fria – e mais tarde, no século XXI, na "Guerra ao Terror". Eban se queixava do que chamou de uma "imprudente" manifestação de quarenta mil judeus em Washington "chorando pelo pobre Israel", depois que "nós derrotamos sete exércitos árabes e afundamos um navio de guerra dos Estados Unidos". O presidente Johnson, segundo Eban, estava muito aborrecido com essa manifestação.[38]

Esses pequenos êxitos aumentaram o apetite pela expansão territorial e encorajaram a vontade de testar ainda mais a tolerância estadunidense a uma política que era basicamente indefensável no cenário internacional. Como nada parecia se interpor ao caminho de Israel rumo à construção da Grande Jerusalém – nem mesmo os Estados Unidos –, alguns ministros sugeriram incluir Belém no novo território anexado; a maioria, porém, rejeitou a ideia.[39]

As mesmas preocupações a respeito de Jerusalém foram relevantes para discutir o destino dos Territórios Ocupados como um todo. Os formuladores políticos israelenses não tinham certeza de que os Estados Unidos deveriam ser notificados das decisões estratégicas tomadas pelo governo em 1967. Eles decidiram contra essa transparência, embora soubessem que, eventualmente, Washington perceberia os desdobramentos *in loco*, o que fez surgir um dilema diferente: como apresentar essa transformação de um modo que não preocupasse os Estados Unidos?

Em 19 de junho, o governo israelense discutiu em que medida os Estados Unidos deveriam ser informados sobre suas decisões internas. A solução adotada foi proposta na sessão vespertina: o governo, por um lado, desviaria a atenção das áreas palestinas, enquanto, por outro, mostraria um compromisso sério em tentar chegar à paz com o Egito e a Síria. A confiança dos ministros era tanta que alguns deles sugeriram declarar publicamente que a Cisjordânia e a Faixa de Gaza eram inegociáveis, mas essa ideia acabou descartada. Houve certa apreensão em 20 de junho, antes do discurso do presidente Johnson, que exibiu um plano de paz um tanto vago, com cinco pontos, sendo que nenhum contradizia a política israelense sobre Jerusalém ou a questão dos refugiados. Tudo se resumia à prioridade da paz antes de qualquer retirada ou outro acordo – precisamente a linha que Israel queria que os Estados Unidos seguissem.

Documentos dos Estados Unidos revelam que Washington não se deixou enganar facilmente e, mesmo em 1967, compreendia que as informações israelenses tinham pouca relevância se comparadas ao que se passava *in loco*. Em 25 de junho de 1967, o presidente pediu que o governo israelense não anexasse oficialmente Jerusalém. Foi a primeira vez que se empregou essa fórmula, que seria aperfeiçoada e repetida ao longo do tempo: os Estados Unidos pedem com firmeza para que não haja anexação ou colonização; Israel promete de modo inequívoco que levará em conta essa solicitação, enquanto a anexação ou colonização planejada segue adiante mesmo assim.

A tática para lidar com o pedido expresso de Washington para que Israel não anexasse Jerusalém Oriental foi criada e testada com êxito no dia seguinte, 26 de junho. O primeiro-

-ministro Eshkol interpretou essa mensagem – embora admitindo que era uma expressão de raiva dos estadunidenses – como um aviso de que uma ação unilateral de Israel poderia levar à criação de um bloco anti-israelense na ONU que exigiria retirada do Estado judeu dos Territórios Ocupados. Mas acrescentou que a fúria de Washington dizia respeito ao momento da decisão, e não à decisão em si. Com tais garantias, o governo procedeu à anexação de Jerusalém.

Vale a pena nos determos por um momento no modo como Israel conseguiu chegar a essa situação. Descumprir as objeções dos Estados Unidos não foi tão fácil quanto previa o governo israelense. Embora houvesse, evidentemente, um ativo lobby sionista em Washington, a questão de Jerusalém representava um grande desafio. A embaixada israelense em Washington relatou – fato reforçado por documentos estadunidenses – uma crescente inquietação quanto às declarações de anexação de Jerusalém Oriental. Assim, quando o governo se reuniu em 25 de junho, Eshkol queria discutir qualquer política em relação a Jerusalém à luz das preocupações dos Estados Unidos. Sempre um pragmático mapaynik [membro do partido Mapai], ele enfatizou a necessidade de agir sem fazer qualquer declaração aberta à comunidade internacional. "Deveríamos seguir em frente com a anexação [de Jerusalém Oriental] sem alterações na lei." Eshkol estava irritado porque a mídia impressa israelense, em geral obediente, havia ressaltado o desejo dos ministros de anexar e unificar Jerusalém, o que constrangeu Israel em Washington. "Deveríamos encontrar os editores responsáveis; [Gershom Schocken, editor-chefe do *Haaretz*] reclamará, mas não haverá nenhum problema."[40]

Havia uma necessidade urgente de encontrar esses editores experientes porque, em paralelo ao desejo de anexar Jerusalém, veio o desejo de apaziguar os Estados Unidos, tornando necessário, assim, adiar a implementação do plano. A decisão final de "unificar" as duas partes da cidade foi tomada em 26 de junho de 1967. No entanto, como a provável reação dos estadunidenses ainda não era clara, decidiu-se adiar a declaração oficial até que chegassem esclarecimentos de Washington. Os jornais estavam ávidos para cobrir um evento de importância histórica como esse, mas, como disse Yisrael Galili, ministro da Informação, a movimentação da imprensa "atrairia uma atenção global desnecessária". Foi o liberal ministro do Turismo, Moshe Kol, que sugeriu mais uma vez: "Deveríamos nos encontrar com os editores dos jornais e pedir que não divulguem isso". Grandes mentes pensam parecido, e Shapira, da pasta da Justiça, disse que já se reunira com eles e que todos "foram muito simpáticos", com a exceção do teimoso editor do *Haaretz*. Mais pressão seria necessária para forçá-lo a entrar no jogo do governo.

Eshkol não tinha nenhum escrúpulo de recorrer a um plano muito familiar, que os governos israelenses haviam usado no passado e usariam nos anos seguintes, quando queriam esconder certas políticas da imprensa: "Posso declarar que essa é uma reunião do 'Comitê Ministerial para Assuntos de Defesa', e assim será fechada ao conhecimento público".

CRIANDO AS BASES DA FARSA DA PAZ

Com a garantia de uma imprensa obediente – o que raramente é difícil, mesmo hoje em dia –, o governo ficou livre para se concentrar na melhor forma de lidar com a relação entre as políticas efetivas *in loco* e o modo como essas políticas eram divulgadas nos Estados Unidos. Em uma reunião de 27 de junho, Abba Eban avaliou que Washington preferiria que o anúncio da almejada lei da unificação de Jerusalém fosse adiado. Ele lembrou aos ministros que a ONU ainda debatia o esboço da resolução soviética que solicitava a retirada de Israel para as fronteiras vigentes em 4 de junho de 1967. "Essa promulgação não poderia nos ajudar", disse aos colegas de governo. Os outros ministros sabiam melhor que Eban como as coisas funcionavam em Washington. Na realidade, não havia nada com que se preocupar; talvez fosse uma inconveniência, eles disseram, mas não uma questão crucial. Apesar dos protestos do ministro das Relações Exteriores, o gabinete deu sinal verde para que os membros do Knesset ativassem o processo legislativo que oficializaria Jerusalém como capital de Israel. A única concessão que os ministros fizeram foi prometer a Eban que pediriam aos parlamentares para baixar o tom do debate, mas ninguém se deu o trabalho de explicar o que isso significava ao certo.

Eban não ficou satisfeito. No dia seguinte, ele disse ao governo que os estadunidenses, inclusive o presidente e o secretário de Estado, Dean Rusk, estavam furiosos. Além disso, sua preocupação – desnecessária, poderíamos dizer em retrospecto – era de que a ONU continuasse a exercer pressão sobre Israel, uma vez que havia agora outra tentativa, uma iniciativa conjunta da Iugoslávia e da Índia, de passar uma resolução exigindo de Israel a retirada incondicional para as fronteiras existentes antes da guerra de 4 de junho de 1967. O debate no Knesset poderia, portanto, prejudicar gravemente os esforços de conter essa iniciativa. Em retrospecto, aparentemente, o Knesset seria mais importante do que a ONU em determinar o destino dos territórios palestinos.

Mas ninguém estava preocupado com essas questões, nem mesmo o primeiro-ministro Eshkol, que chamou aquilo de "um pequeno desentendimento relacionado ao momento e a informações prévias". Na verdade, se havia ainda alguma inquietação nas relações entre Washington e Tel Aviv, era a respeito do mencionado caso do *USS Liberty*; o governo estadunidense não parecia ter aceitado a versão israelense dos acontecimentos. Os Estados Unidos estabeleceram uma comissão de investigação, que concluiu que a força aérea de Israel havia claramente identificado o navio da marinha estadunidense, mas o atacou mesmo assim. Nem o Vaticano expressou preocupação quanto à anexação de Jerusalém por Israel, como foi revelado na reunião de governo de 26 de junho. Eban soube que o papa Paulo VI não insistiria mais na internacionalização da cidade; desejava apenas que o Vaticano tivesse participação na administração dos locais sagrados do cristianismo, algo que os próprios israelenses haviam sugerido em 1952.

Ao longo desses dois dias de junho, portanto, a dicotomia entre o que Israel dizia oficialmente e o que Israel fazia oficialmente foi estabelecida às claras como uma política. Nem todos os membros do governo se envolveram com essa questão da mesma forma, mas, ao fim e ao cabo, o consenso era de que os Estados Unidos, e decerto o mundo ocidental como um todo, poderiam ser ignorados. O ministro mais presunçoso era Moshe Dayan, da Defesa, que não parecia nem remotamente preocupado com a embalagem e a maquiagem de uma política que, *prima facie*, seria inaceitável para o Ocidente:

> Para mim, o que importa é a nossa decisão interna, não a forma como seremos divulgados lá fora [...]. Precisamos operar com base em princípios: o Rio Jordão é a fronteira, o 1,25 milhão [de palestinos] na Cisjordânia não se tornará cidadão israelense e "*Yerushalayim Hashlema*" ["Jerusalém unificada" em hebraico; no sentido de que, para ele, a cidade deveria ser unificada para sempre] [...]. Eles [os habitantes] deveriam ser comandados por um regime militar até segunda ordem. Depois, deveriam gerir a pró-

> pria vida com autonomia, e, se isso não funcionar, eu preferiria que eles se tornassem cidadãos jordanianos a cidadãos israelenses. Comandar a vida deles sob regime militar, contanto que o Rio Jordão seja a nossa fronteira, também não é uma opção ruim.

Mais do que não ser "ruim", esta opção tornou-se a única política em Jerusalém pelos cinquenta anos seguintes e foi transformada na dura realidade local. Analogamente, Dayan resumiu o debate sobre os refugiados e de que modo vender a posição de Israel ao mundo. "Nós temos um problema", afirmou ele nas últimas atas da reunião da tarde de 19 de junho de 1967: "Oitocentos mil refugiados estão agora sob nossa responsabilidade, depois de anos do mundo gritando aos países árabes para que fizessem algo a respeito". Mas isso não significava, segundo Dayan, que Israel tivesse de iniciar qualquer política construtiva: "Essa não é uma questão agora, não vamos falar disso. Lidaremos com isso mais tarde [...]. Devemos ser gratos pelo fato de a UNRWA continuar cuidando deles". Essa posição de Dayan pôs fim a outras tentativas de Eliyahu Sasson de persuadir o governo israelense a preparar, naquelas reuniões, um plano abrangente para reassentar todos os refugiados nos diversos países árabes.

As objeções de Yigal Allon à posição de Dayan, baseadas mais em uma animosidade pessoal do que em diferenças ideológicas, também foram superadas com facilidade. Allon indagou: "Se os Estados Unidos perguntarem o que você fará com os refugiados, o que você responde?". Dayan disse: "Que cuidaremos disso no momento certo". As últimas palavras sobre o assunto soaram mais como uma conversa entre dois velhos rabugentos no *Muppet Show* do que como uma discussão séria. Eshkol: "Queria que o mundo e os árabes ficassem com eles". Dayan teve a palavra final, encerrando a discussão em seu costumeiro estilo despretensioso: "Esse é um problema que vai além do acordo de paz com os países árabes. Depois da paz com eles, ainda teremos esse problema", prevendo uma política israelense que, ao longo das décadas, excluiria totalmente os refugiados de qualquer negociação de paz.

As palavras de Dayan seriam o alicerce da futura posição de Israel sobre a questão: no intuito de deixar o problema morrer, o governo não deveria iniciar nenhuma discussão sobre os refugiados. "Não há necessidade de acordar cachorros que estão dormindo", acrescentou o ministro da Defesa. Apenas para seu público interno, ele lembrou os colegas de que a questão dos refugiados não era responsabilidade de Israel. Com isso, Dayan se referia não apenas à responsabilidade histórica, mas também à obrigação de cuidar deles no presente. Esse era um domínio da UNRWA, como Dayan preferiu descrever o caso, e os ministros israelenses não deveriam desafiar esse domínio. "O Egito nos fez um grande favor administrando campos de refugiados com a UNRWA nos últimos dezenove anos. Deveríamos deixar isso nas mãos da UNRWA." Em concordância com a ideia de Sasson, Dayan defendia que a realidade dos refugiados nos acampamentos da ONU poderia ser mantida por um período muito longo e, portanto, não havia necessidade de falar sobre reassentá-los no mundo árabe.

Coube aos ministros mais "sensíveis" do sionismo liberal ou do sionismo de esquerda socialista desenvolverem a linguagem e a abordagem necessárias para propagar a nova política. Com o tempo, essas maquiagens linguísticas garantiriam a Israel imunidade a suas transgressões do direito internacional ou dos direitos humanos. Naqueles tempos, a maior parte desse trabalho coube a Zalman Aran, ministro da Educação, filiado ao partido Mapai, e a Moshe Kol, ministro do Turismo, do partido Liberal. Aran é citado nas atas: "Deveríamos dizer alguma coisa, não necessariamente querendo dizer alguma coisa". A ideia era que dissessem algo sobre seu desejo de buscar a paz, mas não porque quisessem buscar a paz.

Kol e Aran também ajudaram a definir o discurso de Abba Eban, o principal diplomata de Israel. Nessas reuniões, criaram uma fórmula: uma vez na ONU, ele deveria fazer vagas referências à Jordânia como principal interlocutora de Israel sobre o futuro da Cisjordânia e da Faixa de Gaza. O maior problema de Eban era que, naqueles primeiros dias depois da guerra de 1967 (o que talvez não seja o caso hoje em dia), os Estados Unidos ainda davam muita importância à ONU, e a única proposta real na mesa da organização era um pedido soviético para uma retirada israelense incondicional. Levou algum tempo, mas, enfim, o governo israelense conseguiu forçar Washington a aceitar sua fórmula favorita: a retirada só seria possível depois de obtido um abrangente acordo de paz. Essa seria a posição de Israel e dos Estados Unidos durante os anos seguintes, frustrando qualquer oportunidade real de paz e reconciliação e permitindo, na prática, que os israelenses dessem continuidade a suas políticas sob o pretexto de que, enquanto a paz não fosse alcançada, eles tinham obrigações com a própria segurança, o que significava a instalação de assentamentos, além de dominação e controle militares.

Os ministros israelenses nos oferecem uma variedade de pontos de vista sobre qual seria a melhor forma de vender para o mundo a decisão de criar, unilateralmente, uma imensa prisão aberta ou, se necessário, uma prisão fechada para os habitantes da Cisjordânia e da Faixa de Gaza. Embora todos dissessem a mesma coisa, algumas das personalidades envolvidas merecem ser revisitadas, devido ao importante papel que desempenhariam mais tarde no chamado "processo de paz". Uma delas era Yosef Burg, um jovem ministro pertencente ao partido Mafdal, que posteriormente assumiria por muitos anos o Ministério do Interior de diversos governos e lideraria a fútil discussão entre Israel e Egito a respeito da autonomia dos palestinos no final dos anos 1980 e início dos 1990. Aparentemente, em 1967 ele inventou esse conceito mágico da necessidade de conservar os Territórios Ocupados até que a paz fosse estabelecida. E essa foi a base para uma "solução de paz" permanente adotada pelos presidentes Anwar Sadat, do Egito, e Jimmy Carter, dos Estados Unidos, que discutiram a questão por cinco infrutíferos anos, sem resultado algum. Essa foi uma das tantas rodadas diplomáticas que tinham pouca relevância para a realidade ou para o modo como os palestinos viviam desde 1967, sob ocupação. Em junho desse mesmo ano, Burg repetiu a posição de Dayan ao traçar um claro vínculo entre a ideia de que não haveria paz – ou, como ele formulou, jamais haveria "um parceiro para a paz" – e a justificativa das políticas unilaterais de Israel no território. "Não há parceiros para a paz" passou a ser um lema bastante comum, usado por futuros políticos israelenses para justificar ações hostis contra a população árabe. Como diria o veterano sionista Burg: "Nos manteremos nos territórios por muito tempo, enquanto, externamente, vamos alegar que desejamos a paz".

Naquelas reuniões de junho, acrescentaram-se alguns retoques finais e aventaram-se algumas ideias bastante inovadoras sobre a melhor forma de vender as políticas de determinada maneira enquanto elas eram executadas da maneira exatamente oposta. Eshkol, por exemplo, sugeriu não abusar do termo "anexação", mesmo quando se discutia o futuro de Jerusalém. Propôs uma palavra hebraica melhor, que ele esperava que traduzisse a ideia adequadamente: *hachlala*, cujo significado é "incorporação". E perguntou se, em relação a Gaza, o governo talvez pudesse usar a palavra "anexação", especulando que, como a região não continha uma grande população, ninguém faria objeção ao termo.

Atas de governo são, na melhor das hipóteses, documentos áridos e muito raramente se pode extrair deles o tom em que as declarações foram feitas ou sentir plenamente a atmosfera predominante na sala. Mas, nesse caso, não se pode deixar de notar o ar de superioridade que impregnava as discussões sobre a relação de Israel com o resto do mundo. Os homens em volta daquelas mesas se sentiam poderosos: não temiam nenhuma resistência dos palestinos, pouco se importavam com os árabes e estavam confiantes de que conseguiriam manipular o resto do mundo, e em particular os Estados Unidos.

No entanto, perto do fim de junho de 1967, eventualmente se ouviam críticas mais explícitas de outros países, exigindo respostas que poderiam potencialmente constranger o governo. Como resultado, funcionários do Ministério das Relações Exteriores de Israel pediram ao exército que os consultasse antes de tomar decisões importantes. Os militares prometeram que assim fariam, mas é de duvidar que essas promessas tenham sido cumpridas. Assim, houve tensões constantes entre o que Dayan chamava de "nossas decisões internas" e a frenética atividade diplomática na ONU em busca de uma fórmula para a paz. Os principais articuladores nos bastidores das Nações Unidas, além dos Estados Unidos e da União Soviética, eram a Inglaterra e a França. Nos últimos dias de junho, havia sinais preocupantes de que a Inglaterra adotaria uma posição mais dura, reverberando a proposta soviética para o fim imediato das "políticas de anexação e expansão" de Israel. Mas havia um crescente lobby sionista no Reino Unido, e uma forte pressão já vinha sendo exercida sobre o primeiro-ministro britânico, Harold Wilson, que obrigou o Foreign Office a reavaliar sua posição.

Por vezes, era mais difícil satisfazer a imprensa israelense do que alguns governos ocidentais. Embora fossem, via de regra, muito leais ao governo, os meios de comunicação vez ou outra adotavam uma perspectiva mais humanitária sobre as ações do Estado judaico e precisavam ser puxados de volta à linha oficial. Os ministros se queixavam de que a imprensa nacional mostrava desnecessariamente imagens dos novos refugiados da guerra de 1967, ou das primeiras demolições de casas palestinas – seja em resposta a disparos de atiradores isolados ou como parte do plano inicial de criar uma nova situação em diversas cidades da Cisjordânia. Eshkol alertou: "Isso pode prejudicar nossa imagem internacional".

Outros suspeitos de prejudicar a imagem israelense foram elencados na reunião; entre eles, diplomatas estrangeiros em Israel e nos países árabes vizinhos. O embaixador italiano em Amã recebeu destaque particular. Ele relatava constantemente a seus superiores em Roma que os israelenses expulsavam certas pessoas ou que outras eram forçadas a sair porque não tinham comida nem trabalho na Cisjordânia, e que um novo e alarmante problema de refugiados tomava corpo. Também acusou o exército israelense de saques generalizados, algo que diversos soldados admitiram mais tarde em entrevistas e relatos orais. O embaixador italiano em Amã ainda tentou convencer os países europeus a formarem um comitê internacional para investigar a situação nas áreas ocupadas, um gesto que Israel rejeitou de antemão.

Até mesmo os Estados Unidos expressaram dúvidas quanto à política israelense de expulsão dos palestinos em 1967. Não se sabe ao certo como eles formularam essa preocupação, pois a censura apagou boa parte do debate ministerial sobre o assunto. No entanto, dispomos dos comentários de Yaakov Shimshon Shapira, então ministro da Justiça, sobre a mensagem estadunidense, os quais parecem ter sido articulados em tom de remorso: "Poderíamos ter esperado duas ou três semanas para as expulsões, sobretudo em Jerusalém Oriental". A linguagem deve ter sido bastante dura, portanto. Mas o caso como um todo alertou os ministros de que o monitoramento internacional poderia recair não só em suas declarações e pronunciamentos, mas nas políticas *in loco*.

Foi Moshe Dayan quem lançou as bases para as futuras atitudes em relação a jornalistas estrangeiros sempre que as forças armadas israelenses realizassem operações sobre as quais não queriam que o mundo soubesse. Naqueles primeiros dias, ele não mediu palavras: "Uma preocupação fundamental é não permitir nenhum jornalista na Cisjordânia; a região deve ser uma zona militar fechada". Dayan desejava prolongar essa situação o máximo possível, mas até ele entendia que aquilo "só" poderia ser feito por "períodos determinados" – os quais poderiam ser bastante longos, como vimos na Operação Chumbo Fundido, conduzida por Israel na Faixa de Gaza em 2008-2009 e cujos desdobramentos duraram mais de dois anos. A política de restrição à imprensa foi formulada naquela reunião com a ajuda do diretor-geral do Ministério das Relações Exteriores, que sugeriu a emissão de licenças, em vez de uma proibição total. "Oh", respondeu Dayan, "então você vai ter inúmeras histórias de terror."

Assim os meios de comunicação foram domesticados, o mundo ficou indiferente e os Estados Unidos foram deliberadamente enganados. Os ministros israelenses pouco se importavam com a condenação ou o apoio de Washington. De quando em quando, ouviriam algum tipo de crítica, o que não alteraria a determinação israelense de criar uma nova realidade no território. O embargo de armas imposto por Truman a Israel em 1948 – ainda em vigor no início do governo Johnson – foi uma questão-chave, mas não por muito tempo. Os anos de construção de um lobby pró-Israel nos Estados Unidos começaram, enfim, a dar frutos. O afundamento do navio de guerra israelense *Eilat* pelo Egito foi o estopim de que o lobby precisava para realinhar a política dos Estados

Unidos.[41] No início de outubro de 1967, esse lobby caiu em cima do novo assistente especial da Segurança Nacional, Walt Rostow, que se revelou mais suscetível a tais pressões, e o embargo foi suspenso. Cerca de um ano mais tarde, os israelenses recebiam a primeira leva das mais avançadas aeronaves. Israel era agora o filho favorito dos Estados Unidos e poderia continuar fazendo o que quisesse na Palestina.[42]

O mundo na época era – e continua sendo – dividido em dois grupos de observadores, com dois tipos de engajamento. A elite política no Ocidente e na maior parte do mundo aceitava os dois modelos de prisão que Israel oferecia aos palestinos, entre autonomia e encarceramento, como um mal necessário, no intuito de preservar a segurança nacional israelense – ao menos até a conclusão de uma solução de paz definitiva, que permitisse algum tipo de independência palestina em algumas partes da Cisjordânia e da Faixa de Gaza. Em princípio, isso legitimava a estrutura de controle israelense pelo tempo que Tel Aviv julgasse necessário. Os segmentos mais conscientes da sociedade civil global viam a política israelense de modo muito diferente, ou seja, como um projeto de colonização de longo prazo. A princípio, apenas uma minoria partilhava dessa opinião, mas, neste século, um número cada vez maior de pessoas passou a adotá-la. Algumas foram afetadas por certa política israelense em particular; a maioria formulou suas opiniões depois de visitar os Territórios Ocupados.

Enquanto a elite política e militar de Israel elaborava diretrizes claras para controlar o destino das áreas que as IDF ocuparam naqueles dias de junho de 1967, com dissidência interna ínfima, fora dos salões do governo o público debatia o futuro dos Territórios Ocupados de modo bem mais vívido e menos consensual. Contudo, seja naquela época, seja mais tarde, isso teve pouquíssimo impacto na política efetivamente implementada.

A FARSA DO DEBATE PÚBLICO

O debate sobre o futuro dos Territórios Ocupados que surgiu na arena pública começou, de muitas formas, no momento que as tropas invadiram a Cisjordânia e a Faixa de Gaza. Em 7 de junho, foi publicada uma primeira carta, escrita por Eliakim Haetzni, um conhecido futuro colono, que alertava contra a retirada das forças armadas israelenses e defendia o reassentamento dos refugiados palestinos nos países árabes vizinhos.[43] É provável que aqueles que seguiram sua orientação tenham publicado seus artigos e editoriais intencionalmente ao lado dos obituários dos soldados judeus mortos na guerra. A questão da retirada ou da anexação dos Territórios Ocupados redesenharia o cenário político israelense. À direita, estavam todos aqueles que queriam a anexação; à esquerda, os que pediam a retirada das tropas em troca da paz. Como formulou um especialista, era uma discussão entre os "redentores", que acreditavam que a antiga pátria estava, enfim, sob controle judaico total, e os "guardiões", que acreditavam que os territórios poderiam ser negociados em um diálogo de paz bilateral com os jordanianos ou com os palestinos. Esta última opinião foi defendida primeiro pelo Partido Comunista Israelense, que exigia uma retirada incondicional desde o primeiro dia da ocupação. Os não comunistas formaram seu próprio lobby, conduzido por uma nova entidade, a Federação Israelense-Palestina, que incluía luminares como Amos Elon, Uri Avnery, Abie Nathan, Dan Ben-Amos e Uri Zohar (os dois últimos eram os boêmios mais famosos do "Estado de Tel Aviv"). Seus recursos eram limitados, motivo pelo qual divulgaram alguns poucos e esparsos anúncios em favor de uma retirada imediata. Nas margens extremas da sociedade israelense, grupos antissionistas como o Matzpen esperavam em vão por um debate ainda mais profundo sobre a essência do sionismo e as consequências da guerra de 1948.[44]

Os políticos, porém, embora partilhassem desse novo discurso público e se posicionassem de acordo, tinham entre si poucas divergências quanto à estratégia definida neste livro; discordavam apenas das táticas a serem empregadas.

A maior concordância entre a política institucional e as ruas dizia respeito a Jerusalém. Segundo a imprensa, a opinião pública desejava excluir a cidade de qualquer futura negociação, tal como os políticos haviam prometido. Isso explica a reação eufórica da imprensa à mudança (e hebraização) da maioria dos nomes das ruas e da sinalização pública da Cidade Velha de Jerusalém.[45]

A memória coletiva da esquerda sionista, que também se refletia no discurso acadêmico da época, é a de um sistema político e uma atmosfera pública basicamente favoráveis à retirada das tropas; e, não fosse a posterior usurpação cínica do processo político pelo movimento dos colonos, Israel teria trocado os territórios pela paz.[46] Era esse o fio argumentativo da esquerda israelense até o seu desaparecimento como agente relevante no cenário local, em 2000. A direita, por outro lado, apontava a intransigência árabe como principal motivo do fracasso da iniciativa pela paz. No entanto, é importante ter em conta que, mesmo que o clima político apontasse para a retirada das tropas – e não encontrei evidências convincentes disso –, essa posição não teve nenhum impacto nas discussões do governo na época. Os ministros debatiam o futuro dos Territórios Ocupados, mas acreditavam que o público estava feliz e desejava a consolidação das conquistas militares, com vistas às vantagens de longo prazo para Israel. Não houve qualquer pressão social para a retirada das tropas ou para negociações de paz significativas com os países árabes, muito menos com os palestinos.

A comunidade internacional e, mais importante, o governo de Lyndon Johnson – e, depois, de Richard Nixon – se comportaram como se esse debate estivesse ocorrendo, mas jamais explicaram, interna ou externamente, por que as discussões não produziram nenhum esforço genuíno de paz por parte de Israel. A ideia de uma retirada total das tropas israelenses apareceu apenas em documentos estadunidenses, quer fossem iniciativas governamentais, como os dois Planos Rogers, quer fossem em apoio à iniciativa da ONU (a Missão Gunnar Jarring). A desocupação era eventualmente mencionada quando indivíduos nos Estados Unidos arriscavam alguma tentativa de paz, como foi o caso do senador Fulbright nos três primeiros anos após a guerra (conforme mencionado, sua posição e sua carreira haviam sido significativamente comprometidas quando ele entrou na mira do Aipac). Fulbright defendia que Israel se retirasse totalmente da Cisjordânia e da Faixa de Gaza. A todas essas iniciativas, as respostas israelenses foram negativas, e a reação dos Estados Unidos, indiferente.[47]

Em Israel, portanto, ninguém esperava que qualquer decisão dramática fosse tomada nos primeiros dois meses que se seguiram à ocupação; mas houve atividades internacionais, em especial na ONU, que exigiram uma reação de Tel Aviv. Os políticos israelenses navegaram com habilidade por essas movimentações, dando a impressão de estar discutindo seriamente as opções de paz e retirada, enquanto tomavam várias decisões que não deixavam dúvidas de que a Cisjordânia e a Faixa de Gaza se tornariam megaprisões controladas por Israel.

Um setor da sociedade israelense, no entanto, acabou profundamente afetado por essa nova realidade – e foi compelido a agir: os integrantes da comunidade palestina no interior de Israel. Sua resposta inicial foi um desejo de se reunir com membros da família dos quais haviam sido separados e rever as partes da terra natal das quais haviam sido expulsos dezenove anos antes. A princípio, o serviço de segurança israelense, e sobretudo a Shabak, a agência de segurança interna, tentou impedir esses reencontros: os primeiros palestinos de Israel que foram para a Cisjordânia e para a Faixa de Gaza após a guerra acabaram presos. Mais tarde, no início do mês seguinte, foram libertados e tiveram permissão para entrar nos Territórios Ocupados. Mas, como costumava acontecer, a minoria palestina dentro de Israel não teve nenhum tipo de impacto na definição das políticas israelenses.[48]

Não obstante, o debate público refletia uma política alternativa razoável em relação aos objetivos perseguidos pelo governo na época e posteriormente. Talvez seja esse o motivo pelo qual alguns burocratas conduziram um diálogo que podia ter aberto caminho para uma história diferente. Eles se reuniram – com o conhecimento, se não com a bênção, de Moshe Dayan – com um grupo de palestinos que vinha tentando apresentar a questão dos refugiados na ONU, agenda pela qual lutavam desde a primavera de 1949, quando haviam tentado em vão oferecer um novo plano de paz para a Palestina. Formaram um comitê presidido pelo advogado palestino Aziz Shehadeh e um grupo de figuras públicas que sugeriu a Israel estabelecer um governo palestino e uma entidade autônoma sob domínio israelense, que eventualmente negociaria um acordo definitivo com os ocupantes. Tinham esperança de que esse acordo se basearia na Resolução 181, a resolução da partilha de novembro de 1947, e na Resolução 194, de dezembro de 1948, que pedia o retorno dos refugiados.[49]

Alguns funcionários levaram essa sugestão a sério, mas o governo nunca deu nenhum crédito à proposta, de forma que só podemos especular o que poderia ter acontecido se ela tivesse adquirido mais peso político. Muitos palestinos consideraram que o plano se tratava de uma colaboração com a ocupação, e a maioria dos formuladores políticos israelenses acreditava que qualquer negociação necessária para finalizar as ações unilaterais de Israel *in loco* deveria ter como parceiro, na época, o reino hachimita da Jordânia, e não uma entidade palestina qualquer.

A OLP, aliás, se opôs totalmente à iniciativa de Aziz Shehadeh, o que também contribuiu para o fracasso do projeto. O interessante é que a proposta lançava as bases para uma posição minoritária sobre o destino da Cisjordânia que talvez pudesse se desenvolver e se tornar uma opção majoritária no futuro. O teor dessa posição foi mais bem articulado por Sari Nusseibeh, então reitor da Universidade Al-Quds.[50] Em diversas ocasiões nos últimos cinquenta anos, ele sugeriu que, se Israel não permitisse que a independência palestina se concretizasse no território, os próprios palestinos acabariam pedindo para ser plenamente anexados ao Estado judaico e exigiriam direitos civis. Mas, como vimos, os palestinos nos Territórios Ocupados até então não tinham tanta influência sobre o próprio destino; o melhor que podiam fazer era resistir, ou ao menos, como sugeriu o filho de Aziz Shehadeh, Raja, permanecer firmes e demonstrar *sumud* (firmeza ou perseverança), fincando pé numa terra que Israel cobiçava e imaginava livre de qualquer presença palestina.[51]

Via de regra, a vida das pessoas nos Territórios Ocupados não interessava muito à população judaica israelense em geral, até que a Primeira Intifada em 1987 chamou sua atenção. Em junho de 1967, o consenso instaurado pelo gabinete de união nacional podia contar com o apoio mais amplo possível para qualquer decisão. O clima eufórico durou o mês inteiro; na verdade, de uma forma ou de outra, se estendeu até outubro de 1973, quando o exército quase foi derrotado pelas forças sírias e egípcias. A vitória de 1967 foi vista por muitos judeus israelenses de modo muito semelhante à descrição publicada pelo *Haaretz* ao fim do breve conflito: "Um evento tão monumental quanto a criação do Estado de Israel em 1948". O próprio jornal desempenhou seu papel na eufórica legitimação da ocupação das terras de outro povo – e, ao anunciar novas assinaturas, recordaria que havia pressionado o governo para ir à guerra desde meados de maio, apoiando inclusive a ocupação das Colinas de Golã.[52]

No fim de junho, pactuou-se uma política geral para a nova realidade – um debate que selou o destino dos territórios, o status de seus habitantes, a questão de sua expulsão e o futuro de Jerusalém. O que o governo não discutiu, ou ao menos os registros não mostram, foi o efetivo estabelecimento do mecanismo de controle da vida das pessoas na Cisjordânia e na Faixa de Gaza. Esses palestinos passaram a viver sob regime militar; de um só golpe, acabaram sem país e sem nenhum reconhecimento jurídico internacional capaz de proteger seus direitos civis e humanos básicos. De muitas maneiras, esse ainda é o caso hoje em dia. E assim, em 16 de junho de 1967, o chefe do Comando Central, o general Uzi Narkiss, assumiu o controle da Cisjordânia e indicou como "governador militar de Jerusalém Oriental, Judeia e Samaria" o irlandês de nascimento e futuro presidente de Israel, Chaim Herzog, que serviu como principal porta-voz do 13º governo, efetivamente acalmando ou intensificando o pânico, conforme a administração quisesse, às vésperas da guerra. Governadores-gerais foram indicados por toda a Cisjordânia e toda a Faixa de Gaza, e a burocracia da ocupação começou sua rotina diária de manutenção da megaprisão da Palestina.

No primeiro mês de ocupação, todas essas atitudes foram efetivadas na região da Grande Jerusalém. Como tiveram sucesso, passaram a ser expandidas para outras partes da Cisjordânia e da Faixa de Gaza.

3

A Grande Jerusalém como projeto-piloto

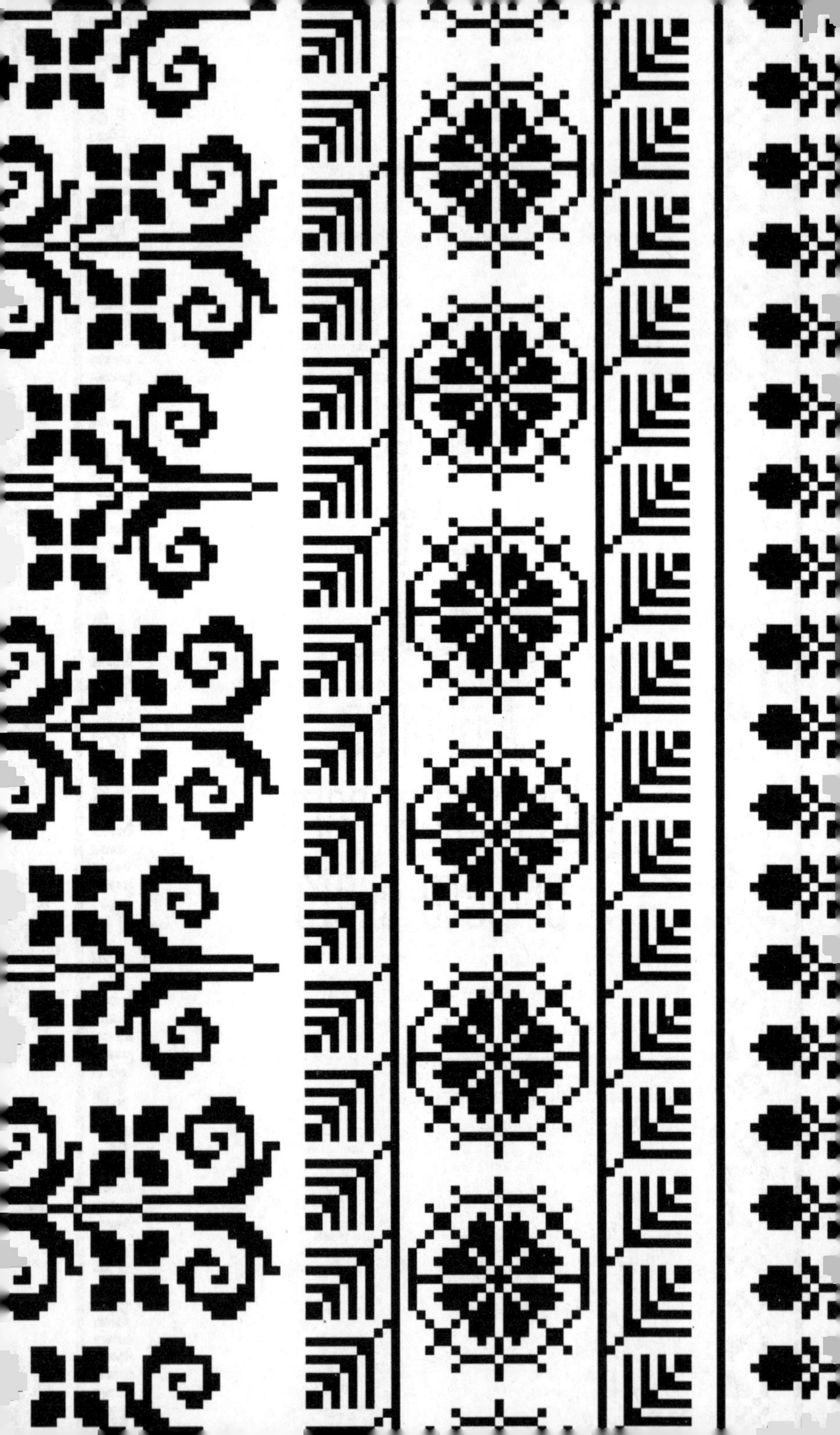

A delimitação de um espaço palestino, cercado por diversas áreas colonizadas por judeus, foi resultado de um esforço concentrado que deu à megaprisão seu formato final. Se examinamos de perto esse processo, como faremos aqui, a colonização pode se tornar muito entediante. Portanto, segue o alerta: este capítulo contém uma longa lista de nomes de colônias, números de *dunams*[1] confiscados e espaços urbanos criados. Peço que o leitor os estude com atenção. Descrevo aqui o meticuloso plano e sua rápida implementação no primeiro ano após o fim da guerra de 1967. Muito antes de Israel tentar justificar a colonização da Cisjordânia e da Faixa de Gaza como uma necessária reação antecipada para prevenir atividades terroristas ou como um ato unilateral diante do longo impasse diplomático, a Cisjordânia, em particular, estava fadada a ser cindida ao meio, colonizada e judaizada de tal forma que, desde o início, qualquer perspectiva de convertê-la em um país independente estava condenada ao fracasso.

Como já vimos e veremos novamente aqui, os políticos agiram para instaurar no território uma realidade irreversível que manteria a Cisjordânia e a Faixa de Gaza como parte de um Israel novo e maior. Mas foram os burocratas que se encarregaram de traçar os novos mapas geográficos e demográficos dos Territórios Ocupados. Esses burocratas foram supervisionados por um grupo de especialistas, incluindo alguns dos principais acadêmicos de Israel à época, homens de grande reputação internacional, como o economista Don Patinkin, o sociólogo Shmuel Noah Eisenstadt e o demógrafo Roberto Bachi, entre outros.[2] Assim, em 1967, políticos, acadêmicos, generais e servidores públicos começaram a transformar a Cisjordânia e a Faixa de Gaza em uma megaprisão – a maior já vista no mundo.

Foram duas empreitadas principais: uma externa e outra interna. A externa foi o fatiamento da Cisjordânia e da Faixa de Gaza, com a inserção de cunhas de colonização[3] nos territórios. A interna foi a emissão constante e ininterrupta de decretos, cujo propósito era expropriar terras para futura colonização e limitar o crescimento natural e orgânico das comunidades palestinas, impedindo novas construções e expansões – método muito similar ao usado antes e depois de 1967 em relação à minoria palestina no interior de Israel.

A ideia fundamental era clara: algumas parcelas dos Territórios Ocupados permaneceriam "palestinas"; o resto seria controlado diretamente por Israel. Com exceção de Jerusalém, onde o controle significou anexação *de jure*, em todas as outras áreas o método foi a judaização, sobretudo na forma do assentamento de colonos judeus – militares ou civis – em terras palestinas.

JERUSALÉM PRIMEIRO

De maneira tipicamente israelense, a dramática transformação da paisagem urbana e rural de Jerusalém e de seus arredores foi descrita como "planejamento urbano". No entanto, o que começou em 1967 e perdura até hoje é uma operação de limpeza étnica baseada na expropriação de terras. Já em 1967 e 1968, esse suposto urbanismo era uma operação militar por excelência e foi, portanto, confiado ao chefe do Comando Central, o general Rehavam Ze'evi, que substituiu Uzi Narkiss no verão de 1968. Esse veterano de 1948 tinha o apelido de Gandhi, não por suas políticas pacifistas – sua filosofia era o exato oposto da do líder indiano em todos os aspectos –, mas em razão de sua tez morena. Mais tarde, ele integraria o primeiro partido político em Israel a defender abertamente a transferência da população palestina para a Jordânia. Foi assassinado durante a Segunda Intifada pela Frente Popular para a Libertação da Palestina (FPLP),[4] no Hotel Hyatt, em Jerusalém, construído em solo que ele havia ajudado a expropriar em 1967.

As fronteiras que Ze'evi trabalhou para estabelecer como espaço municipal da Grande Jerusalém correspondem aos limites atuais da cidade. Como ressaltou o jornalista israelense Leslie Susser, a linha traçada por Ze'evi

> abarcou não apenas os cinco quilômetros quadrados da Jerusalém Oriental árabe mas também 65 quilômetros quadrados dos arredores rurais e de aldeias, lugares que em sua maioria nunca tiveram nenhum vínculo municipal com Jerusalém. Da noite para o dia, tornaram-se parte da eterna e indivisível capital de Israel.[5]

Para instaurar os assentamentos nas áreas ocupadas, foram utilizadas as mesmas práticas jurídicas empregadas em Israel entre 1948 e 1967. O processo foi executado de forma bastante direta e óbvia em Jerusalém Oriental: uma vez oficialmente anexada a Israel, as leis israelenses tornaram-se aplicáveis nessa área a partir de 1967. Além disso, em 1970, o governo reativou uma lei do Mandato Britânico de 1943 que já havia sido usada para expropriar terras no interior de Israel e a aplicou na área de Jerusalém ocupada e anexada em 1967. Assim, dezessete mil *dunams* foram confiscados por meio de disposições legais (aquisição de terras para uso público) – todos de propriedade privada de palestinos até então. Nessas terras, o governo desenvolveu os *shechunot* (bairros), um eufemismo usado para descrever as novas colônias de judeus construídas em Jerusalém Oriental de modo a destacá-las como parte do novo Israel pós-1967. Foi através do roubo de terras pelo Estado, apoiado por todos os partidos sionistas, que essas conurbações foram criadas. O pesquisador palestino Khalil Tafakji publicou um estudo bastante abrangente e exaustivo, no qual fez uma listagem muito útil dos nomes e locais dos novos assentamentos, o que nos permite acompanhar esse processo cuidadosamente e de modo descomplicado. Esse ato de registro é extremamente importante, pois apenas um punhado de judeus israelenses inseridos no consenso governamental, incluindo o campo sionista pacifista, reconheceria esses "bairros" como assentamentos.

A expropriação massiva de terras em Jerusalém começou para valer perto do fim de 1968. A maioria dos residentes não foi compensada por essa expropriação, e aqueles que o foram julgaram a compensação ridiculamente baixa. Os dezessete mil *dunams* roubados incluíam edifícios como escolas e hospitais. Em dezembro de 1967, quando as requisições começaram, o gabinete do primeiro-ministro foi instruído a publicar informações positivas, como a presença de pacientes palestinos em hospitais judaicos, no intuito de desviar a atenção e conter as críticas.[6] Contudo, conforme os confiscos ganharam ritmo, ficou evidente que o mundo já estava conformado com a anexação de Jerusalém Oriental por Israel.

Os principais meios usados para expandir a cunha de colonização de Jerusalém Oriental foram o sistemático roubo de terras, os assentamentos, a designação de certas áreas como "espaços verdes" – os pulmões ecológicos da nova metrópole, a saber, áreas vetadas a palestinos –, as demolições de casas e uma reiterada recusa de permitir que os palestinos ampliassem qualquer construção já existente. Outro meio de estender essa cunha foi desincentivar os investimentos em qualquer infraestrutura para futuras moradias e espaços de sociabilidade de palestinos, embora esses cidadãos pagassem os mesmos impostos que os colonos judeus. A pesquisa de Tafakji indica que apenas 5% dos impostos foram investidos na parte oriental da cidade na segunda metade do século XX. Essa cunha de colonização hoje tem um nome, "Área Municipal da Grande Jerusalém", uma ameba que cresce diariamente e absorve áreas inteiras, desarabiza esses locais e os coloniza. Cada vez mais palestinos foram expulsos conforme a ameba inchava ao longo dos anos. Por fim, no início do século XXI, a ameba cindiu a Cisjordânia em duas partes.[7]

Em uma década de ocupação, a composição da cunha de colonização de Jerusalém chegou a quinze imensas novas áreas. A mais significativa era o bairro judaico da Cidade Velha, construído após a ocupação e que cresceu a ponto de representar um quinto da área dessa localidade (116 de 668 *dunams*). No dia da ocupação, seis mil palestinos que viviam em três bairros da Cidade Velha – Mughrabi, que foi totalmente demolido, Al-Siryan e Al-Sharf – foram sumariamente expulsos da cidade e transferidos para a Jordânia. Nesses bairros, havia cinco mesquitas, quatro escolas, um mercado histórico e uma avenida comercial que datavam do Sultanato Mameluco [1250-1517]. A judaização destruiu tudo isso.

A enormidade dessa cunha de colonização e seu impacto sobre a vida palestina ficaram evidentes em 1993, quando foram oficialmente traçadas as fronteiras municipais da Grande Jerusalém. Mais tarde nos anos 1990, quando o processo de paz de Oslo foi abandonado, sucessivos governos israelenses alegariam que novos assentamentos seriam construídos na Cisjordânia, em geral, e em Jerusalém, em particular, em retaliação ao "terrorismo palestino" (em especial a ataques de homens-bomba). Na realidade, essa política de assentamento não tinha nada a ver com "retaliação"; teve início bem antes de qualquer atentado com homens-bomba, estendendo-se ao longo dos anos de ocupação – e foi simplesmente apresentada dessa forma, sobretudo para o público interno. Mais uma vez, não havia novidade nessa linha argumentativa, que já fora utilizada para justificar os primeiros estágios da limpeza étnica de 1948 – na época não para colonizar a Palestina, mas para expulsar as pessoas.

Com a tinta do Acordo de Oslo ainda fresca, a Grande Jerusalém foi reinventada como uma área de seiscentos quilômetros quadrados, que incluía 15% da Cisjordânia (apenas um bloco, o Ma'ale Adumim, representa quase 1% da Cisjordânia).[8] Assentamentos-satélites em áreas adjacentes a essa nova Grande Jerusalém foram construídos com a futura intenção de funcionar como pontes terrestres entre a Grande Jerusalém e o resto das colônias israelenses na Cisjordânia.

Essa expansão logo cobriu as antigas colinas do norte e do leste de Jerusalém com uma nova conurbação de casas modernas, disfarçadas aqui e ali com fachadas orientalistas que lembravam as mesmas casas demolidas para a construção desses novos "bairros". Como Eyal Weizman elucidou muito bem em seu livro *Hollow Land* [Terra oca], o plano diretor de 1968 para Jerusalém estava comprometido com uma herança colonial e oriental, a qual datava do planejamento urbano britânico de 1917, mas com duas imensas diferenças: a reurbanização e o embelezamento britânico da cidade não se deram através da demolição de casas antigas e do despejo da população local, nem envolviam cobrir a Grande Jerusalém com as monstruosidades de concreto que caracterizam esses novos "bairros" judeus.[9] Em 2005, duzentos mil colonos judeus viviam nessa área. Estima-se que muitos outros se juntem a eles ao longo do século XXI.[10]

Agora passo a descrever o modo como a cunha de colonização da Grande Jerusalém se desenvolveu. Em essência, o processo foi constituído por quinze colônias, que os israelenses imediatamente chamaram de "bairros". A primeira colônia é chamada de French Hill. A segunda é Neve Yaakov, estabelecida gradualmente entre 1968 e 1980, e a terceira,

Ramot, que expropriou mais de quatro mil *dunams* de terras palestinas particulares e hoje é o lar de cerca de quarenta mil colonos judeus.

A quarta colônia é o assentamento de Gilo, em constante expansão. Fundado em 1971 em cerca de 2.700 *dunams* de terras confiscadas, constitui hoje a maior colônia judaica do sudeste de Jerusalém. Essa dissonante monstruosidade é um marco familiar da paisagem para qualquer um que viaje de Jerusalém a Belém, vista do lado ocidental da estrada. Trata-se de um imenso complexo que paira acima de Beit Jala, Belém e Jerusalém.

Talpiot Mizrach é a quinta colônia, construída em 1973 sobre 2.240 *dunams* palestinos, abrigando cerca de quinze mil colonos judeus atualmente. Ao lado de Gilo, compreende um cinturão de colonização judaica na região sudeste da cidade. Parte da área foi considerada "terra de ninguém" antes de 1967, e foi a ONU que cedeu mais dois mil *dunams* para a expansão dessa colônia, que, como as outras mencionadas aqui, é referida por todos os judeus israelenses como um "bairro".

A sexta colônia é Malot Daphna, construída em 1973 sobre sete mil *dunams* de terras de propriedade de famílias palestinas de Jerusalém, abrigando, sobretudo em condições empobrecidas, colonos judeus do norte da África. Construída no coração dos bairros palestinos de Jerusalém Oriental, tinha como intuito interromper a contiguidade territorial das áreas palestinas. Os quartéis-generais da polícia e da guarda de fronteiras foram transferidos para lá, a fim enfatizar a presença judaica.

A sétima é a Universidade Hebraica, construída em 1924 sobre terras compradas da aldeia de Issawiya. Em 1967, Israel expropriou ainda mais terras dessa aldeia para construir um campus novo. Hoje um gigantesco labirinto, eu levava horas para encontrar o caminho entre a sala de aula e meu escritório quando lecionei ali por um breve período. A Universidade Hebraica agora é parte do complexo dos chamados "bairros" de French Hill e Monte Scopus, colônias estabelecidas em 1967 ao lado de uma extensão oriental agregada posteriormente, que inclui Givat Hamivtar e Ramat Eshkol, que serão discutidas a seguir. A colônia de French Hill, vertente ocidental do Monte Scopus, foi uma das primeiras a serem construídas em terras pertencentes aos moradores de Shua'fat. Abrange oitocentos *dunams*, abrigando hoje doze mil colonos judeus em cinco mil unidades. A universidade se estende por 740 *dunams*, uma fortaleza moderna no alto da região norte de Jerusalém, com suas aldeias palestinas.

A oitava colônia é Ramat Shlomo, instaurada a princípio como uma zona verde em mil *dunams* expropriados em 1970. As árvores plantadas pelo Fundo Nacional Judaico (FNJ) em 1970 foram derrubadas em 1990, a fim de abrir espaço para o assentamento de mais de duas mil casas de judeus ortodoxos. Essa colônia se expandiu tanto que agora possui continuidade territorial com Neve Yaakov e duas novas colônias que completam o cinturão da colonização: Pisgat Ze'ev e Pisgat Omer. Essas duas novas colônias foram construídas em terras pertencentes às aldeias de Beit Hanina, Shua'fat, Hizmah e Annata. Abarcando um total de 3.800 *dunams* de terras palestinas e abrigando hoje cerca de cem mil colonos, a colônia completou o estrangulamento nordeste da Grande Jerusalém.

Depois há Ramat Eshkol e Givat Hamivtar, citadas acima, as primeiras colônias fundadas para conectar as partes ocidental e oriental da cidade. Construídas em terras expropriadas de palestinos em 1968, elas se estendem por 3.300 *dunams* e abrigam sessenta mil colonos judeus. Foram os primeiros tijolos no "muro dos bairros" que rodeia bairros e aldeias palestinos no leste e no sul de Jerusalém. Existem brechas nesse anel de colônias judaicas (o anel externo exclui áreas palestinas, e os anéis internos as separam umas das outras), mas essas brechas vêm sendo rapidamente preenchidas com novos assentamentos judaicos no século XXI.

Podemos adicionar a essa lista a zona industrial de Atarot, erigida em 1.200 *dunams* de terras requisitadas em 1970 nas imediações do antigo aeroporto construído pelos ingleses durante o período do Mandato. Cabe mencionar também Givat Hamatos, construída em cerca de 170 *dunams* de terras expropriadas das aldeias de Beit Safafa e Beit Jala. Givat Hamatos só foi construída em 1991 (um ano mais sensível devido à Primeira Intifada; antes de estabelecer a colônia, foi necessário instalar um acampamento temporário, aos poucos substituído por cerca de cinco mil unidades construídas); ao lado de Gilo, ela integra o cinturão de colonização do sudeste que visava impedir a integridade e a continuidade territorial palestinas. Assim, os bairros palestinos incorporados à Grande Jerusalém depois de 1967 foram, mais tarde, cercados de colônias judaicas por todos os lados.

A última das quinze colônias – e eu peço desculpas ao leitor pela lista, mas sua importância é fundamental – consistia de aglomerados e bolsões de colonização que apareceram mais tarde. Esses agrupamentos se espalharam como cogumelos, esporadicamente, na Cidade Velha e no sul e no norte de Jerusalém. No extremo sul, Har Homa (Jabal Abu Ghanaim) era a mais famosa, graças à tentativa de Faysal al-Husayni[11] de interromper a roubalheira de terras. Em 1990, Israel passou o trator em uma área de quase dois mil *dunams* pertencentes às aldeias de Sur Baher, Um Tuba e Beit Sahour, na mesma região, no sul e no sudeste da cidade. Cerca de 6.500 moradias judaicas foram construídas ali, um projeto finalizado em 2011, concluindo a conurbação que cortou totalmente o acesso dessas aldeias palestinas a Belém e Hebron.[12]

Por fim, além da expropriação de terras e da construção substancial de novos "bairros" na Cisjordânia, particularmente no entorno de Jerusalém, devemos mencionar o crime estético cometido ao longo dos anos em um dos mais belos bairros da cidade, Mamilla, do lado oposto do Portão de Yafa (Bab al-Khalil). Entre 1948 e 1967, era uma zona-tampão entre o exército israelense e a Legião Árabe da Jordânia, e sobreviveu relativamente ilesa às escaramuças, às trocas de tiros e à guerra de 1967, mas não ao zelo colonizador dos ocupantes. Se você, como eu, for um conhecedor da história fotográfica da cidade, já deve ter visto inúmeras fotografias desse bairro, que abrigava alguns dos melhores hotéis de Jerusalém no início século XX. Essas joias foram substituídas por uma nova monstruosidade: um complexo indecifrável de casas ajardinadas e condomínios em estilo estadunidense. As obras desse complexo começaram em 1970, sobre 130 *dunams* confiscados.

Aos crimes arquitetônicos contra Jerusalém podem se somar crimes contra a cultura e contra a religião. Uma das partes mais importantes da área de Mamilla era o cemitério muçulmano, que datava do século VII. As sepulturas foram removidas à noite, para que não houvesse testemunhas, e, no lugar delas, a Simon Wiesenthal Foundation construiu um Museu da Tolerância. Para garantir que os muçulmanos não tivessem acesso a esse local sagrado, instalou-se uma cerca elétrica em todo o perímetro.[13] Profanar sepulturas muçulmanas, no entanto, não era nenhuma novidade para os israelenses: o antigo cemitério de Haifa, Al-Istiqlal, foi profanado de modo semelhante quando se construiu uma rodovia no local, espalhando lápides para os dois lados da pista.

O plano diretor do município, programado para ser concluído em 2020, inclui preencher as brechas no anel externo da colonização por meio da expropriação de dois mil *dunams* de terras da aldeia de Wallaja, onde querem construir uma nova colônia: Givat Yael, a oeste de Gilo, abrangendo 13 mil casas para 55 mil colonos judeus, o que criará uma imensa cunha de colonização que vai de Gush Etzion até Jerusalém. É importante ressaltar que a construção de "bairros" como Gilo é considerada crime de guerra segundo o direito internacional. De acordo com o Estatuto de Roma do Tribunal Penal Internacional, de 1998, "a transferência, direta ou indireta, por uma potência ocupante de parte de sua população civil para o território que ocupa é crime de guerra passível de indiciamento".[14]

Agora talvez seja um bom momento para olharmos as violações do direito internacional cometidas por Israel, já evidentes no primeiro ano da ocupação, mas ignoradas pelo restante do mundo.

A aquisição de terras à força após o encerramento das hostilidades é ilegal segundo o direito internacional. A ação e a ocupação militares são legítimas apenas em caso de autodefesa ou para benefício direto da população nativa. Desde o início, ficou claro que as terras palestinas eram adquiridas com o propósito de uma anexação *de facto*. Com isso, Israel violou o segundo artigo da Carta das Nações Unidas, de 1945. O primeiro assentamento construído nos Territórios Ocupados foi uma violação da Quarta Convenção de Genebra, de 1949 (artigo 49, parágrafo VI). É ilegal colonizar terras ocupadas ou transferir populações não nativas para essas áreas.

Até mesmo os sionistas mais liberais – muitos dos quais residentes nesses locais – consideram essas colônias "bairros urbanos" de judeus israelenses, completamente excluídos de qualquer negociação futura. Juridicamente, a comunidade internacional não diferencia assentamentos "legais" de "ilegais", mas parece que muitos governos ocidentais, e decerto diversos governos estadunidenses, aceitaram essa divisão e incluem na primeira categoria esses novos "bairros".

Esses assentamentos haviam se tornado parte de Israel e excluídos da Cisjordânia durante os anos 1950, num processo similar à anexação israelense de áreas alocadas aos palestinos pela resolução da Assembleia Geral da ONU que instituiu o Plano de Partilha em 1947. Israel não buscou qualquer aprovação internacional: simplesmente apresentou ao mundo a anexação como fato consumado.

Assim, esses "bairros" se tornaram parte do "Pequeno Israel" – que, para muitos liberais israelenses e ocidentais, representava o Estado moral e ético, anterior à ocupação da Cisjordânia e da Faixa de Gaza. Essas áreas, mesmo aos olhos do campo pacifista israelense, não eram negociáveis, como deixaria claro o Acordo de Oslo, que discutiu pela primeira vez o destino desses locais. Portanto, se 78% da Palestina histórica era inegociável antes de 1967, após a ocupação a parcela inegociável passou a abranger 85% das terras. Com isso, quero dizer que, se o Estado de Israel após a limpeza étnica de 1948 representava 78% da Palestina histórica, e considerando as porções que todos os governos israelenses declararam inegociáveis na esteira da guerra de 1967, restavam apenas 10% da Palestina como possível território a ser controlado pelos próprios palestinos; esses 10% se espalhavam pela Cisjordânia, cortada por blocos de assentamentos e bases militares.

Com o tempo – e o apoio total do Ocidente – os esforços do campo pacifista israelense para traçar uma linha entre o "Israel imoral" dos colonos e o "Israel moral" do Estado pré-1967 diminuíram, assim como qualquer esperança de resolver o conflito com uma solução de dois Estados.

Enquanto o governo delineava as fronteiras da "nova Jerusalém", um político em particular assumiu a tarefa de traçar com mais clareza os limites entre um futuro Estado judaico e a Cisjordânia e a Faixa de Gaza palestinas. Esse homem foi Yigal Allon.

4

A visão de Allon

Além da Grande Jerusalém e da necessidade de delinear as novas anexações de forma a satisfazer o apetite territorial de Israel e aplacar temores demográficos, precisava-se de uma abordagem mais estruturada e, de certo modo, visionária. Essa proposta foi sugerida por duas figuras familiares no panteão dos heróis israelenses: Yigal Allon e Moshe Dayan. Nos primeiros estágios cruciais e formativos, foi sobretudo Allon quem orquestrou a política. Dayan entrava eventualmente quando se tratava de algum plano de longo prazo, mas era de fato um homem de projetos *ad hoc*, de curta duração – o planejamento de longo prazo não era bem o seu forte.

Allon ascendeu ao poder muito cedo. Aos trinta anos, já comandava o Palmach – as forças de elite sionistas – e, como tal, foi responsável pela limpeza étnica das aldeias e cidades palestinas em várias partes do país em 1948. Nas palavras de Anita Shapira, sua leal biógrafa sionista, Allon foi o "limpador do norte" em 1948, título de fato condizente com seus atos. Foi também o epítome do novo judeu – quase ariano – que o sionismo elaborou como antítese do judeu "exílico". Bonito, carismático e corajoso, ele brilhava como futuro líder do movimento sionista, mas não viveu para concretizar essa promessa. Marginalizado ao longo dos anos por políticos mais cínicos e sofisticados, nunca exerceu o papel de liderança que ele próprio e seus admiradores queriam que desempenhasse.[1]

Tornou-se membro do Knesset após a guerra de 1948, depois tentou – mas logo abandonou – um doutorado no St. Antony College, Oxford, sob orientação da ilustre Elizabeth Monroe (há na universidade uma cadeira – aliás, uma cadeira física – que ainda celebra o tempo em que ele esteve lá). De volta a Israel no início dos anos 1960, juntou-se ao governo, boa parte do tempo no Ministério do Trabalho. A ocupação da Cisjordânia e da Faixa de Gaza representaram uma oportunidade de retomar as glórias passadas que haviam se apagado nos anos pós-1948, quando ele se encontrava fora do serviço militar.

Allon não estava particularmente interessado no Ministério do Trabalho e, logo após a guerra de 1967, concentrou toda a sua atenção na colonização dos Territórios Ocupados, que passou a ser o principal interesse de sua vida.

Suas iniciativas na área costumam ser caracterizadas por estudiosos como uma tentativa de encontrar a solução para o conflito. A princípio, Allon foi apresentado como o pai da "opção jordaniana", isto é, a busca de um compromisso territorial entre Israel e Jordânia na Cisjordânia e na Faixa de Gaza, que ele mais tarde revisaria, substituindo a soberania jordaniana pela autonomia palestina.

Em julho de 1967, ele havia apresentado ao governo seu famoso Plano Allon, "O futuro dos territórios e dos refugiados". Esse plano jamais foi oficialmente adotado; tornou-se mais um guia de onde colonizar do que um modelo para um acordo de paz com a Jordânia. Além dos blocos de assentamentos judaicos, o restante da Cisjordânia seria autônomo ou regido por uma soberania jordaniana desmilitarizada.

O primeiro postulado do plano era que o Rio Jordão representasse a fronteira oriental de Israel. A Jordânia possuiria uma faixa de terra perto de Jericó que lhe daria acesso terrestre às áreas montanhosas da Cisjordânia. Allon destacou as áreas em torno de Hebron, Jerusalém e do Vale do Jordão para futura colonização judaica.

O governo jordaniano foi um dos primeiros a reconhecer que a intenção desse plano era amenizar as preocupações demográficas de Israel e que nada tinha a ver com a prevenção de outro conflito, que de fato aconteceu poucos anos depois. A embaixada dos Estados Unidos em Amã resumiu de modo sucinto a posição jordaniana quanto ao Plano Allon:

> Os israelenses parecem incapazes de compreender que o Plano Allon e suas variações não são apenas inaceitáveis para a Jordânia como também representam uma espécie de arranjo que perpetuaria a hostilidade. Arranjos similares em outros lugares durante o século XX demonstraram que é mais provável que gerem problemas e irredentismos subsequentes do que garantam segurança.[2]

Trata-se, a meu ver, de um retrato historiográfico distorcido do homem e de seus feitos a partir de 1967. Allon não buscava compromisso, mas expansão; foi o primeiro a pensar na melhor forma de usar a colonização judaica de modo a garantir o espaço sem incorporar o povo – o eterno problema e fonte de apreensão israelenses desde a criação do Estado, de modo geral, e desde 1967, no que diz respeito à Cisjordânia. Ele imaginou e concretizou uma série de colônias judaicas que separariam os palestinos de seus conterrâneos e essencialmente anexariam partes da Cisjordânia a Israel. O conceito de cunha de colonização proposto por Allon seria aperfeiçoado e, de certa maneira, arrematado por Ariel Sharon, tanto como ministro da Habitação e da Infraestrutura nos anos 1980 quanto como primeiro-ministro no século XXI: os planos iniciais de colonização de Allon seriam "modestos" se comparados aos que Sharon levaria ao coração da Palestina.

Ainda em julho de 1967, Allon criou um plano para colonizar o Vale do Jordão e as vertentes orientais da serra da Cisjordânia, efetivamente fatiando parte das montanhas de Jerusalém, Belém e Hebron adjacentes à fronteira pré-1967. Desde o início, ficou claro que a criação de espaços colonizados na Cisjordânia e na Faixa de Gaza causaria uma desarabização dessas áreas em particular.

Durante um período bastante curto, nos primeiros anos após a ocupação da Cisjordânia e da Faixa de Gaza, Yigal Allon dominou o pensamento estratégico do governo israelense e deixou sua marca na cartografia da ocupação. Embora não tenha sido adotado, seu plano sugeria um protocolo informal para dominar essas regiões. O modus operandi criado por ele até hoje serve de base para a política israelense. Em essência, era uma sugestão para dominar de forma indireta áreas palestinas densamente povoadas, enquanto se esforçava para anexar, de uma maneira ou de outra, todo o resto.

Sua perspectiva ampla ajudou o governo a contextualizar melhor a anexação prática e brutal da Grande Jerusalém ao longo dos meses restantes de 1967. A parte já judaizada da cidade e os arredores passaram a integrar o espaço que seria anexado por Israel, independentemente de quem fosse o parceiro para a paz ou de quando as fronteiras finais fossem traçadas. Outras áreas incluíam Al-Khalil (Hebron), Belém, o Vale do Jordão e vários enclaves menores na Cisjordânia, deixando o restante para uma futura entidade palestina a ser supervisionada por Israel, ou para ser anexada à Jordânia na forma de zonas desmilitarizadas. Esta última opção era a preferida de Allon, mas ele também estava aberto à primeira e passaria a preferi-la no decorrer dos anos. Suas reflexões posteriores eram às vezes mais reveladoras do que sua apresentação mais estruturada. Explorando a questão de um possível mini-Estado como recompensa pelo bom comportamento palestino, ele enfatizou o impacto demográfico negativo dos refugiados e sugeriu reassentá-los todos no Sinai.[3]

Essas ideias foram divulgadas pela primeira vez nas reuniões de meados de junho de 1967 e articuladas de modo ainda mais explícito ao longo de julho. Allon manobrou o governo em busca de uma fórmula para obter os territórios sem incluir nem expulsar as pessoas. Para ele, estava claro que a palavra-chave era "controle". A linguagem que usou na época não incluía a terminologia prisional que estou empregando neste livro, mas não ficava muito longe disso, pois ele constantemente se referia à política de "cenoura e porrete". A "cenoura", a prisão aberta, era, no exemplo de Allon, a abertura de uma agência postal em Hebron, enquanto o "porrete", a prisão de segurança máxima, significava a punição coletiva contra Nablus em julho de 1967, em resposta ao ataque a um comboio militar: detenção em massa, buscas cruéis em cada residência, toques de recolher, desligamento do sistema de telefonia – tudo isso eram crimes de guerra. Por um lado, o fornecimento de serviços normais, um dever básico do ocupante segundo o direito internacional, tornou-se uma recompensa por bom comportamento. Por outro, a resistência – mesmo que assumisse formas não violentas – foi enfrentada com punições coletivas, entre as quais, segundo comentou corretamente Tom Segev, a humilhação já desempenhava o papel mais importante no repertório israelense em 1967.[4]

Allon se concentrou inteiramente na Cisjordânia e, como todos os demais ministros, hesitou em expressar opiniões claras sobre a Faixa de Gaza. Mas um certo padrão de pensamento se desenvolveu, e, embora tenha levado tempo para amadurecer, era possível notar que sua visão também se aplicava a Gaza. Apesar de ser um pedaço de terra muito pequeno, a Faixa foi submetida à mesma política de divisão entre "nossa" e "deles" enquanto permaneceu com Israel.

A visão de Allon foi traduzida em duas estratégias principais que modelariam a vida nos Territórios Ocupados nos anos vindouros: uma estratégia física, que demarcava claramente quais partes seriam judaizadas e colonizadas; e uma realidade administrativa, que determinava recompensas e punições para quem aceitasse ou rejeitasse a dominação israelense.

Allon tinha auxílio de um grupo de burocratas que eram colonizadores experientes. Indiferentes aos imperativos fundamentais do direito internacional e religiosamente adeptos do impulso sionista consensual de anexar o espaço ocupado – mas não o povo –, esses colonizadores não tiveram dificuldade de associar a empreitada de 1967 aos esforços prévios de colonização sionista, em voga desde 1882. O principal burocrata era o próprio primeiro-ministro, Levi Eshkol. No início de sua carreira política, durante o período do Mandato Britânico, ele havia sido um jovem ativista sionista, imerso em projetos de colonização. Mais tarde, ascendeu a posições mais proeminentes no Estado, através da política partidária e do trabalho duro como um eficiente tecnocrata.[5]

Da década de 1930 até 1967, Eshkol desempenhou um papel determinante na colonização da Palestina histórica. No site oficial do governo israelense, ele é apresentado como alguém "que determinou a estrutura geral para a maior operação de assentamento da história".[6] Essa operação implantou colônias judaicas no coração do interior palestino – pontos originalmente distantes uns dos outros, mas que em 1948 seriam integrados a um único espaço judaico por meio da limpeza étnica da população palestina nativa.

Primeiro-ministro em junho de 1967, Eshkol foi a principal figura da colonização no cerne da burocracia criada pelo governo para administrar as áreas ocupadas por Israel na guerra. Essa empreitada foi coordenada e supervisionada pelo Departamento de Assentamento da Agência Judaica. Outrora sob comando de Yosef Weitz, muito ativo na limpeza étnica da Palestina em 1948, o departamento agora era dirigido por seu filho, Raanan Weitz, um homem tão ativo quanto o pai na realização do sonho de converter os territórios palestinos em áreas exclusivamente judaicas. Yosef ainda estava lá, nos bastidores, mas desempenhava um papel bastante secundário na formatação da nova realidade.

A visão de Allon e o pragmatismo de Eshkol fizeram com que nem mesmo os debates domésticos sobre o futuro jurídico dos Territórios Ocupados detivessem a colonização. Em 20 de agosto de 1967, o gabinete de união nacional solicitou um panorama do esforço de colonização. Foi uma reunião importante, que permitiu a Allon compreender que a questão do status jurídico dos palestinos dentro dos Territórios Ocupados não precisava estar associada à quantidade de territórios a serem colonizados. Vários ministros defenderam que, se a Cisjordânia e a Faixa de Gaza fossem anexadas, Israel precisaria considerar conceder plenos direitos aos residentes (em junho, a maioria dos ministros fizera objeção a essa ideia). A questão, portanto, era como conseguir as duas coisas ao mesmo tempo. A resposta foi a decisão de prosseguir com a colonização, deixando o status dos residentes palestinos em aberto, algo a ser decidido numa reunião futura, que nunca aconteceu.[7]

A colonização envolveu uma empreitada tripla: o roubo constante de terras, a transferência de colonos judeus para as novas colônias e a limitação forçada do crescimento demográfico natural dos palestinos dentro dos Territórios Ocupados.

O roubo de terras começou com uma série de decretos promulgados em 1967 e embasados nas Regulações de Emergência do Mandato Britânico. O primeiro foi o Decreto nº 25, que declarava que toda transação fundiária precisava ser chancelada pela "autoridade oficial". Depois, o mais significativo foi o Decreto nº 59, proclamado naquele mesmo ano, que estipulava que toda terra de propriedade do governo jordaniano (160 mil *dunams* no total) seria transferida ao Estado de Israel. A pilhagem estatal no contexto desse decreto se baseava em uma lei otomana de 1855, segundo a qual toda terra não cultivada e não particular se tornaria terra do Estado.[8]

AS CUNHAS DE ALLON

O conceito de cunhas de colonização judaicas que dividiriam e impediriam a continuidade espacial e a integridade geográfica das terras palestinas não se limitou à Grande Jerusalém: foi aplicado à Cisjordânia em geral, sob a supervisão de Yigal Allon, nos primeiros anos da ocupação. A primeira cunha de Allon foi formada por colônias espalhadas por toda a extensão e largura do Vale do Jordão, acompanhadas da anexação de partes adicionais da Cisjordânia oriental. Essa cunha foi concluída em 1971 e executada exatamente da mesma maneira que a colonização judaica havia operado na Palestina desde o início do sionismo. O primeiro passo foi colonizar um ponto distante e então reivindicar como exclusivamente judaica toda a área entre Israel e esse novo assentamento, aplicando a mesma regra de exclusão às estradas que levavam a esse ponto. O novo trecho de terra precisava ser protegido: erguiam-se acampamentos militares às pressas em mais terras expropriadas. A última dessas cunhas de Allon foi Mitzpe Shalem, no Mar Morto. Construído pelo movimento socialista dos kibutzim, foi lá que teve início a produção dos cosméticos Ahava do Mar Morto, encontrados em muitos shopping centers elegantes do Ocidente, mesmo que hoje a União Europeia proíba a compra de produtos oriundos dos Territórios Ocupados.

Essa cunha se expandiu para o norte e para o oeste, e em 1977 consistia em 21 colônias judaizando o Vale do Jordão na Cisjordânia. Hoje, essas colônias integram o cerne do consenso israelense; a mídia local jamais se refere a elas como *hitnachluyout*, isto é, colônias além das fronteiras de 1967, como diriam os sionistas liberais, por exemplo. Em 1976, ao visitá-las, o então primeiro-ministro Yitzhak Rabin afirmou: "Esses assentamentos ficarão aqui por muito tempo. Não construímos assentamentos para serem posteriormente evacuados". Quase duas décadas depois, em um discurso no Knesset, em 5 de outubro de 1995, o mesmo Rabin declarou: "Israel permaneceria para sempre, e no sentido mais completo do verbo, no Vale do Jordão".[9] Qualquer espaço que pudesse ser criado agrupando as colônias inicialmente isoladas seria considerado parte do Estado judaico em qualquer futuro acordo de paz. Ironicamente, o ritmo da colonização dessa porção da Cisjordânia diminuiu quando o Likud ascendeu ao poder em 1977, pois o novo governo estava mais interessado em canalizar recursos para colonizar outras áreas. O mapa de Allon para a colonização, em grande medida ditado por considerações demográficas – isto é, não anexar áreas árabes densamente povoadas –, foi substituído por um plano de colonização motivado pela ideologia do Grande Israel, que permitia anexar qualquer área almejada pelo Estado.

Na verdade, havia então pouca coisa para o governo do Likud abocanhar. As "muralhas" orientais e ocidentais da megaprisão já estavam judaizadas e anexadas de uma forma ou de outra por Israel quando os sucessores de Eshkol, Golda Meir (1969-1974) e Yitzhak Rabin (1974-1977), completaram seus mandatos. A fronteira ocidental consistia em blocos de assentamentos urbanos que a comunidade internacional aceitaria como parte de Israel em qualquer negociação futura. A fronteira oriental foi claramente anunciada pelo primeiro-ministro Levi Eshkol, em 1968, como parte do Estado judaico: "O Rio Jordão é a fronteira de segurança de Israel".[10] A colonização dessa cunha se intensificou ao longo de 1968, e o ministro da Propaganda, Yisrael Galili, implorou ao primeiro-ministro que não fizesse declarações públicas naquele verão, ao menos não antes do início do programa de colonização, receoso de que houvesse um alvoroço internacional. Estava equivocado, é claro.[11]

A segunda cunha de Allon penetrou diretamente no coração da Cisjordânia: englobava a cidade de Nablus e tinha seu centro nas duas colônias de Kedumim e Eli, e, mais tarde, na cidade de Ariel. A terceira cunha conectava a Jerusalém "judaica" com o extremo norte do Mar Morto e a cidade de Jericó. Ela se desenvolveu gradualmente e começou com o estabelecimento de Ma'aleh Adumim, uma colônia que atraiu os judeus menos abastados de Jerusalém, e cresceu tanto que estrangulou Abu Dis e outros bairros de Jerusalém Oriental. Em 2012, Israel tinha planos de estender essa conurbação de Jerusalém Oriental até o Mar Morto, seccionando a Cisjordânia em duas porções inacessíveis, o que levou a União Europeia – pela primeira vez na história da ocupação – a empregar uma linguagem menos diplomática em sua condenação a Israel e ameaçar a imposição de sanções. A elite política israelense provavelmente estava certa ao não ficar muito agitada com essa mudança de tom e de vocabulário – não acontecera muita coisa na arena internacional, ao passo que diversas mudanças haviam ocorrido *in loco* para consolidar essa divisão física na Cisjordânia.

É interessante notar que, em 1967, Allon e Dayan aventavam a possibilidade de dividir a Cisjordânia em dois cantões, norte e sul, mas acabaram desistindo. Contudo, os cantões norte e sul da Cisjordânia, divididos pela cunha de colonização que ia de Jerusalém até o Mar Morto, tornaram-se fato consumado conforme a ocupação progrediu. Cinquenta anos depois, cada um deles foi dividido em onze condados, controlados por tropas israelenses e separados por uma rede de "estradas do apartheid" e assentamentos, estrangulados por amplas áreas vedadas a palestinos e bloqueadas fisicamente pelo exército.

A carnificina fundiária dos colonizadores não parou por aí. Ainda no início da ocupação – mais precisamente em 26 de junho de 1967 –, ocorreu um tipo diferente de divisão: a separação de Jerusalém da Cisjordânia. A remoção do coração econômico, cultural e social da Cisjordânia foi concluída em uma série de reuniões diárias, no final daquele mesmo mês.

Na relação entre demografia e geografia, excluir Jerusalém da Cisjordânia gerou um problema. Qualquer incorporação israelense *de jure* deslocaria o equilíbrio populacional em favor dos palestinos. Os ministros notaram que o novo plano de unificação de Jerusalém agregaria setenta mil palestinos à população de Israel. Mas eles não se deixaram intimidar por isso. A questão podia ser resolvida com a imigração de judeus e a compra de terras árabes particulares, garantiu o primeiro-ministro Eshkol. Um plano mais sinistro, por fim implementado, foi oferecido pelo ministro da Agricultura, o socialista Haim Givati. Em 1948, ele havia supervisionado o reflorestamento das aldeias palestinas pelo Fundo Nacional Judaico após a limpeza étnica e considerou usá-lo para completar o ato de expropriação mais uma vez – agora de outra forma. Sugeriu alocar ao FNJ parte das terras recentemente expropriadas, já que, segundo seu estatuto, não era permitido vender ou legar terras a não judeus. Ele deve ter adorado quando Eshkol respondeu: "Sendo assim, nós vamos dar dinheiro ao Fundo para também comprar as terras árabes particulares".[12]

A área anexada em Jerusalém Oriental era exclusivamente palestina antes de 1967. Um ano mais tarde, apenas 14% dessas terras permaneciam em mãos palestinas: 46% passaram a ser propriedade do Estado de Israel, e os outros 40% foram designados como áreas verdes administradas por entidades israelenses.

A quarta cunha de colonização de Allon penetrou no sul da Cisjordânia, separando Belém e as montanhas de Hebron e seus arredores do restante da Cisjordânia.

Allon foi menos influente em determinar a política de colonização da Faixa de Gaza, mas os mesmos métodos também foram ali aplicados: fatiar, dividir e depois cantonizar o território. Foi Yitzhak Rabin, sobretudo, quem se revelou a força motriz por trás do avanço sobre a Faixa. Ele batizou a operação de "plano dos cinco dedos". Os cinco dedos se materializaram como o *gush* (bloco) das colônias judaicas (mais tarde conhecidas como Gush Katif), que perduraram até 2005, quando Ariel Sharon ordenou sua evacuação. De maio de 1968 em diante, Rabin e Allon persuadiram o governo a estabelecer duas colônias como uma cunha – nas palavras de Allon – entre a Cidade de Gaza e o sul da Faixa, e acrescentou: "É muito importante, do ponto de vista da segurança, ter uma presença judaica no coração de Gaza". O primeiro-ministro Eshkol respondeu que esta pertencia ao povo judeu desde os tempos de Sansão.[13]

Graças às dimensões reduzidas da Faixa, as primeiras violações do direito internacional cometidas por Israel foram mais óbvias em sua brutalidade. Isso forçou o governo a justificar, em 1967, seu total desrespeito à lei, em particular à Convenção de Genebra. Mais tarde, precisaria se explicar outra vez, durante a expansão dos assentamentos judaicos na Cisjordânia: as colônias em Gaza foram apresentadas como uma retaliação às ações do incipiente movimento de resistência que despontou no primeiro ano da ocupação, antes de ser esmagado por Ariel Sharon, na época chefe militar do Comando Sul. O clímax dessa impiedosa campanha foi a invasão militar dos campos de refugiados de Jabalia e Al-Shati em julho de 1971, que terminou com a transferência forçada de mais de quinze mil pessoas dos acampamentos para a Cidade de Gaza, El-Arish e Cisjordânia. Segundo um relatório da ONU, mais de seis mil lares foram demolidos nessa operação.[14]

Perto do fim de 1967, o primeiro cinturão de colônias apareceu ao sul da cidade israelense de Ashkelon (que engloba a cidade palestina de Al-Majdal, evacuada em 1948) e se estendeu até a região norte da periferia de Gaza. Esse foi o primeiro "dedo"; o segundo separou a Cidade de Gaza da cidade de Deir al-Balah (localizada catorze quilômetros ao sul de Gaza). Dois outros se tornaram o famoso (ou infame) Gush Katif, o principal assentamento de judeus na Faixa. O quinto dedo nunca se materializou: pretendia penetrar a Península do Sinai, mas, graças ao acordo de paz assinado com o Egito em 1979, jamais foi concluído.[15]

As dimensões da Faixa de Gaza também significavam que as opções de segmentação jamais seriam as mesmas que as da Cisjordânia. Quando concluídas, as colônias em Gaza constituíram uma zona de judaização relativamente pequena, facilitando a evacuação ordenada por Sharon em 2005, na esperança de que essa ação lhe permitisse anexar a Cisjordânia. A obsessão por delinear e redelinear o espaço na Cisjordânia, desde 1967 até hoje, demonstra que essa região ocupa de fato um lugar diferenciado em relação à Faixa de Gaza na estratégia israelense. A Cisjordânia só não foi totalmente invadida como o restante da Palestina em 1948 porque a comunidade internacional desempenhou um papel diferente em relação a ela através do chamado "processo de paz", e porque cada novo território palestino cobiçado pelo Estado judaico representava um dilema demográfico para o sionismo.

Essa obsessão valeu a pena. A partir de 1967, Israel impôs decretos burocráticos de controle militar para tomar 41% das terras da Cisjordânia; em 1985, o Estado judaico já controlava 52% desse território. Em 1991, esse número havia subido para 60,8%. O processo terminou com a instauração de 130 assentamentos na Cisjordânia e dezesseis na Faixa de Gaza. Perto do fim do século XX, duzentos mil colonos viviam ali, somando-se ao mesmo número dos que viviam na área da Grande Jerusalém.

Essa estratégia também frustraria qualquer possibilidade de criação de um Estado palestino independente vizinho de Israel, pois envolvia a instauração de fatos irreversíveis *in loco*, um ponto defendido de maneira convincente por Meron Benvenisti e Shlomo Khayat.[16] A dupla estratégia da continuidade territorial entre os assentamentos israelenses e da descontinuidade entre aldeias, vilas e cidades palestinas garantiu esse cenário. Em vez de um Estado palestino, oferecia-se outra coisa: certo nível de autonomia – uma "cenoura" pelo bom comportamento palestino –, ou a impiedosa retaliação – um "porrete" contra a resistência.

Haveria, afinal, legalidade nessas cunhas de colonização? De modo surpreendente, o governo israelense ponderou a respeito. A realidade da nova colonização exigia uma infraestrutura jurídica – não para veiculação internacional, mas para a instauração de um sistema ordenado e bem regulado para governar o povo sem Estado da Cisjordânia. O mais fácil teria sido anexar *de jure* todos os territórios almejados, porém esse tipo de anexação era indesejado por motivos demográficos. Bem no início, Yaakov Shimshon Shapira, então ministro da Justiça, havia exigido que seus colegas tivessem consciência de que a lei do Estado, isto é, de Israel, não se aplicava como a lei da Terra de Israel, ou Eretz Israel (com exceção de Jerusalém) – ou seja, na Cisjordânia e na Faixa de Gaza.[17]

Em 18 de junho, Shapira foi incumbido de erigir a infraestrutura jurídica da nova realidade. Ele lançou as bases do que, mais tarde, seria uma atitude israelense mais sofisticada, nutrida pelo desejo de se apossar dos territórios sem anexá-los oficialmente. Naquele dia, Shapira disse ao governo que Israel teria de declarar controle militar sobre a Cisjordânia e a Faixa de Gaza de acordo com as regulações do direito internacional, mas garantiu a seus colegas que isso "era apenas a forma, não o conteúdo". Assim, propôs um comitê de ministros veteranos para supervisionar a elaboração das políticas de dominação.[18] Israel decidiu chamar essa operação de "ocupação militar", mas não respeitou as leis correspondentes, fato que teve grande impacto no sofrimento do povo palestino na Cisjordânia e na Faixa de Gaza, desde 1967 até os dias atuais.

Em essência, explicou Shapira, haveria dois tipos de "territórios": alguns seriam anexados e se tornariam como "a Galileia de 1948", ou seja, parte integrante de Israel; o restante seriam "territórios administrados", cujo status seria decidido mais tarde. Além disso, observou, naquele ponto o governo escolheria basicamente anexar as áreas essenciais, dando como exemplo a possibilidade de anexar a cidade de Qalqilya à cidade judaica vizinha de Kfar Saba.[19] Essa proposta nunca se materializou, mas o poder dos novos senhores não poderia ser ignorado. Em retrospecto, do nosso ponto de vista privilegiado no século XXI, é fácil observar como essa política fundamental formatou o mapa geopolítico dos Territórios Ocupados ao longo dos cinquenta anos seguintes.

Foi nas reuniões de 18 e 19 de junho que o governo discutiu mais especificamente como funcionaria essa divisão entre áreas anexadas e não anexadas dentro da Cisjordânia e o que aconteceria nas áreas não diretamente dominadas por Israel. Ali, naquele momento, declarou-se pela primeira vez a fórmula da autonomia e introduziu-se o modelo de prisão aberta como a melhor opção para os palestinos. Yigal Allon foi quem propôs essas ideias, de acordo com as atas das reuniões: "Estou disposto a dar a eles [palestinos] autonomia, contanto que façam parte do Estado de Israel", declarou, com pompa, mas com a ressalva de que isso deveria ser feito em paralelo à disseminação da colonização judaica. Allon chamou esse esforço de colonização de instauração de "*Uvdot Hitayshvuityot ve-Hukiyot*", ou "fatos jurídicos e colonizadores" no território.[20] Identificou especificamente a necessidade de anexar a área de Hebron a Israel, assim como a cidade em si e as montanhas do entorno, enquanto deixava os campos de refugiados e o resto da região sul da Cisjordânia para uma autonomia futura.

Allon foi mais generoso do que aqueles que assumiriam, muitos anos depois, a tarefa de implementar seus planos. Acreditava que cada palestino na área anexada deveria se tornar um "árabe israelense", ou seja, promovido de prisioneiro em uma megaprisão a cidadão de segunda classe em Israel. Isso suscitou protestos devido à apreensão demográfica de seus colegas: "Nós ainda podemos lidar com eles demograficamente, assim como fazemos com os árabes em Jerusalém" (isto é, tolerá-los). Como sabemos, a "disposição" de Allon de garantir cidadania israelense aos palestinos recém-anexados só foi oferecida em parte da área da Grande Jerusalém. A oferta de cidadania e a ameaça de perdê-la se tornariam ferramentas cruéis nas mãos dos futuros ocupantes.

Mas não foi esse o legado de Allon. Seu legado está, sobretudo, nos planos de colonização que se tornaram realidade: assentamentos por toda a Cisjordânia, sem direitos civis básicos para nenhum dos palestinos que ali viviam. Ele lançou, como mencionado, as bases para o protocolo da dominação. Um bom exemplo foi um comentário de Allon sobre a necessidade de inserir uma cunha de colonização entre os palestinos que viviam na Cisjordânia e os palestinos que eram cidadãos israelenses em Wadi Ara. Outrora uma região contínua que abrigava quinze aldeias, foi cortada em duas partes pelo acordo do armistício com a Jordânia em 1949 (sob ultimato de guerra). O pensamento estratégico e a argumentação tática israelenses sobre essa comunidade em particular revelam o absurdo e a crueldade que o "discurso demográfico" racista produz no campo do planejamento e da política. Até recentemente, havia um desejo de seguir as ideias de Allon e garantir que a comunidade palestina em Wadi Ara (que era formada por cidadãos israelenses) não se reunisse com a comunidade palestina na Cisjordânia. Duas aldeias – Baqa e Barta'a – das quinze existentes na região de Wadi Ara foram de fato cindidas ao meio. O ápice dessa separação foi a construção do muro no coração dessas e de outras aldeias. Veio então o século XXI, e com ele novas concepções. Ariel Sharon quis judaizar totalmente Wadi Ara e construiu colônias no meio das aldeias palestinas em um programa chamado "Sete Estrelas" – cada estrela representando uma comunidade judaica exclusiva e fechada. Avigdor Lieberman foi ainda mais longe e sugeriu diversas vezes a anexação de Wadi Ara à Cisjordânia, como seus colegas no governo fizeram em relação à Grande Jerusalém nos séculos XX e XXI, "rebaixando" palestinos que "gozavam" da cidadania israelense ao status de não cidadãos na Cisjordânia.[21]

Allon também esteve na linha de frente da discussão sobre as perspectivas de existência para os palestinos sob controle israelense. Apontando o Vale do Jordão e Hebron como possíveis enclaves anexados, ele começou a concretizar as diferenças de vida dentro das áreas dominadas direta e indiretamente por Israel. A dominação indireta, segundo ele, significava autonomia – uma palavra quase mágica, que seria usada até a vigência do Acordo de Oslo, em 1993, como o melhor que os palestinos poderiam esperar. A dominação direta significava a perspectiva de uma transferência forçada, no futuro, para áreas de dominação indireta.

O reenquadramento da Cisjordânia e da Faixa de Gaza como espaço israelense não passou despercebido pela população local. Os formuladores políticos e os israelenses presentes nos territórios ofereciam incentivos à repressão da resistência palestina e reagiram duramente quando a resistência de fato despontou logo após a ocupação. A política de cenoura econômica e porrete punitivo será examinada no próximo capítulo.

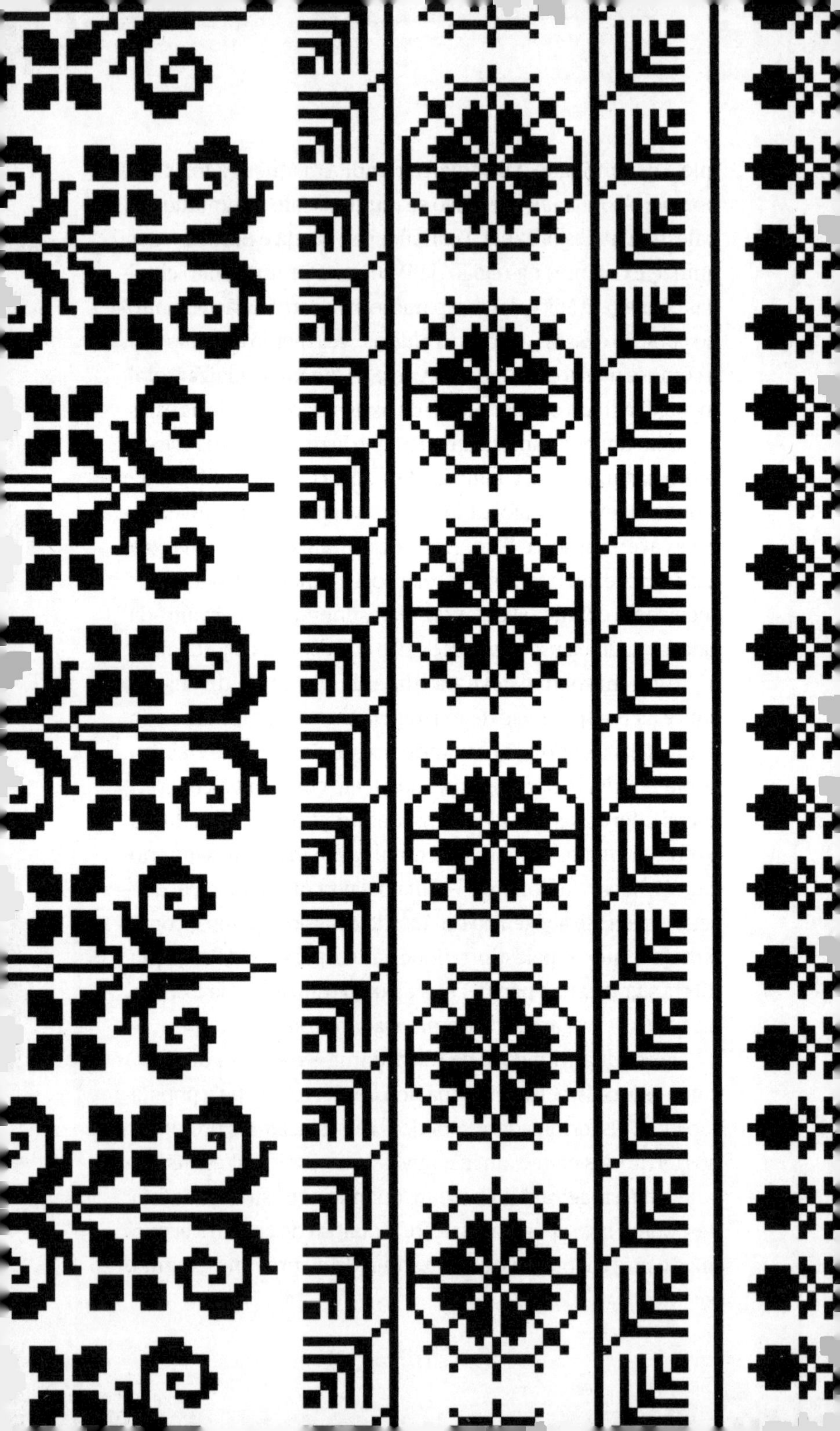

5

Recompensas econômicas e represálias punitivas

Em junho de 1967, Israel lançou as bases para uma nova realidade que perdura até hoje na Cisjordânia e na Faixa de Gaza. Naquele mês, os políticos esperavam facilitar uma transição suave também por meio de uma nova realidade econômica, que beneficiaria os novos colonizadores e apaziguaria a população nativa. A principal discussão, como veremos, girava em torno de como os novos territórios poderiam beneficiar Israel, mas o pressuposto era de que o subproduto de uma política econômica saudável também beneficiaria a população local da Cisjordânia e da Faixa de Gaza. Além disso, desde o início, os políticos israelenses trataram as necessidades econômicas dos palestinos ora como recompensa por "bom comportamento", ora como forma de punição por "mau comportamento".

A ECONOMIA DA OCUPAÇÃO

O primeiro aspecto discutido em junho de 1967 foi a dimensão econômica da ocupação, embora o debate dentro do governo não fosse precisamente econômico. A capacidade e a necessidade de criar uma nova realidade econômica foram pautadas como parte do que os israelenses chamavam – recorrendo ao imaginário distorcido da pecuária para se referir à dominação sobre os palestinos – de política de "cenoura e porrete" em relação aos habitantes da Cisjordânia e da Faixa de Gaza.

Havia outro aspecto econômico fundamental na estratégia israelense para os Territórios Ocupados. No fim de julho de 1967, as primeiras regulações econômicas e financeiras já davam indícios de que Israel tinha ambições de longo prazo para a Cisjordânia e a Faixa de Gaza. O governo decidiu que apenas a libra israelense (a lira e, mais tarde, o shekel) seria a moeda legal nos territórios ocupados pelo exército. Em seguida, houve uma intensa campanha de Israel para atrair investimentos estrangeiros e israelenses a esses territórios, e, mais tarde naquele mês, companhias israelenses foram incentivadas a usar firmas locais na Cisjordânia e na Faixa de Gaza como fachadas para exportar produtos israelenses ao mundo árabe – uma tentativa de romper o boicote comercial dos países árabes contra Israel.[1]

O imperativo ideológico era manter a dominação dos territórios; a lógica econômica era de que isso poderia custar caro demais. O auxílio estrangeiro seria necessário para minimizar gastos na criação de uma nova realidade *in loco* e acabaria ocorrendo em breve, vindo sobretudo dos bolsos dos contribuintes estadunidenses e, mais tarde, quase exclusivamente da União Europeia. Não menos importante era a necessidade de garantir dividendos econômicos na forma do monopólio israelense nos territórios, e, depois, o recrutamento de força de trabalho barata na sociedade palestina.[2]

Esse tipo de consideração indicava que jamais houve uma política "puramente" econômica ou financeira em relação aos Territórios Ocupados, e, por isso, as decisões não foram incumbidas ao ministro das Finanças, Pinchas Sapir, por mais formidável que ele fosse (ao menos na memória coletiva dos israelenses). As decisões couberam principalmente ao ministro da Defesa, Moshe Dayan. Sapir incomodava os colegas, pois parecia um dos poucos ministros que contemplavam de forma genuína uma retirada unilateral dos Territórios Ocupados. Ele ficava particularmente angustiado com a prolongada presença israelense na Faixa de Gaza. Em uma reunião de gabinete, comentou que permanecer no local era um erro devido à taxa de natalidade dos palestinos (resmungando algo sobre nenhum árabe ser confiável, com exceção dos drusos) e acrescentou: "Deveríamos nos livrar da Cisjordânia e repassá-la ao rei Hussein, se possível".[3] Do contrário, alertou, Israel precisaria integrar os palestinos ao mercado de trabalho israelense como trabalhadores igualmente assalariados. Na prática, suas opiniões não tiveram nenhum impacto no governo; mais do que isso, seu ministério implementou uma política que contradizia as ressalvas que ele sempre expressava nas reuniões de gabinete. As áreas foram anexadas economicamente e os palestinos nunca receberam salários iguais nem desfrutaram de qualquer direito ou proteção garantidos aos trabalhadores judeus. Tratava-se, na essência, de um mercado de trabalho cativo para Israel, oferecido como recompensa pelo "bom" comportamento palestino e negado durante levantes ou resistências.[4]

Assim, a anexação econômica tinha por base dois movimentos: o fluxo de produtos israelenses para dentro dos Territórios Ocupados e, na direção oposta, o fornecimento de mão de obra palestina barata para Israel.[5] O primeiro movimento era realizado imediatamente: uma transferência desimpedida de produtos israelenses foi garantida poucos dias depois de concluída a ocupação militar, através do monopólio da moeda; mas o segundo movimento demorou algum tempo para se materializar. O trânsito eficiente de mercadorias e de trabalhadores precisava do apoio da central sindical de Israel, a Histadrut, a qual, no fim de junho de 1967, já havia definido os parâmetros que permitiriam à indústria israelense, boa parte dela pertencente a essa central, dominar o varejo na Cisjordânia e na Faixa de Gaza. A Histadrut agiria – ou melhor, *deixaria de agir* – de modo igualmente eficiente para permitir que a indústria empregasse palestinos sem lhes fornecer direitos trabalhistas básicos.[6]

O PORRETE DA PUNIÇÃO

Essa política econômica tinha como objetivo básico servir como a "cenoura" da ocupação, um incentivo para que a população local cooperasse; mas o "porrete" não era primordialmente econômico: implicava um abrangente golpe na dignidade, na liberdade e, muitas vezes, na vida de uma pessoa, em resposta a qualquer ato individual ou coletivo que fosse considerado subversivo pelos novos dominadores dessa parte da Palestina.

Represálias e punições eram levadas a sério por Israel, porque alguns políticos sabiam muito bem que historicamente as ocupações costumavam enfrentar resistência. Os protocolos do governo, ao menos, indicam Yigal Allon mais uma vez como principal pensador e porta-voz dessas questões. Ele não esperava uma resistência significativa dos palestinos, por isso até imaginou permitir que constituíssem uma espécie de Estado-fantoche. Se eles "se comportassem" – em outras palavras, se aceitassem seu destino sem oferecer resistência –, Allon considerava permitir que tivessem o próprio Estado na Cisjordânia, contanto que os programas de colonização e anexação fossem concluídos. No entanto, Allon alertou que "eles [os palestinos] terão um movimento nacional", e então seria arriscado lhes oferecer um Estado que pudesse se tornar um Estado de verdade.[7] Esse passou a ser o flagelo dos sionistas liberais, sempre repetindo a pergunta retórica: por que não construímos um Estado subordinado em 1967, quando os palestinos estavam enfraquecidos e não tinham um senso claro de nacionalismo?

Moshe Dayan via as coisas de modo bem diferente. Assim como Allon, ele ganhou grande visibilidade e desfrutou de atenção e admiração públicas nos dias imediatamente após a guerra de 1967. Mas o caso de Dayan, claro, era particular, e explica sua arrogante e excessiva confiança de que nada deveria se interpor no caminho de Israel, muito menos os palestinos: ele era, afinal, o salvador da pátria, nomeado ministro da Defesa na hora decisiva da guerra de 1967 para conduzir os israelenses à vitória, substituindo o inseguro e hesitante Levi Eshkol.

Dayan disse aos demais membros do governo que não esperava que os palestinos fossem capazes de formar um movimento nacional, e com frequência se referia a eles como uma coleção disparatada de seitas religiosas (*edot*, em hebraico), e não uma comunidade única ou um povo. Era desse modo que as autoridades do Mandato Britânico se referiam à população palestina até o levante árabe de 1936: apenas como muçulmanos, cristãos ou armênios. Perceber a população local como um aglomerado de comunidades determinava a filosofia básica de Dayan. Isso lhe permitia escolher à vontade, a qualquer momento, com qual grupo de palestinos queria se comunicar. Ele tomou a frente nessa questão, reportando reiteradamente ao governo suas reuniões com os chefes dos grupos religiosos e, de forma menos frequente, com os prefeitos locais.[8]

Contudo, uma vez no Ministério da Defesa, Dayan sabia melhor do que seus colegas que os palestinos, principalmente na Faixa de Gaza, já agiam como um movimento de libertação nacional, e o exército israelense, em particular o general Ariel Sharon, canalizava todas as energias para suprimir essas tentativas iniciais de libertar os Territórios Ocupados. Com total ciência de Dayan, Sharon foi quem passou a empregar o método da punição coletiva em resposta às primeiras manifestações de resistência na Faixa. A política de Sharon incluía demolição de casas, prisões em massa sem julgamento, toques de recolher e violentas invasões de casas e barracos.

Em 2008, foi publicada na internet uma página oficial para celebrar a vida e as realizações de Sharon, a qual, em vez de ocultar seu papel em Gaza naqueles dias, louvava seus atos com orgulho:

> Sharon participa pessoalmente dessas buscas. Ele ordena aos soldados que façam revistas corporais completas em todos os homens e, às vezes, impõe toques de recolher nos campos de refugiados para conduzir uma busca. O objetivo claro da missão é encontrar e matar terroristas. Os soldados têm ordem para não tentar capturar os terroristas com vida. Sharon os orienta a serem duros com a população local, a fazerem revistas nas ruas e até a despirem os suspeitos, se necessário; a atirarem para matar qualquer árabe que esteja portando uma arma de fogo; a atirarem para matar qualquer árabe que não obedecer ao grito de "Alto!"; e a correrem menos risco empregando um grande volume de munição; a arrancarem as árvores dos pomares que dificultem a captura de terroristas; a demolirem as casas e a removerem os moradores para outras casas, no intuito de pavimentar estradas seguras.
>
> Haydar 'Abd al-Shafi, líder palestino veterano, diz: "Sharon tomou a decisão de abrir estradas no campo de Al-Shati e em Rafah, por segurança. Isso causou a remoção de casas, das casas dos refugiados, uma ação a ser levada a sério, mas não houve nenhuma objeção nem de Dayan, nem do governo israelense. Eles deixaram Sharon realizar seu objetivo, e ele realmente destruiu muitas casas de refugiados".
>
> Eli Landau, aliado político e amigo de Ariel Sharon, diz: "Ele era um oficial veterano que ia com as tropas de casa em casa, de fortaleza subterrânea em fortaleza subterrânea, de laranjal em laranjal, para explicar o que pretendia fazer. Três meses depois, Gaza estava em silêncio. O terror foi esmagado com punho de ferro, com mão cruel. Ele lançou medo em Gaza, ele era temido".[9]

O modo de agir e os detalhes da retaliação se baseavam nos métodos de contrainsurgência do exército britânico empregados contra os palestinos na revolta árabe da década de 1930; aparentemente, os novos dominadores da Cisjordânia e da Faixa de Gaza ficaram muito impressionados com essa metodologia cruel. Na época dos britânicos, esse padrão de desumanidade vigeu por três anos; na época dos israelenses, vem durando mais de meio século.[10]

Em menor escala, o exército também vinha testando as opções punitivas na Cisjordânia desde o início. Na primeira semana após a ocupação militar, aplicou-se uma política cruel de buscas por "suspeitos" do Fatah, mais como uma demonstração de força do que como movimento estratégico para minar a organização, que na época não era vista como uma força relevante. Menos de um ano depois, em abril de 1968, o Fatah cresceu significativamente como resistência, lançando uma série de ataques terroristas contra alvos civis em Israel. Como resultado, os israelenses expandiram as ações do que Ze'ev Schiff, correspondente militar do *Haaretz*, chamou de "contraterrorismo", as quais, segundo ele mesmo, "aumentam o dano causado às pessoas inocentes, mas vale a pena serem consideradas [como a política correta]".[11]

Qualquer palestino de quem os israelenses não gostassem passou a ser referido como *hashud* (suspeito) – o "árabe mau". Mesmo naqueles primeiros dias, ser "suspeito" significava ser culpado até que se provasse o contrário; um "suspeito" provavelmente podia ser preso sem julgamento e então listado em uma espécie de registro "criminal" que mais tarde o impediria de trabalhar em Israel, atravessar postos de controle, obter permissão para abrir empresa e exercer vários outros aspectos corriqueiros da vida. A única forma de evitar ou de ser removido dos registros era se tornar informante do Shabak, o serviço de segurança interna de Israel.

A principal missão das unidades de elite israelenses naqueles dias era capturar "suspeitos", mesmo que, em muitos casos, fossem civis inocentes ou meninos cujo único crime era ter atirado pedras. O exército continuou reservando as melhores unidades para operações mais significativas, como o assassinato dos líderes da OLP em retaliação ao ataque à delegação israelense nas Olimpíadas de Munique de 1972; a libertação do avião da Air France sequestrado em Uganda, em 1976; e, entre uma coisa e outra, o resgate de uma unidade de radar presa no Egito e operações similares, de natureza mais militar. Mas, depois de 1976, ser um soldado de elite das IDF significava liderar as políticas mais cruéis da ocupação.

Uma dessas unidades de elite era o comando Haruv (Alfarroba). Seu heroísmo foi celebrado em uma famosa música dos anos 1970 que liderou as paradas de sucesso em Israel. Trata-se de uma canção de amor para um soldado dessa unidade, cuja letra descreve as tarefas diárias do amado:

> Segunda e terça, ele faz reconhecimento;
> Isso é segredo e não se fala mais nisso.
> Mas podemos dizer que, pelo amor dele por Sião,
> Ele pegou muitos "suspeitos" em Shomron [Samaria, em hebraico].[12]

A brutalidade do exército israelense no início da década de 1970 fugiu à atenção da mídia ocidental, pois, supostamente, foram anos de intensas iniciativas de paz que ocorreriam em paralelo a essas ações. Tais iniciativas de paz tiveram início com a chegada de Gunnar Jarring, representante especial da ONU na região, seguido de duas missões conduzidas pelo secretário de Estado dos Estados Unidos, William Rogers. No entanto, o destino da Cisjordânia e da Faixa de Gaza era pauta muito marginal nessas agendas, que se concentravam principalmente na Península do Sinai e nas Colinas de Golã.[13]

A frenética e, em última análise, infrutífera atividade diplomática criou uma ilusão generalizada, mundo afora e dentro de Israel, de que o destino da Cisjordânia e da Faixa de Gaza ainda era negociável. Mas esse diálogo fútil garantiu a Israel imunidade para dar seguimento à divisão unilateral dos territórios de um modo que assegurasse seu controle pelas décadas seguintes.

Até aqui, vimos que, em um único mês – junho de 1967 –, foram tomadas decisões cruciais que demarcaram a possível divisão dos Territórios Ocupados em dois espaços, um "judeu" e um "árabe", com a ajuda das cunhas de colonização e de um cinturão de assentamentos judaicos. Além disso, naquele mesmo mês, testou-se uma metodologia para lidar com a resistência e prevenir futuras insurgências. Por fim, devemos observar, como faremos no próximo capítulo, que junho de 1967 foi visto como a última oportunidade de reduzir a população palestina antes de que o governo se conformasse com a ideia de que o Estado judaico controlaria doravante a vida de milhões de palestinos.

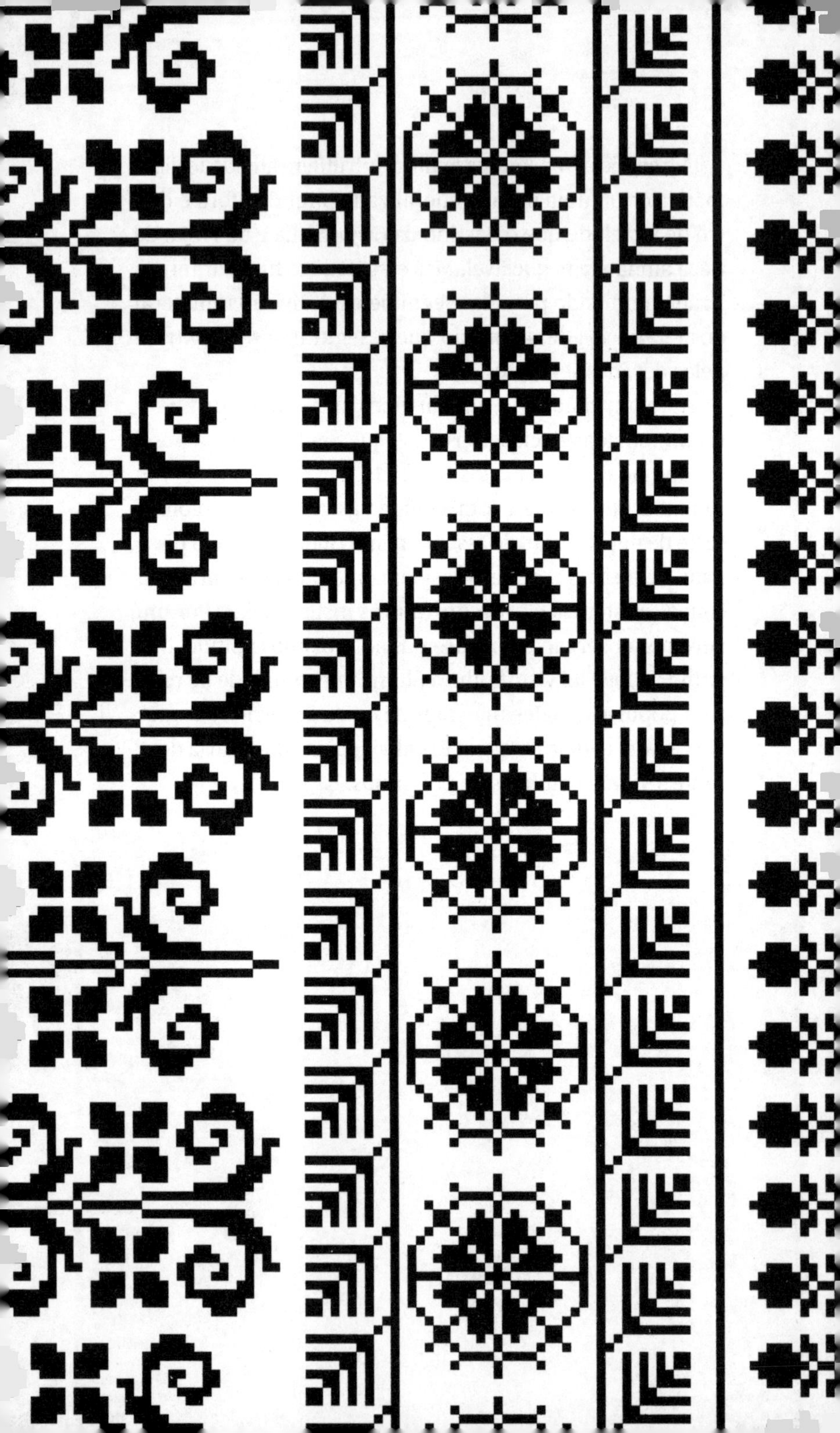

6

A limpeza étnica de junho de 1967

REDUZIR A POPULAÇÃO

Na primeira década da ocupação, a política do Partido Trabalhista israelense adquiriu um viés ainda mais sinistro. Antes de 1967, o projeto colonial de assentamento do sionismo, tal qual outros projetos similares, deslocou e substituiu a população nativa. Não havia motivo para não contemplar e até implementar esse método também depois de 1967. Conforme menciono no prefácio deste livro, a limpeza étnica em larga escala[1] foi descartada em razão de circunstâncias particulares que se desenvolveram após a guerra.

Embora se tenha decidido por não repetir as expulsões em massa de 1948, Israel realizou operações de limpeza étnica nas áreas ocupadas em 1967, baseando-se na percepção de que era um modus operandi viável e de que era oportuno mirar a redução populacional no imediato pós-guerra, ou seja, antes que a poeira baixasse e antes do início do "processo de paz".[2] O primeiro grupo atingido foi o dos moradores do antigo Bairro Judeu da Cidade Velha de Jerusalém; eles receberam ordens de deixar o bairro, e, em 18 de junho de 1967, aqueles que não haviam saído voluntariamente foram expulsos à força. Eis como o *Haaretz* reportou esse fato naquele dia (nas páginas internas, diga-se): "Muitos árabes que moravam no Bairro Judeu receberam ordens de deixar suas casas [...], muitas mulheres, crianças e homens foram vistos saindo do bairro com seus pertences. Levavam roupas e mobília nos ombros. A maioria é de refugiados de 1948 ou seus descendentes".

Não se deve interpretar o texto citado como um lamento ou sinal de compaixão; trata-se de uma reportagem "objetiva". Esse relato passou despercebido pelo chefe dos correspondentes militares do jornal, que se ateve à linha de propaganda do governo de negar todas as ações desse tipo e descreveu uma fuga massiva e "voluntária" de palestinos deixando Jerusalém pela semidestruída Ponte Allenby sobre o Rio Jordão. Esse discurso ambíguo se tornaria uma característica da mídia israelense: correspondentes *in loco* reportam uma realidade de crimes e abusos, enquanto o texto editorial sobre os mesmos eventos os descreve como atos de autodefesa, como políticas benignas. Israelenses mais críticos e introspectivos perceberam essas falácias, mas a prática perdura até hoje; foi utilizada largamente, sobretudo durante a Segunda Intifada, como bem expõe o livro de um ex-editor do *Yedioth Ahronoth*, um dos mais importantes diários de Israel.[3]

Diplomatas e jornalistas estrangeiros demonstraram certa preocupação com a expulsão de palestinos da Cidade Velha, e criou-se um padrão excessivamente familiar. Mentiras gritantes eram ditas sem pestanejar. Instantaneamente se desenvolveu uma novilíngua. Por exemplo, Chaim Herzog, governador-geral de Jerusalém e, mais tarde, presidente de Israel, falava do desejo dos palestinos de se reunirem com suas famílias na Jordânia. Ao mesmo tempo, o *Times* de Londres e alguns membros do Parlamento britânico já discutiam a eclosão de um novo problema com refugiados. Como em 1948, notícias preocupantes sobre refugiados palestinos não eram levadas a sério: os governos do Ocidente ignoravam esses relatos intocados, que sequer eram mencionados em seus diálogos recorrentes com o Estado judaico.[4]

Tudo agora parecia possível, e Yisrael Yeshayahu, ministro dos Serviços Postais, representante dos judeus iemenitas no governo (liderando um partido que havia sido incorporado ao Partido Trabalhista para garantir os votos dos iemenitas), quis fazer justiça poética. Chegou a seu conhecimento que os palestinos expulsos da Cidade Velha por Dayan e Herzog estavam sendo realocados em Silwan, aldeia palestina na vertente sudoeste da Cidade Velha. Yeshayahu alegou que judeus iemenitas haviam vivido lá até 1934, mas fugiram devido à crescente tensão com os palestinos na Jerusalém do Mandato Britânico. Ele queria, portanto, que esses judeus fossem assentados em Silwan em vez dos palestinos expulsos; em outras palavras, expulsar os expulsos novamente.[5]

É preciso mencionar que Yeshayahu entendeu a história de modo equivocado. Essa bela aldeia nas encostas ao sul que se afastam da Cidade Velha em direção ao deserto da Judeia sempre foi um local de moradia de palestinos – por séculos, talvez mais. Os colonos judeus iemenitas habitavam um lugar próximo ao que acreditavam ser a localização de Siloé ou Shiloah, a fonte de água de Jerusalém mencionada na Bíblia – mas essa parte da história, evidentemente, era intangível. Eshkol prometeu a Yeshayahu que verificaria a possibilidade de criar ali um centro judaico.[6] Isso nunca aconteceu. No entanto, em anos mais recentes, com as bênçãos do governo, os judeus começaram a se assentar em Silwan, encontrando firme resistência dos aldeões. A presença de colonos judeus e uma política sistemática de demolição de casas ainda não lograram despovoar esse bastião palestino.

Em 19 de junho de 1967, a direção da UNRWA na Jordânia relatou ter recebido cem mil novos refugiados vindos da Cisjordânia – a maioria deles, refugiados pela segunda vez:[7] tiveram que fugir em 1948 e estavam sendo expulsos novamente por Israel em 1967. Muitos outros se somariam a esses enquanto o governo começava a assentar judeus para substituí-los na área da Grande Jerusalém. Dayan disse ao *Haaretz* que os cem mil que saíram, em suas palavras, não teriam permissão de voltar, como se fossem inimigos do Estado de Israel.[8]

A magnitude dessas expulsões pode ser deduzida dos relatos colhidos na Jordânia. Já em 19 de junho, eles indicaram que o governo local precisou construir novos campos de refugiados para lidar com o influxo de palestinos expulsos. Por fim, dentro de um ano, sete novos acampamentos foram erguidos na Jordânia – Souf, Baqa'a, Husn, Irbid, Jerash, Marka e Taibeh – para acomodar tanto os novos refugiados quanto os muitos desterrados de 1948, que viviam nos três campos mais antigos da região. Os novos acampamentos receberam 250 mil palestinos.[9]

Assim como a Cisjordânia, a Faixa de Gaza também experienciou uma combinação de despovoamento e colonização como formatadores iniciais de uma nova realidade geopolítica, porém em menor escala. Levou um pouco mais de tempo para o padrão da colonização israelense ganhar forma na Faixa, mas a construção de uma infraestrutura de controle implicou a expropriação de terras e a transferência das pessoas mesmo antes do fim de 1967. Ainda em junho, centenas de palestinos foram expulsos à força para o Egito pelo exército israelense.[10]

A discussão sobre Gaza tomou apenas uma pequena parte das reuniões do governo. A maioria das consultas foi dedicada ao destino dos campos de refugiados na Cisjordânia como um todo, mas a mesma abordagem e o mesmo método foram aplicados em Gaza. Os ministros pareciam convencidos de que o poderoso Israel poderia enviar e reassentar esses refugiados quando e onde quisesse – o Iraque foi escolhido como destino preferido (tal qual em 1948). No entanto, Yaakov Shimshon Shapira, ministro da Justiça, rejeitou a ideia: "Eles são residentes deste país, não se pode levá-los para o Iraque. Quando a Jordânia controlava a Cisjordânia, era diferente".[11] Em outras palavras, em 1948, tinha-se o direito de expulsá-los da "Palestina" para a "Cisjordânia"; ele não acreditava que a expulsão em massa fosse uma opção em 1967 como havia sido em 1948. Algo havia mudado na elite política israelense. Em 1948, nenhuma voz fazia objeção à limpeza étnica. Em 1967, porém, não era uma pequena cabala que discutia a limpeza étnica, mas um gabinete ministerial unificado.

Mesmo assim, as pessoas foram expulsas da Faixa de Gaza, ainda que em menor escala. Essas operações não se limitaram a despejar pessoas de suas casas, mas, como em 1948, incluíram outras atrocidades e brutalidades, como descrevi anteriormente. O repertório de barbaridades era repetido sempre que os palestinos rejeitassem o modelo de prisão aberta oferecido por Israel. Na novilíngua desse século, as elites militar e política israelenses chamariam isso de *banco ha-matarot*, o "banco de alvos". Deixo ao leitor a interpretação dessa metáfora peculiar.

As discussões do gabinete ministerial em 25 de junho são particularmente reveladoras. É irônico que, nessa mesma data, o governo israelense tenha decidido, afinal, manter os refugiados da Cisjordânia em seus acampamentos. Dispomos de pouquíssimas outras fontes que registram a desumanidade que explodiu naqueles primeiros dias, tanto em Gaza quanto na Cisjordânia. As organizações de direitos humanos que coletam engenhosa e fielmente essas evidências só entrariam em cena muito mais tarde, e os palestinos, naqueles dias, não escreveram livros e artigos sobre o início da ocupação, de modo que as atas do governo são uma fonte importante e quase exclusiva (assim como o relatório da ONU de 1971) a respeito dessas políticas criminosas.

Do tesouro dos arquivos do governo israelense e da ONU, destacam-se cinco casos horrendos: a massiva demolição de casas em Qalqilya; a deportação de um grande número de pessoas de Tulkarm; a deportação em massa de cerca de cinquenta mil pessoas da área de Jericó; a destruição de três aldeias em Latrun; e, por fim, a demolição de duas aldeias em Hebron. Além disso, outros povoados foram evacuados, como Beit Awa, com 2.500 moradores, e Beit Mirsim, com uma população de quinhentas pessoas. Essas e outras atrocidades estão listadas em um único relatório publicado pela secretaria-geral da ONU em outubro de 1971. Trata-se do resultado de um comitê especial criado para investigar as violações de direitos humanos cometidas pelos israelenses, as quais incluíam deportação, anexação, colonização, demolição de casas e "erradicação de aldeias". Ou seja, quatro anos depois de iniciada a ocupação, as Nações Unidas acumularam evidências suficientes para considerar necessário resumi-las em um relatório, que foi intitulado "Report of the Special Committee to Investigate Israeli Practices Affecting Human Rights of the Population of the Occupied Territories" [Relatório do comitê especial para investigar as práticas israelenses que afetam os direitos humanos da população dos Territórios Ocupados].[12]

O consulado dos Estados Unidos em Jerusalém relatou a expulsão de sete mil palestinos de Tulkarm, e a ONU informou que, sob ordens de Dayan, 850 das 2.000 casas de Qalqilya foram intencionalmente demolidas.[13]

"A destruição que desencadeamos em Qalqilya pode nos destruir, deveríamos mudar nossa conduta", respondeu o diretor-geral do Ministério das Relações Exteriores quando a questão foi discutida pelo governo pela primeira vez.[14] Ele costumava dirigir frases assim a Dayan, que muitas vezes o ignorava. Como diplomatas e jornalistas estrangeiros continuaram fazendo perguntas sobre a demolição de casas em Qalqilya, a única coisa que Dayan se mostrou disposto a dizer na reunião ministerial foi que não se sabia ao certo quem dera a ordem para demolir as casas, e que Yitzhak Rabin, general-chefe do estado-maior, estava apurando o caso. Era possível, segundo Dayan, que metade das casas de Qalqilya tivesse sido destruída – nesse caso, a cidade estaria agora vazia. Ele admitiu ainda que isso também havia ocorrido em outras partes da Cisjordânia, como nas aldeias da área de Latrun. No total, naquele momento de junho de 1967, Dayan estimava que havia vinte mil refugiados em decorrência das políticas de despejo israelenses.[15]

Não se sabe ao certo por quê, mas, nessa reunião em particular, o ministro da Defesa estava um tanto desconcertado (a julgar pelos registros lacônicos) e irritado com as críticas que recebeu. Talvez um questionamento mais incisivo de um de seus colegas ou algum tipo de mecanismo de defesa interno tenha levado Dayan a dizer: "Veja, não executamos ninguém, não estupramos ninguém, e alguns deles [palestinos] não terão permissão de voltar porque tratou-se de uma guerra".[16]

Em Qalqilya, explicou ele, houve uma ação punitiva em resposta a disparos de franco-atiradores contra soldados israelenses. Quanto aos relatos de jovens desparecidos em Tulkarm, Dayan mais uma vez só se mostrou disposto a se concentrar na questão de "quem fez" e disse que ainda não sabia qual unidade havia sumido com essas pessoas. Os jovens palestinos – cerca de quarenta, nas estimativas de Dayan – foram conduzidos para um campo de prisioneiros em Atlit, uma ex-aldeia palestina de 1948 ao sul de Haifa que se tornara um assentamento judaico.[17]

Sem querer, ele admitiu que mil jovens palestinos haviam sido sequestrados em toda a Cisjordânia. Eles seriam devolvidos após interrogatório, garantiu aos demais os ministros. Assim, desde os primeiros dias da ocupação, já se podem ver os infindáveis procedimentos de prisão sem julgamento e pelo tempo que as forças de segurança considerassem necessário. A vantagem de dominar sem qualquer escrutínio ou supervisão internacional se tornou óbvia tanto para Dayan quanto para as pessoas que o sucederam no cargo, exercendo absoluto poder sobre os palestinos: Rabin, Sharon, Mofaz, Ben-Eliezer e Ya'alon, para mencionar apenas alguns.

Essas primeiras reuniões ministeriais deixaram claro para Dayan que os carcereiros da megaprisão criada por Israel em 1967 eram onipotentes. Ele informou seus colegas de governo de que o exército não exatamente aguardava instruções. Mas havia limites até mesmo nesse novo feudo. Dayan disse aos ministros que permitiu ao povo de Qalqilya voltar para casa por causa da presença da ONU no local. Como sabemos, porém, a partir desse momento a presença de emissários internacionais já não inibiria o exército de realizar qualquer ação que julgasse necessária.[18]

A política de Dayan teve apoio governamental. E ele logo informou à imprensa sobre a decisão de não permitir o repatriamento dos cem mil refugiados da Cisjordânia que estavam na Jordânia. Com isso, quebrou a promessa de não divulgar a política de antirrepatriamento, compromisso que ele mesmo havia feito com o diretor-geral do Ministério das Relações Exteriores na reunião. No dia seguinte, o ministro da Educação protestou: para ele, essa era uma interpretação muito liberal de uma decisão do governo que pretendia lidar mais com a permissão ao exército de encorajar a saída de palestinos do que com a proibição de seu retorno. Dayan não acreditava estar errado, e seus colegas tiveram de reafirmar publicamente sua interpretação da nova política governamental.[19]

Os eventos em Qalqilya foram menos importantes no contexto da estratégia geral israelense de ação punitiva, e seriam discutidos dentro de uma perspectiva mais ampla e assustadora. Cada uma dessas ações localizadas fazia parte de uma tentativa sistemática do governo israelense, nos primeiros anos da ocupação, de reduzir o número de palestinos no território. Eis por que as duas questões da ação punitiva e da transferência forçada sempre foram discutidas em conjunto nas reuniões do governo, no fim de junho de 1967. O primeiro-ministro Eshkol via a redução da população palestina em Qalqilya ou Tulkarm não como uma tática de retaliação, mas como resposta à preocupação com o equilíbrio demográfico das cidades e dos assentamentos judaicos da região. Os colonos judeus nos kibutzim próximos a Qalqilya convenceram Eshkol de que 1967 oferecia uma oportunidade de ouro para se livrar do povo daquela cidade. "Nós deveríamos obrigá-los a sair. Não vai haver boas relações entre nós e eles", explicou a seus ministros, ponderando se um acordo voluntário convenceria a população local a ir embora.

Pinchas Sapir, então ministro das Finanças, rejeitou essa abordagem insensível: Qalqilya ficava muito perto de Israel e, provavelmente, ia se tornar parte de Israel mais cedo ou mais tarde; a transferência das pessoas dali não teria nenhum impacto no equilíbrio demográfico (pois não se tratava de uma comunidade de tamanho considerável): "Será muito barulho por nada", alertou.[20]

Qalqilya não foi, afinal, significativamente despovoada, mas outras aldeias não tiveram tanta sorte. As três localidades nos arredores de Latrun – Beit Nuba, Imwas e Yalo – foram as mais atingidas. Os moradores acabaram expulsos em 7 de junho, com vistas a remover a presença palestina nos arredores de uma nova estrada, a Rodovia 1, que ligaria Tel Aviv a Jerusalém. Há um filme raro que retrata a destruição de Beit Nuba, com testemunhas oculares de ambos os lados.[21] Hoje em dia, quem dirige por essa estrada e atravessa uma das mais impressionantes paisagens palestinas pode apenas imaginar a beleza das aldeias que um dia rodearam o impressionante Mosteiro dos Monges Silenciosos, construído no século XIX nesse antigo vale entre as montanhas e o mar. Mais de dez mil pessoas viviam nessas três aldeias. Elas foram desalojadas no mesmo dia da ocupação, e suas casas, destruídas ao longo dos três dias seguintes.

Marie Thereze, uma freira católica, escreveu no jornal de sua igreja: "Eis o que os israelenses não querem que vejamos. Três aldeias sistematicamente destruídas por dinamite e tratores".[22] Ela relata que os moradores foram obrigados a sair às pressas, impedidos de levar qualquer coisa consigo. As lavouras foram abandonadas no meio do trabalho, e ela pôde ver os "tratores dos kibutzim da região rapidamente cultivarem as terras das aldeias". Um jornalista israelense, Amos Kenan, também testemunhou essa expulsão, mas seu relato só foi publicado no *Haaretz* trinta anos mais tarde. Na época, Kenan era um dos soldados que participaram da demolição de Beit Nuba. Segundo ele, "disseram que as três aldeias tinham de ser destruídas por razões estratégicas, e também como vingança por terem sido bases de onde partiram ataques terroristas no passado, e que potencialmente o seriam no futuro".[23]

Os derradeiros momentos de Beit Nuba voltam à vida nos escritos bem articulados de Kenan, que viria a se tornar um dos principais romancistas de Israel nos anos seguintes:

> Elegantes casas de pedra, pomares de árvores frutíferas ao redor de cada casa – oliveiras, pessegueiros e videiras –, e, ao lado delas, cedros. Todos os pomares bem cultivados e conservados [...]. Pela manhã, o primeiro trator chegou e demoliu a primeira casa. Em dez minutos, a casa, o pomar e as árvores tinham desaparecido. A casa e o que havia dentro dela foram destruídos [...]. Depois que a terceira casa foi destruída, o comboio dos refugiados começou a se encaminhar para Ramallah.[24]

As três aldeias pitorescas estão hoje ocultas pelo Canada Park – um pinheiral plantado após a limpeza étnica de 1948, como forma de cobrir aquelas atrocidades –, e parte da terra de Beit Nuba compõe hoje uma nova colônia, chamada Beit Horon.

CRÍTICAS INTERNAS

A expulsão dos palestinos de Beit Nuba, Imwas e Yalo foi discutida pelo governo israelense. Mordechai Bentov, ministro socialista filiado ao Mapam, assumiu uma posição excepcional e implorou a Dayan que permitisse o retorno dos moradores de Latrun: "Eu soube que eles não estão muito longe, em Ramallah". Dayan e o ministro do Interior alegaram que, se o governo oferecesse reassentá-los em outro lugar, já seria suficiente. Um por um, os ministros se posicionaram ao lado de Dayan e, retroativamente, aprovaram a expulsão das três aldeias na área de Latrun.[25]

Igualmente infelizes foram os 65 mil palestinos que viviam na área de Jericó. Quase todos acabaram expulsos. Eram refugiados de 1948, residiam em acampamentos da UNRWA, e só podemos imaginar o trauma e a dor de experimentarem a mesma catástrofe menos de vinte anos depois. O destino deles também foi pauta da reunião ministerial, pois a imprensa estrangeira, é claro, não poderia deixar de notar aquele despovoamento massivo. Dayan alegou que havia sido uma "fuga voluntária" – um eufemismo israelense familiar para a limpeza étnica de 1948, na qual ele mesmo desempenhara um dos papéis principais. A censura removeu das atas uma reflexão posterior em que Dayan refina essa refutação categórica. Ele começava explicando que os refugiados palestinos de 1948 nas áreas ocupadas dividiam-se em três categorias: os que saíram voluntariamente, os que ficaram e os que "nós obrigamos a sair"; o restante de sua reflexão desaparece na borracha do censor.[26]

Os ministros concordaram que, no fim das contas, o despovoamento de Jericó devia mesmo ter sido uma fuga voluntária, pois, diferentemente de 1948, eles não haviam decidido de fato por uma expulsão em massa. Mais uma vez, foi a voz da consciência manifestada por Bentov que impediu que o governo ignorasse a questão tão facilmente. Ele citou o novo governador-geral de Jerusalém, Chaim Herzog, que estimava uma saída diária de mil palestinos da cidade. O exército admitiu que nem sempre se tratava de uma "fuga voluntária", mas, muitas vezes, de uma debandada provocada pela pressão militar das forças israelenses. "Um comandante se gabou de ter intimidado tanto a população sob seu controle que a área foi totalmente esvaziada", disse Bentov aos ministros, acrescentando que não achava difícil acreditar nisso, pois havia testemunhado pessoalmente o exército expulsando a população das Colinas de Golã.[27] Bentov fez uma rara exigência: a repatriação de todos os palestinos que haviam deixado a Cisjordânia e o fim das expulsões. Essas palavras são uma expressão poderosa de seu calibre moral. Em certa medida, depois de 1968, a maioria de seus amigos no topo do poder concordaria com ele, não por questões morais, mas pelo fundamento prático de que não havia mais necessidade de expulsões em massa. Eles encontraram uma fórmula diferente para garantir a pureza étnica do Estado judaico: conter os palestinos em suas próprias áreas como "moradores", não como cidadãos.

Os estrategistas israelenses descobriram que, se quisessem implementar a limpeza étnica por outros meios, poderiam apenas impedir que as pessoas saíssem dos locais onde viviam, de modo que podiam ser excluídas do equilíbrio demográfico de poder. Os palestinos viveriam retidos nas próprias áreas, mas não precisariam ser contabilizados pela demografia nacional geral, pois não poderiam se deslocar, se desenvolver ou se expandir livremente, assim como não possuiriam nenhum direito civil ou humano básico. Glenn Bowman tem uma palavra para essa estratégia: enquistamento. Trata-se de encapsular alguma coisa dentro de um cisto, e aqui as comunidades palestinas foram cercadas por territórios sobre os quais Israel reivindicava soberania.[28]

Bentov não estava sozinho nessa ocasião. Abba Eban foi até mais incisivo em sua crítica à conduta do exército, enfrentando diretamente o primeiro-ministro:

> Gostaria de trazer uma questão à atenção do governo. A imprensa internacional tem publicado histórias de terror sobre a dimensão dessa fuga da Cisjordânia e sobre o terrível sofrimento que tem causado. Como essas descrições também apareceram na nossa imprensa, suponho que seja um retrato preciso. O pior parece ocorrer dentro dos territórios que nós ocupamos. Israel é retratado na comunidade internacional e entre os judeus do mundo inteiro como condutor de uma política imoral e desumana. A questão não é o modo como apresentamos essa política, mas a prudência do conteúdo dessa política em si.[29]

Pressionado por Eban, Dayan disse: "Posso confirmar que cinquenta mil refugiados saíram de Jericó"; e eles terão permissão de voltar, completou Eshkol.[30]

É difícil se livrar de velhos hábitos: como muitos dos comandantes do exército eram veteranos da limpeza étnica de 1948, eles aparentemente recorriam aos mesmos métodos de então, quando ocuparam e destruíram inúmeras aldeias palestinas. Dayan precisou emitir uma ordem especial para que o exército parasse de dinamitar os povoados evacuados – prática comum em 1948, que tinha como objetivo impedir o retorno dos moradores a suas casas. Os ministros sionistas de esquerda do Mapam, um movimento bastante ativo na limpeza étnica de 1948, reapareceram em 1967 com pruridos morais e uma consciência que não tiveram outrora. Eles sentiam, como disseram ao primeiro-ministro, que representavam no governo os membros dos diversos kibutzim localizados perto das aldeias da Cisjordânia. Um deles relatou a Dayan que os membros "perplexos" dos "nossos kibutzim", como o kibutz Nachshon, no Vale de Latrun, ficaram espantados ao descobrir que aldeias com as quais tinham relações cordiais haviam sido despovoadas à força. Dayan reforçou que concordava com o consenso do governo contra as expulsões em massa e insistia que elas representavam exceções não autorizadas, o que foi relativamente aceito pelos ministros. Mas o liberal Moshe Kol, da pasta do Turismo, observou que, independentemente da posição do governo, a imprensa estrangeira dava a impressão de que Israel havia provocado um novo problema envolvendo refugiados.[31]

Essas ressalvas manifestadas nas reuniões do final de junho seriam as últimas do tipo. Para muitos ministros, a principal preocupação era o grande número de refugiados de 1948 dentro dos Territórios Ocupados. Yaakov Shimshon Shapira, o ministro da Justiça, disse: "Deveríamos estabelecer um ministério para os refugiados, com o propósito de encorajar a emigração [...], especialmente dos elementos mais jovens, porque eles são muito perigosos, são os piores".[32] Shapira defendeu que os israelenses deveriam exigir o "direito exclusivo de resolver a questão". Contudo, concordava com Bentov quanto aos cem mil que "saíram"; em suas palavras: "Não podemos repetir a política [antirrepatriamento] de 1948 [...]. Deveríamos dar a eles um mês para voltar; se cinco mil voltassem, não seria um grande problema e o mundo teria uma imagem diferente de nós".[33]

Nem todos concordaram. Yisrael Yeshayahu, ministro dos Serviços Postais, fez objeção ao repatriamento. Haim Moshe Shapira, ministro do Interior, sugeriu permitir o repatriamento apenas para os que foram expulsos, mas o ministro da Justiça não concordou com esse tipo de distinção. Bentov, muito consciente do funcionamento do pensamento militar em Israel na época, enfatizou que o único modo de garantir a interrupção das operações entre os militares entusiastas da expulsão seria informá-los de que todos os palestinos expulsos teriam permissão de voltar.

Dayan também não conseguiu desistir por completo de seu desejo de reduzir a população palestina. Ele foi contrário ao repatriamento e se perguntou quão terrível seria se o exército expulsasse um ou outro palestino: "Esse é um bom processo; nós os convencemos a sair, damos transporte, e os carros da Jordânia ficam esperando por eles do outro lado".[34]

O problema, disse Menachem Begin, era que a coisa não funcionava exatamente assim. Segundo noticiou o *Times* de Londres, Begin havia afirmado que, em quase todos os casos, o exército disparava para o alto quando as pessoas estavam saindo de suas casas. Isso, insistiu ele, precisava acabar. Dayan defendeu os militares, afirmando que, na maioria das vezes, os soldados "ajudavam" as pessoas a atravessar (para o outro lado do Rio Jordão). "Nós dois estivemos lá e vimos", disse ele, virando-se para o ministro do Turismo, Moshe Kol, que concordou; porém, diferentemente de Dayan, objetou: "Mas foi chocante...", e se deteve. Será que ele queria dizer que era melhor quando agiam barbaramente, atirando para encorajar as pessoas a saírem, em vez de fingir ajudá-las? Jamais saberemos. O que sabemos é que a transferência forçada de pessoas gerou inquietação no governo. Os ministros liberais e socialistas ainda estavam ansiosos para apregoar o mito da fuga voluntária. Talvez pudessem pedir a ajuda da UNRWA na "transferência", sugeriram. Dayan foi veementemente contrário. Haim Moshe Shapira, ministro do Interior, não gostou daquilo que considerou uma discussão desnecessária. "As pessoas saíram porque nós as forçamos a sair", insistiu ele. "Por acaso queremos adotar uma política segundo a qual, se os palestinos ficarem quietos, eles poderão ficar?"[35] Este era de fato o cerne da questão: os direitos humanos mais elementares, protegidos pelo direito internacional, dependiam da aprovação israelense por meio do enigmático termo "bom comportamento". Em qualquer parte do mundo, essa relação só existia em um único lugar: na prisão moderna.

Mas Dayan não desistiria tão fácil. Aparentemente, em retrospecto, sua principal "realização" foi transformar as tentativas de solucionar o problema dos refugiados de 1948, as quais ocorreram na primeira reunião de junho de 1967, em um debate a respeito de quantos desses refugiados na Cisjordânia e na Faixa de Gaza deveriam ser expulsos outra vez. Ele já havia estabelecido com sucesso uma política de expulsão ainda antes dessa reunião em particular, que, segundo ele, forneceria o equilíbrio correto entre a impossibilidade da expulsão em massa e a necessidade de reduzir a população palestina nos Territórios Ocupados. Dayan também não desejava a expulsão em massa, mas se recusava a reverter a limpeza étnica que já ocorrera depois do fim da guerra de 1967 adotando uma política de repatriamento. Nenhum governo israelense no futuro se dedicaria a uma discussão abrangente sobre os refugiados de 1948, com exceção de uma breve e fracassada tentativa, conduzida por Yossi Beilin, que, quando foi ministro no governo de Ehud Barak, em 2000, buscou modificar ligeiramente a inflexível política antirrepatriamento de Israel.

Naqueles dias de junho de 1967, a imprensa internacional, por outro lado, estava repleta de promessas vazias feitas por diplomatas israelenses que declaravam furiosamente seu desejo de compor um consórcio internacional com as potências ocidentais para reassentar os refugiados. Dayan, o típico mapaynik (isto é, alguém que seguia o exemplo de Ben-Gurion na manipulação da opinião pública nacional e internacional), estava, nesse ínterim, executando medidas concretas nos territórios. Sentia-se particularmente orgulhoso da política iniciada por ele e Chaim Herzog de estimular as pessoas a saírem "voluntariamente", em troca de dinheiro. Assim, quando o primeiro-ministro Eshkol hesitou ("Mas podemos ter certeza de que, em 99% dos casos, não os estamos pressionando?"), ele respondeu: "Claro. Agora está nas mãos dos prefeitos de Hebron, Nablus, Jenin e Belém". E sugeriu que eles seguissem o exemplo de Jerusalém: "Há sempre um ônibus [em Jerusalém] parado perto do Portão de Nablus até estar lotado de passageiros [...]. Recentemente tem ocorrido algo maravilhoso: mil palestinos vão embora todos os dias".[36] Por que os prefeitos eram tão importantes? Dayan explicou: "O melhor é quando conseguimos que a pessoa assine um termo dizendo que está saindo de bom grado; a segunda melhor situação é quando o prefeito assina por ela".[37]

A resistência um tanto patética dos ministros liberais e socialistas desse governo pode ser percebida na reação de Bentov. Ele começou se referindo diretamente à opção do ônibus como desumana, mas, talvez temendo Dayan, rapidamente acrescentou: "Só estou sugerindo que paremos com isso por algum tempo, de forma que não haja nada para [a imprensa estrangeira] fotografar". Isso deu uma ideia ao diretor-geral do Ministério das Relações Exteriores, que exclamou: "Podemos organizar um tour para a Cruz Vermelha!". Dayan sempre detestou essa ideia e relatou aos ministros que a Cruz Vermelha já havia feito esses passeios, mas o exército os interrompeu, porque a organização internacional infringira as regras. Na verdade, o ministro da Defesa estava furioso com as tentativas de interferência da Cruz Vermelha, e convenceu o governo a impedir que a organização humanitária tivesse qualquer envolvimento nos assuntos relativos às pessoas da Cisjordânia e da Faixa de Gaza. Ordenou que seus representantes fossem impedidos de circular pelas pontes do Rio Jordão que conectavam a Cisjordânia à Jordânia, principais canais de remoção de palestinos.

Sob orientação de Dayan, o governo rejeitou as exigências da Cruz Vermelha – que seguiam a Convenção de Genebra, da qual Israel era signatário – de distribuir alimentos para a população, de protegê-la contra a expulsão e de supervisionar a aplicação das leis pré-ocupação. Yosef Tekoah, consultor jurídico do governo, confirmou que tudo isso de fato estava de acordo com a letra e o espírito da Convenção de Genebra. Mas Tekoah partilhava da preocupação de Dayan, e explicou que a aplicação da convenção em relação à Cisjordânia e à Faixa de Gaza significaria que Israel teria de reconhecer a soberania da Jordânia e do Egito nessas regiões.[38] Nenhum ministro estava disposto a correr esse risco. Para eles, só havia – e só há – um Estado soberano: Israel. Nada modificaria isso nos anos seguintes, nem a resolução da Assembleia Geral da ONU de dezembro de 2012 que garantiu à Palestina o status de Estado Observador nas Nações Unidas.

Ao longo das reuniões de junho de 1967, Dayan desdenhou de qualquer reclamação vinda da Cruz Vermelha – ou, a bem dizer, de qualquer fonte que não fosse ele mesmo. Assim, recusou-se até mesmo a responder à preocupação do ministro da Educação, Zalman Aran: "O que estamos fazendo no Túmulo de Abraão [Maarat Hamachpela, em hebraico, também conhecido como Caverna dos Patriarcas] em Hebron é escandaloso! Os muçulmanos mantiveram o local em condições muito melhores do que nós".[39]

Por fim, de acordo com fontes da ONU, Israel expulsou quase 180 mil palestinos nos primeiros dias após a guerra de 1967.[40] Ao resumir esse período da limpeza étnica da Palestina, quero retomar alguns planos que não foram executados, sobretudo um deles, que, infelizmente, ainda pode ser relevante no futuro, caso Israel mantenha o poder, a vontade ou a necessidade de despovoar massivamente a população ocupada no intuito de satisfazer aquilo que considera exigências estratégicas e existenciais – ou seja, a ideia de transferir as pessoas da Faixa de Gaza, ou ao menos seus refugiados, para a Cisjordânia.

A proposta foi mencionada a sério pela primeira vez em julho de 1967 por um dos oficiais veteranos mais respeitados do exército, Mordechai Gur, convidado pelo governo para apresentar seu plano. Ele propôs absorver os refugiados de Gaza na Cisjordânia:

> Precisamos criar as circunstâncias que induziriam as pessoas a partir. Precisamos pressioná-las de um modo que não as faça resistir, mas desistir. Isso deveria ser encorajado entre refugiados e residentes permanentes, para que sintam que não há esperança na Faixa [de Gaza] no aspecto agrícola [...]. Além disso, quando a UNRWA terminasse o novo recenseamento, ficaria claro que eles não teriam alimentos suficientes para os refugiados [...]. Essas coisas poderiam ter graves implicações de segurança [...]. Deveríamos congelar todos os desenvolvimentos ali [a fim de encorajar a transferência].

Essa remoção voltou a ser aventada em novembro de 1967. Yosef Weitz, chefe do Departamento de Assentamentos da Agência Judaica, escreveu no *Davar*, jornal oficial do Partido Trabalhista no poder (na época ainda Mapai), sobre uma proposta de "transferir" (essa foi a palavra usada por ele) os refugiados de Gaza para a Cisjordânia. Ele foi então convidado pelo primeiro-ministro para discutir a ideia. O governo considerou seu plano, e ele foi apoiado pelo diretor-geral do Ministério da Agricultura: "Podemos transferir um grande número [de refugiados] para o Vale do Jordão". O coronel Shlomo Gazit, funcionário militar que coordenava as políticas do governo nos Territórios Ocupados, sugeriu um processo mais seletivo e gradual, que não incluísse a todos e que poderia acarretar a retirada definitiva dessas pessoas: "Levá-las para o Vale [do Jordão] pode fazer com que se desloquem para o leste; deveríamos criar uma atmosfera de transferência populacional". O consultor jurídico para a ocupação, Zvi Dinstein, completou: "Deveríamos transferi-las para locais onde elas podem ter trabalho [...]. A principal questão é: podemos transferir abertamente uma população?". Não há registros da resposta a essa pergunta. Parece que não era possível empreender tal operação abertamente, por isso esse esquema em particular fracassou.[41]

Assim, uma população palestina considerável permaneceu nos Territórios Ocupados, e, quando findou o mandato do 13º governo israelense depois da guerra, o destino da Cisjordânia e da Faixa de Gaza – e de seu povo – passou a depender do Mapai, o Partido Trabalhista, que os dominaria pelos dez anos seguintes.

7

O legado trabalhista (1968-1977)

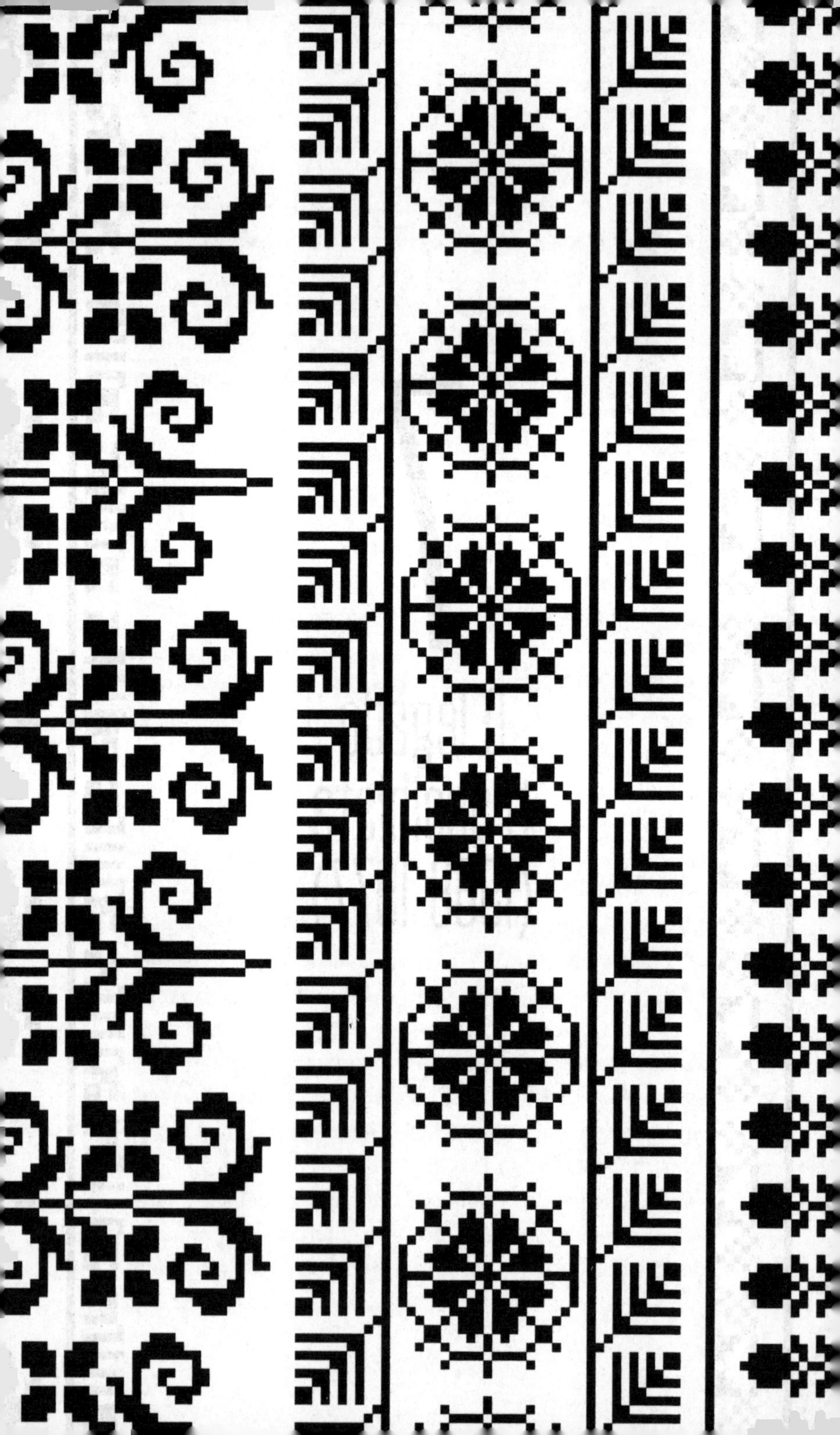

Os primeiros dez anos da ocupação, de 1967 a 1977, foram retratados em mais de uma publicação israelense como a "década esclarecida" – um período de oportunidades de paz e progresso para os palestinos, que seria destruído mais tarde pelos próprios palestinos.[1] Um olhar mais atento revela outra realidade: a consolidação de uma dominação unilateral, que encarcerava todos os palestinos – e seus filhos e netos – nos Territórios Ocupados como detentos condenados à prisão perpétua. Desde o primeiro dia dessa década, a vida deles foi governada por uma burocracia que os considerava uma ameaça potencial e uma fonte de perigo, a não ser que sucumbissem totalmente aos caprichos e às exigências desse sistema.

A responsabilidade por enganar o mundo durante essa década cabe exclusivamente ao Partido Trabalhista (e, dentro dele, também ao falecido Shimon Peres, postumamente exaltado como defensor da paz). Passada a euforia de 1967, o 13º governo israelense de certa forma encolheu, e as tomadas de decisão voltaram às mãos do movimento trabalhista, onde estavam antes da guerra e onde permaneceriam até 1977.

Em 26 de fevereiro de 1969, Levi Eshkol morreu e foi sucedido como primeiro-ministro por Golda Meir, que levou os trabalhistas a uma vitória decisiva nas eleições gerais de 1969. Assim como seu predecessor, a nova líder também estava comprometida com a manutenção e expansão dos assentamentos. Meir era uma judia estadunidense que aprendera política nos Estados Unidos, onde se tornou uma sionista trabalhista engajada; mais tarde, em Israel, seria uma longeva ministra, primeiro do Trabalho e depois das Relações Exteriores. O destino dos Territórios Ocupados pouco lhe interessava, por isso legou o assunto para a inércia burocrática da administração militar. A paz não era uma opção para Meir.

Em 1969, o movimento trabalhista, ainda chamado de Mapai, passou por uma reformulação e recebeu um novo nome: tornou-se o Ma'arach (Aliança). Era uma união entre o Mapai, o Rafi (grupo parlamentar liderado por David Ben-Gurion) e o partido de Yigal Allon, o Ahdut Ha'avodah. O último grupo a se juntar foi a esquerda sionista, o Mapam. A Aliança permaneceu intacta até as eleições de 1977, quando foi derrotada pela coalizão de Menachem Begin, o Likud.[2]

Como vimos, em 1967 o governo unificado já havia concordado em estabelecer colonos e soldados em certas áreas da Cisjordânia e da Faixa de Gaza, no intuito de assegurar um domínio estratégico nos Territórios Ocupados. Dois desdobramentos complicaram esse plano. Um deles foi a emergência do movimento messiânico Gush Emunim, que enviava seus adeptos para colonizar o que consideravam "antigos lugares bíblicos", muitas vezes no coração da Cisjordânia palestina. O governo, por sua vez, queria assentar judeus em áreas palestinas menos densamente povoadas.

O principal grupo decisor era formado por um número significativo de homens de 1948 crentes de que, em 1967, haviam redimido para sempre a antiga Terra de Israel. Como ministros do governo, eles fizeram vista grossa quando o primeiro grupo de colonos judeus se mudou para Al-Khalil (Hebron), na Cisjordânia, na noite de 12 de abril de 1968. O grupo se instalou no Hotel Park, no centro da cidade, e, algumas semanas depois, o governo autorizou a criação do município judaico de Qiryat Arba, nas imediações de Hebron. Não houve nenhuma reação internacional, e, nessa conjuntura histórica particular, os Estados Unidos parecem ter atingido um novo e mais avançado estágio em sua relação com Israel: decidiram municiar o Estado judaico com os armamentos mais avançados e sofisticados que possuíam (cinquenta caças Phantom foram enviados no fim de 1968).[3]

O apoio aos primeiros colonos oferecido pelo governo trabalhista, que permaneceria no poder até 1977, foi ignorado por um mundo que, cinquenta anos mais tarde, consideraria os assentamentos judaicos o principal obstáculo para a paz. Todos os partidos políticos sionistas apoiaram o assentamento de judeus desde o início, ainda que alguns o fizessem apenas em porções delimitadas da Cisjordânia. A primeira voz pública favorável foi a de David Ben-Gurion: em 9 de junho de 1967, ele escreveu um artigo no *Haaretz* defendendo que os judeus deveriam colonizar antigas possessões judaicas abandonadas na guerra de 1948 e também Jerusalém Oriental. Ele estava ciente de que, nove dias depois, em 18 de junho, o governo decidiria oficialmente "restabelecer" Gush Etzion, e, no início de julho, os primeiros colonos foram convidados pelo governo a construir Kfar Etzion, a colônia judaica na Cisjordânia. Trata-se de uma área ao sul de Jerusalém, adjacente a Belém a leste e a Hebron ao sul. Embora a invasão do centro de Hebron nove meses mais tarde, em abril de 1968, não fosse uma iniciativa do governo, ela foi retrospectivamente aprovada e legitimada.[4]

COLONIZAÇÃO MESSIÂNICA

O movimento ideológico dos colonos, Gush Emunim, tinha suas raízes nas primeiras fases do sionismo. Já nos anos 1920, predominava a ideia de infundir no projeto moderno do sionismo visões messiânicas de reencenação dos tempos bíblicos. A figura central na concepção e na disseminação desse novo dogma foi o rabino Abraham Yitzhak Kook, que, de muitas formas, pode ser considerado o pioneiro do fundamentalismo extremista judaico. Seus seguidores consideravam que ele recebia inspiração divina. Depois da guerra de 1967, seu filho e sucessor, o rabino Zvi Yehuda Kook, traduziu essas noções abstratas em um plano político. Até sua morte, em 1982, aos 91 anos, ele reuniu em torno de si uma juventude religiosa entusiástica, que considerava a colonização da Cisjordânia, em particular, sua principal missão de vida. Essa doutrinação foi disseminada por um instituto chamado Merkaz Harav (Centro Rabínico), onde Kook e seus colegas ensinariam a gerações de alunos que colonizar os Territórios Ocupados era um imperativo divino da mais alta ordem.[5] Esse mesmo instituto foi alvo de um ataque de palestinos desesperados, em uma das poucas operações contra civis em Israel em 2008; o atentado resultou em oito estudantes mortos.

O movimento já estava ativo em 1968 antes de ser formalmente institucionalizado em 1974 por Kook, que também lhe deu o nome: Gush Emunim (Bloco dos Fiéis). Segundo alguns relatos, o termo surgiu em uma reunião na casa de Kook e foi sugerido por um de seus alunos, o rabino Haim Druckman.

O primeiro ato oficial do Gush Emumin (como algo distinto das ações realizadas pelos colonos que já estavam em Hebron e Gush Etzion) se deu no final de 1974. Foi a tentativa de criar um assentamento na área de Nablus, na antiga estação otomana de trem em Sebastia, com a intenção de fundar dois assentamentos que atualmente existem no local: Elon Moreh e Qadum. Embora tenham sido despejados diversas vezes, eles acabaram conseguindo permissão para ficar, concedida pelo governo trabalhista em um acordo que assinalou a integração das iniciativas do Estado e dos colonos.[6]

Assim, em 1974, o movimento dos colonos havia se convertido em um lobby ideológico que influenciava as políticas de colonização do governo e desfrutava de uma presença cada vez maior no Knesset e na opinião pública. No entanto, quando não estavam manipulando, eles estavam sendo manipulados. Esses colonos foram usados como arma e, muitas vezes, como pretexto para justificar o confisco de terras, e eram empregados como ferramenta demográfica para permitir que o Estado levasse a cabo a limpeza étnica por outros meios.

O Gush Emunim foi um canal conveniente para implementar aqueles aspectos da política de colonização com os quais o governo trabalhista não queria estar diretamente associado, sobretudo os que contradiziam abertamente o direito e as convenções internacionais. Assim, a responsabilidade do Estado era deslocada para supostos grupos de *partisans*. Desse modo, a megaprisão (em qualquer uma de suas versões) foi delineada geográfica e dinamicamente pela pilhagem de terras, e tensionada e modelada pelo mapa das colônias judaicas. A vida nos arredores das duas comunidades – a dos palestinos ocupados e a dos colonos – só fez reforçar a imagem de uma prisão. Cada colônia e cada bloco de colônias foram circundados por cercas elétricas e muros que protegiam os colonos e que, quando combinados, enclausuravam os palestinos em diversas pequenas prisões dentro do imenso complexo de assentamentos da Cisjordânia e da Faixa de Gaza.

É nesse ponto que tenho divergências com o argumento de *Lords of the Land* [Senhores da terra], de Idith Zertal e Akiva Eldar, embora seja a melhor obra publicada sobre o assunto. O livro alega que o movimento invadiu todo o aparato do Estado e da autoridade israelenses, a fim de implementar sua ideologia de um Grande Israel. Creio, porém, que a situação seja justamente o contrário: essa ideologia e seus defensores, que afetavam e transformavam a Palestina desde 1882, precisaram das colônias pós-1967 para expandir e implementar sua visão. O principal impulso da colonização foi efetivado como parte da estratégia governamental dos assentamentos. Durante o mandato de Golda Meir (1969-1974), Shimon Peres se tornou o principal patrono dos colonos e trabalhou com firmeza para legitimar essa colonização disseminada. Foi graças aos esforços dele que dois futuros epicentros da atividade dos colonos, Ofra e Qadum, se estabeleceram no coração da Cisjordânia. Ofra, de cujo extremo nordeste se pode ver Ramallah, foi finalmente instaurado em 1975, quando Yitzhak Rabin sucedeu Meir como primeiro-ministro e Peres se tornou ministro da Defesa; e Qadum foi o primeiro assentamento do Gush Emunim autorizado nas imediações de Nablus.[7]

A decisão oficial de colonizar os Territórios Ocupados foi uma grave violação do direito internacional. A Convenção de Genebra exige que o poder ocupante afete o mínimo possível a ordem existente no território durante sua ocupação. Entre outros aspectos, esse poder deve deixar a área para as pessoas que encontrar ali. Outra obrigação crucial, decretada pelo artigo 49 da convenção, afirma que o poder ocupante não deve deslocar ou transferir partes da própria população civil para dentro das terras ocupadas.[8]

O projeto colonizador continuou sob o governo trabalhista – e, claro, se intensificou durante a gestão do Likud a partir de 1977. O governo de Meir poderia, se desejasse, limitar a colonização messiânica, mas falhou em fazê-lo, seja porque alguns de seus membros, como Yigal Allon, se identificavam com os colonizadores, seja porque outros, como Shimon Peres, por razões cínicas e oportunistas, viam os colonizadores como potenciais aliados no jogo político.

RESISTIR À COLONIZAÇÃO

O segundo obstáculo potencial à colonização foi a resistência palestina. Não foi uma resistência significativa, pois seu sucesso dependia da desordem regional do interior.

As fronteiras do Estado judaico estavam tudo menos calmas entre 1968 e 1969. À época, as margens do Canal de Suez assistiam a uma guerra diária de atritos entre os exércitos egípcio e israelense. O Egito esperava forçar o vizinho a se retirar da Península do Sinai, ocupada em junho de 1967, e Israel retaliava com ataques dentro do território egípcio, atingindo, entre outros alvos, a infraestrutura da economia e da indústria egípcias.

Na longa fronteira entre as margens do Rio Jordão, um tipo diferente de confronto tomava corpo. O recém-instigado movimento guerrilheiro palestino tentava enviar unidades para organizar uma campanha de resistência popular contra a ocupação. A princípio, o exército israelense retaliou com o bombardeio aéreo das bases palestinas na Jordânia e depois decidiu fazer um ataque direto, que terminou em um fracasso retumbante quando embarcou em uma investida ao quartel-general da OLP na aldeia de Karameh, também na Jordânia. A guerra de resistência agora incluiria também o sequestro de aeronaves e o bombardeio de áreas judaicas dentro de Israel (o primeiro sequestro foi de um avião da companhia El Al, em 23 de julho de 1968). A retaliação israelense envolveu ataques ao aeroporto de Beirute e o bombardeio de treze aviões pertencentes a companhias árabes no final de 1968. Esse tipo de confronto continuou até o conhecido Setembro Negro, em 1970, quando o reino hachimita decidiu expulsar da Jordânia os quartéis-generais da OLP e a atividade guerrilheira, e o front se deslocou para o sul do Líbano. O palco da luta tornou-se internacional e passou a incluir organizações de outros países. O ápice foram o ataque a onze membros da delegação israelense nas Olimpíadas de Munique em setembro de 1972, cometido pelo grupo palestino Setembro Negro, e o massacre de 25 passageiros no aeroporto de Lod (também conhecido como aeroporto

Ben-Gurion) em maio daquele mesmo ano, perpetrado por membros do Exército Vermelho japonês.[9] A resistência não se dava mais principalmente – ou exclusivamente – na Cisjordânia, mas se estendia a outras partes do mundo. E não afetou, portanto, a rotina da ocupação.

Na Faixa de Gaza, não havia um interior que pudesse se tornar uma espécie de Vietnã do Norte em relação ao Sul ocupado. Em consequência, iniciativas localizadas, oriundas dos campos de refugiados, formaram a espinha dorsal da resistência. Isso perdurou até 1971, quando o movimento foi brutalmente esmagado pelo chefe do Comando Sul, o general Ariel Sharon.

Assim, a maior parte da resistência estava fora das fronteiras do Estado de Israel. Contra essas ações no interior dos territórios, o governo israelense, a princípio, respondeu com punições coletivas, mas logo adicionou a essas represálias a expansão dos assentamentos na Cisjordânia e na Faixa de Gaza. Desde o início, para os estrategistas e burocratas no controle dos Territórios Ocupados, a colonização judaica e a resistência palestina estavam entrelaçadas. A equação era simples: quanto mais forte a resistência, mais intensa a colonização.

Foi na Faixa de Gaza que, pela primeira vez, associou-se resistência palestina e colonização judaica, de forma que a resistência passou a servir de pretexto para a intensiva judaização da área. O impulso de colonizar os Territórios Ocupados, em clara violação ao direito internacional, não se deu, evidentemente, em retaliação à resistência. Contudo, por algum motivo, os formuladores políticos israelenses afirmariam que a colonização poderia ser justificada se fosse apresentada como forma de combater o "terror". O espectro político da direita, a princípio, rejeitou essa conexão; queria que os governos apoiassem a colonização por si mesma, como um ato de redenção nacional. Mas, ainda que os governos de direita, receosos da pressão internacional, fossem mais cuidadosos em expandir o projeto dos assentamentos, o lobby expansionista ficou particularmente vociferante após os atos de resistência palestina.

Como vimos, a colonização inicial da Faixa de Gaza não foi provocada pelo movimento messiânico dos colonos, o Gush Emunim, e sim impulsionada pelo ministro Yigal Allon e pelo general Ariel Sharon.

Em janeiro de 1970, Allon foi indicado à presidência do Comitê Ministerial para Assuntos de Assentamento [colonização] – pouco depois renomeado Comitê Inter-Institucional dos Assentamentos (o que, em hebraico, seria a tradução correta para colonização), pois, além de ministros, incluía diretores de entidades como o Fundo Nacional Judaico e o movimento dos kibutzim. Um dos membros era Haggai Huberman, um dos principais ativistas de Gush Katif, o bloco de assentamentos judaicos na Faixa de Gaza; no rastro da retirada das colônias israelenses de Gaza em 2006, ele postou as atas das reuniões do comitê em sua página na internet.[10]

Essas atas deixam evidente que Sharon convenceu os ministros de que estabelecer colônias judaicas em Gaza seria uma clara mensagem de que Israel não se retiraria do local – o que, em suas palavras, enfraqueceria o "impulso ao terror". A decisão favorável à instalação dos dois primeiros assentamentos na Faixa se deu em 1971, e eles foram construídos no ano seguinte. E eis o teor do discurso: você faz assentamentos porque a terra é sua, mas também como resposta ao "terror", fornecendo, assim, uma explicação para o eleitor de direita e outra para o setor mais moderado do público, de olho na comunidade internacional.

Embora as linhas gerais da futura colonização judaica tenham sido traçadas por políticos trabalhistas na primeira década da ocupação, a vida do povo ocupado estava nas mãos dos burocratas. Os políticos tomam decisões em conjunturas históricas; os burocratas as traduzem para a realidade, de acordo com as orientações políticas e também segundo seus próprios juízos, aspirações e fraquezas.

8

A burocracia do mal

O DOMÍNIO DA BUROCRACIA

Quando as principais reuniões do gabinete chegaram ao fim, em junho de 1967, a decisão havia sido excluir a Cisjordânia e a Faixa de Gaza de qualquer negociação de paz, transferir seu controle para o exército, autorizar expulsões não massivas e incorporar os Territórios Ocupados ao Estado judaico sem uma anexação formal, deixando as pessoas que ali viviam em um limbo civil e pessoal.

Agora cabia aos burocratas assumir o poder. No topo da pirâmide, nos estágios iniciais de construção da infraestrutura necessária para aprisionar tantas pessoas, estava o Comitê de Diretores-Gerais (CDG) – Vadat Ha-Mancalim, em hebraico. Congregando os diretores-gerais de todos os ministérios relevantes para os Territórios Ocupados, o CDG foi estabelecido em 15 de junho. Existem dois volumes com milhares de páginas registrando essas reuniões.[1]

A primeira reunião do comitê foi presidida por Ya'acov Arnon, diretor-geral do Ministério das Finanças. Também estiveram presentes Zvi Zur – ex-chefe do estado-maior das IDF e, à época, consultor especial de Moshe Dayan –, os diretores-gerais dos ministérios do Comércio e Indústria, Agricultura e Interior, assim como representantes das pastas da Defesa e do exército. A diplomacia não foi levada em consideração, uma vez que não havia nenhum membro do Ministério das Relações Exteriores, e o coordenador do comitê era um coronel, Yehuda Nitzan (substituído pelo general Shlomo Gazit em 1968).[2]

Desde a primeira reunião, sublinhou-se a necessidade de sigilo absoluto. Foi decidido, naquele momento, que cada governador militar teria um pequeno gabinete com representantes dos vários ministérios, e esses civis receberiam uniformes e patentes militares. Eles seriam "reconvertidos" a civis na década de 1980, quando o regime militar foi substituído pela Administração Civil, um dos diversos indícios de que essa transição – exaltada por Israel como um movimento que facilitaria a vida na ocupação – não causou nenhuma mudança drástica no cotidiano dos Territórios Ocupados. Cada ministro deveria recrutar palestinos locais para trabalhar consigo. Nos tempos do Império Britânico, em países como Índia e Egito, uma estrutura bastante semelhante era empregada, fazendo com que o governador tivesse um consultor local para acompanhá-lo. A natureza e a face coloniais da ocupação eram cada dia mais visíveis.

O comitê produziu, como vimos, dois modelos para administrar a vida nos territórios. Um era a prisão aberta, pressupondo que os palestinos fossem considerar o controle israelense uma melhoria em relação ao arranjo anterior, a qual permitiria, enfim, que eles sobrevivessem. Se os palestinos resistissem a esse modelo, ele seria substituído por um segundo: a prisão de segurança máxima.

A burocracia era capaz de ativar os dois modelos a qualquer momento. Já em setembro de 1967, esse grupo de funcionários e oficiais sabia que enfrentaria resistência. Naquele mês, os primeiros informantes palestinos reportaram um movimento embrionário de resistência. O coronel Rehavia Vardi foi o funcionário que relatou isso ao CDG. Um dos primeiros a incentivar o comitê, Vardi tinha como tarefa principal esclarecer aos envolvidos a abrangência do controle dos governadores militares sobre a vida dos palestinos.[3]

LEGALIZANDO A OCUPAÇÃO

Zvi Inbar, integrante do setor jurídico daquilo que os militares israelenses chamavam de "ocupação beligerante", relata como, em poucos dias, ele e sua equipe se tornaram a autoridade legislativa, executiva e judiciária na Faixa de Gaza:

> Devido a problemas de comunicação e uma profusão de outros problemas [decorrentes da ocupação], o procurador-geral militar nos deu carta branca. Na prática, poderíamos aplicar a lei que quiséssemos e considerássemos necessária para administrar a ocupação [...]. Em pouco tempo, estabelecemos tribunais militares e um sistema judiciário completo.[4]

Essa realidade foi criada pelo CDG, cuja principal missão era construir uma infraestrutura jurídica para os Territórios Ocupados. Os alicerces já estavam prontos em 1963, quando o Plano Shacham foi criado. Efetivamente, eram as Regulações de Emergência do Mandato Britânico que, na prática, orientavam o comitê em seu trabalho durante a ocupação. Ao conferir poderes ditatoriais absolutos aos ocupantes, elas permitiram aos burocratas da megaprisão lidar com a gerência cotidiana: davam orientações para oferecer "recompensas" (os direitos civis e humanos mais básicos) e reprimir a resistência (pela simples retirada desses direitos). Além das Regulações de Emergência do Mandato, certas leis internacionais sobre guerra e ocupação e resquícios do sistema jurídico jordaniano fundiram-se a essa infraestrutura.

O ritmo de trabalho dos israelenses nesses primeiros dias foi espantoso para qualquer observador externo. Em 21 de junho, os especialistas jurídicos do exército concluíram a instauração de um sistema judiciário abrangente para a Cisjordânia e a Faixa de Gaza.[5] Uma equipe liderada pelo major

Dov Shefi se encarregava de dirigir o processo, supervisionada pelo procurador-geral militar, o coronel Meir Shamgar (que, mais tarde, se tornaria juiz da Suprema Corte e um dos juristas mais respeitados do Estado judaico). A rapidez com que tudo se instaurou pode ser explicada por um fato simples e brutal: o destino dos habitantes dos Territórios Ocupados estava nas mãos dos comandantes militares e havia pouquíssimo espaço para confrontos ou protestos. Tratava-se de uma interpretação crua da Quarta Convenção de Genebra (1949), que entregava os poderes Executivo, Legislativo e Judiciário a um governador militar – poderes que foram usados, como só soubemos depois, para roubar terras, expropriar pessoas, submetê-las a detenções em massa, forçá-las à colaboração e expô-las a um processo cada vez mais intenso de colonização. Acima de tudo, a convenção previa que esses poderes tivessem vigência somente por um curto período.[6]

Assim que o exército israelense adentrava o espaço, os palestinos dos Territórios Ocupados recebiam uma lista de novas regras. Em uma das primeiras listas – na verdade, o segundo panfleto em árabe distribuído aos habitantes –, declarava-se que tais decretos eram a lei, mas podiam ser futuramente derrubados pelos governadores militares. Esse decreto em particular afirmava: (i) que toda propriedade anteriormente pertencente ao governo jordaniano seria agora tomada pelo exército; e (ii) que todos os impostos pendentes seriam pagos diretamente ao governo militar.[7]

As novas regras não eram comunicadas apenas por meio de panfletos, mas também através de operações *in loco*. Antes mesmo de concluída a ocupação efetiva da Cisjordânia, em 7 de junho de 1967 o exército decidiu abrir cinco tribunais militares e sete centros de detenção. Foi nesse momento que apareceu o termo "Linha Verde" no discurso militar, o qual mais tarde chegaria ao público israelense. À primeira vista, a Linha Verde era a linha do armistício traçada entre Israel e Jordânia na primavera de 1949, que definia as fronteiras entre Israel e a Cisjordânia. No entanto, na realidade, essa linha foi gradualmente se deslocando para o oriente e, com o tempo, passou a definir o espaço judaico-israelense que incluía o Israel pré-1967 e qualquer território colonizado e judaizado a partir de 1967 (abarcando metade do território da Cisjordânia em 2017). Dentro desse espaço, vigorava a lei israelense, mas apenas até a Linha Verde; nos espaços palestinos da Cisjordânia e da Faixa de Gaza, os militares – e mais tarde a administração pseudocivil – controlavam a vida das pessoas, muitas vezes por métodos draconianos e de acordo com os próprios caprichos.

Desde o início, os legisladores israelenses dos Territórios Ocupados adotaram uma interpretação funcional e cínica do direito internacional. Essas regiões foram tratadas ora como parte do sistema jurídico israelense, ora excluídas desse sistema, no intuito de melhor servir à estratégia de colonização. Foram impostas leis militares não democráticas, sob a justificativa de que emanavam dos deveres e privilégios garantidos pelo direito internacional a Israel enquanto força de ocupação. No entanto, sempre que o direito internacional ameaçava interferir nas iniciativas coloniais – por exemplo, para impedir colonos judeus de expulsarem palestinos e se mudarem para essas áreas –, invocava-se a lei israelense. Esse elaborado sistema dual foi concluído em meados dos anos 1970.

Os formuladores políticos, em consulta com experientes juristas e servidores civis do Estado, decidiram colocar o sistema de tribunais militares – criado para administrar os territórios – sob supervisão da Suprema Corte. A mensagem ao mundo era clara: embora não seja necessário, estamos tomando medidas para fiscalizar a administração militar da justiça nos Territórios Ocupados.

Anos mais tarde, um famoso jurista israelense escreveria que teria sido melhor se essa decisão não tivesse sido tomada, pois ela ofuscou e encobriu o sistema atroz dos tribunais militares, que abusou da vida de palestinos de todas as idades ao longo dos anos de ocupação:

> De uma perspectiva radicalmente diferente, pode-se argumentar que a principal função da [Suprema] Corte foi legitimar as ações do governo nos territórios. Vestindo atos de autoridades militares com a capa da legalidade, a [Suprema] Corte justifica e racionaliza esses atos.[8]

De fato, a Suprema Corte criou a farsa de uma ocupação "esclarecida". Em teoria, e por vezes também na prática, a porta estava aberta para que palestinos prejudicados pela justiça militar dirigissem queixas e apelos à Suprema Corte. No entanto, como esses apelos terminavam em total fracasso na imensa maioria dos casos, a instituição judicial mais respeitada dentro e fora de Israel acabava legitimando as atrocidades da ocupação.

A ação mais importante da Suprema Corte era legalizar a aquisição de terras israelenses pilhadas nos Territórios Ocupados. Palestinos que foram vítimas de expropriação de terras sem receber qualquer ressarcimento[9] eram aconselhados por seus advogados a apelar para a Suprema Corte, a qual, a princípio, autorizava apenas o exército a expropriar terras particulares. Quando os colonos judeus fundaram companhias para negociar diretamente com palestinos, a quem propunham primeiro comprar as terras almejadas e, depois, vendê-las de volta para eles, a Suprema Corte muitas vezes declarou tais transações ilegais e ordenou a destruição das construções erguidas pelos colonos (o que aconteceu em uma série de casos nos últimos cinquenta anos). Em 2017, porém, o Knesset aprovou uma lei (que ainda precisaria ser referendada pela Suprema Corte) que legitimava retroativamente todas essas transações.

Em outras questões de abuso, a Suprema Corte foi cética a ponto de nem mesmo se dar ao trabalho de julgar os casos que recebia – com exceção de apelos coletivos, como os que envolviam tortura nos interrogatórios do serviço secreto israelense, os quais levaram a Suprema Corte a legalizar o que eufemisticamente chamou de direito dos serviços secretos de "empregar pressão razoável" nos interrogatórios.[10]

Houve um aspecto fundiário levado a sério pelo sistema jurídico: em princípio, nos Territórios Ocupados, só poderiam ser confiscadas as terras consideradas públicas. Até o início da década de 1970, a expropriação não distinguia entre terra particular ou pública, mas, quando um desses casos chegou à Suprema Corte, o tribunal determinou que apenas terras do Estado poderiam ser expropriadas e designadas para colonização judaica. Essa decisão inibiu as iniciativas coloniais durante um breve período, mas a barreira legal foi eliminada quando Ariel Sharon entrou em cena, após a guerra de 1973 e, em particular, como veremos, quando o Likud ascendeu ao poder, em 1977.

No entanto, mesmo sob administração do Partido Trabalhista, a pilhagem de terras foi bastante disseminada e intensiva. Afinal, o principal partido sionista havia demonstrado grande habilidade para navegar pelas complexidades jurídicas que lhe permitiram tomar as propriedades dos palestinos em 1948. Nos Territórios Ocupados, o CDG foi de fato rápido em implementar os mesmos princípios de roubo de terras aplicados às imensas áreas palestinas deixadas para trás quando os moradores fugiram, em 1948 – ou seja, o princípio de custódia. No rastro da limpeza étnica de 1948, as propriedades evacuadas nas áreas urbanas e rurais foram transferidas para as mãos de um guardião (*custodian*), como previa uma lei do Knesset de 1950. Esse funcionário do governo tinha o direito de decidir o destino de cada propriedade. As opções eram limitadas: a propriedade podia ser entregue a cidadãos judeus ou a diversas agências governamentais, inclusive o exército.[11]

O emprego de práticas similares às terras saqueadas na Cisjordânia e na Faixa de Gaza a partir de 1967 não foi realizado abertamente; até mesmo os funcionários israelenses se deram conta de que a comunidade internacional não toleraria esse tipo de procedimento nos Territórios Ocupados, embora parecesse aceitar certas malversações e abusos ali cometidos.

Assim, Meir Shamgar, que logo se tornaria procurador-geral, declarou publicamente, em novembro de 1968, que a Lei da Propriedade de Ausentes de Israel não era válida nos Territórios Ocupados. No entanto, essa lei foi aplicável *de facto* até a data em que Shamgar deu essa declaração, tal como instruiu o CDG, e, em todo caso, só podia ser usada em 8% das terras, das quais boa parte já havia sido tomada em 1968. A principal relevância dessa lei dizia respeito a Jerusalém Oriental. Ali, muitas propriedades deixadas para trás por refugiados de 1948 e 1967 ficaram "protegidas" a partir de 1968 pela declaração do procurador-geral. Contudo, em 1977, uma versão limitada da Lei da Propriedade de Ausentes foi aplicada à Grande Jerusalém e plenamente executada em julho de 2004.[12]

Com a chegada de novos colonos judeus à Cisjordânia e à Faixa de Gaza em 1968, decretos que autorizavam a expropriação de terras e o delineamento dos espaços palestinos aumentaram em número e frequência. Isso começou com o Decreto nº 291 no final daquele ano, que congelou todos os processos de registro fundiário e de rearranjo das fontes hídricas, de modo a preparar uma vasta colonização judaica.[13] De muitas formas, foi um ótimo desfecho para os frustrados colonizadores sionistas, que, no período pré-Estado – última vez que tomara corpo uma colonização judaica massiva –, haviam sido bastante restringidos pelas leis e pela supervisão do Mandato Britânico. Agora eles podiam retomar suas atividades sem nenhuma interferência.

Esses primeiros decretos fundiários também foram empregados para impor uma extensa presença militar no coração das áreas palestinas. Entre 1968 e 1970, o governador-geral da Cisjordânia emitiu uma série de decretos que autorizavam o confisco de propriedades e terras para propósitos militares. Como resultado, foram destituídos cinquenta mil *dunams*.[14]

Por volta de 1970, a colonização judaica e a presença militar se fundiram na mesma forma de roubo fundiário: a terra era confiscada sob o pretexto de construir uma instalação militar, mas com vistas a se tornar, mais tarde, uma colônia judaica. Essa prática caracterizou as ações dos governos trabalhistas entre 1967 e 1977. Quando o Likud ascendeu ao poder, em 1977, esse subterfúgio foi abandonado, e as expropriações tinham o propósito explícito de construir colônias judaicas civis.

Em janeiro de 1970, o CDG foi incorporado ao Ministério da Defesa e ficou sob supervisão e coordenação direta de Shimon Peres, então ministro dos Transportes e Comunicações. Ele receberia mais tarde o prêmio Nobel da Paz, como se não tivesse desempenhado nenhum papel na colonização da Palestina.

Assim, passados dois anos de ocupação, a infraestrutura jurídica estava firmemente estabelecida, e os últimos brotos da resistência palestina pareciam ter murchado e morrido. Quando nada digno de nota aconteceu na Cisjordânia e na Faixa de Gaza durante a guerra de outubro de 1973, como, por exemplo, um levante local que poderia ter ajudado os esforços militares do Egito e da Síria, os capitães da política israelense ficaram confiantes de ter encontrado a fórmula ideal para administrar os territórios recentemente anexados e as pessoas que ali viviam.

Esperava-se que os palestinos aceitassem a nova realidade desde o início da ocupação. Qualquer tipo de resistência – assim como ajudar ou esconder alguém envolvido com a resistência – levaria à prisão imediata. Auxiliar um membro da OLP ou do Exército de Libertação da Palestina (ELP)[15] resultava em quinze anos de cadeia. Pouquíssimas pessoas escolheram essas opções, e, ao que parece, na primeira década da ocupação, muitos palestinos se dispuseram a dar uma oportunidade à nova iniciativa. Contudo, essa atitude não foi correspondida por uma política israelense benevolente, e o modelo logo fracassou.

RUMO AO COLAPSO DO MODELO DE PRISÃO ABERTA (1973-1977)

A maior parte da população local sobreviveu à limpeza étnica e permaneceu na Cisjordânia e na Faixa de Gaza sob o novo regime. Nos anos que antecederam a mudança do governo de Israel em 1977, esse regime estava inteiramente nas mãos de uma burocracia baseada no pressuposto de que as pessoas ali estavam reconciliadas com a nova realidade e de que os interesses israelenses, definidos conforme o desejo da elite política, poderiam ser exercidos unilateralmente, sem nenhuma consulta à população local ou consideração pela sensibilidade e pelas leis do resto do mundo. Essa autoconfiança foi nutrida tanto pela falta de uma resistência interna ativa quanto pela total ausência de pressão externa. Como essa era a realidade percebida pela elite política e militar israelense, considerou-se que o sistema funcionava bem, e a situação perdurou até aparecerem os primeiros sinais de ressentimento, nos anos que antecederam a Primeira Intifada. Neste livro, preferi nomear como modelo de prisão aberta essa realidade, na qual não existe grande resistência palestina e duras medidas repressivas são aplicadas por Israel.

O declínio da resistência a partir de 1969 contribuiu para os aspectos mais "positivos" do modelo de prisão aberta. Uma vez que o padrão da colonização e da supremacia judaicas estava concluído e plenamente instaurado nos Territórios Ocupados, era possível "recompensar" os palestinos pela renúncia à resistência ativa.

A primeira recompensa foi delegar autoridade aos municípios e conselhos locais, de tal modo que a ocupação fosse sentida, mas não observada. A segunda foi absorver o excesso de mão de obra palestina no mercado de trabalho israelense e manter abertas as pontes do Rio Jordão para facilitar as trocas comerciais e da população, sobretudo no intuito de explorar a Cisjordânia como um canal indireto de exportação ao mundo árabe. Não é de estranhar que a dinâmica aqui descrita seja de natureza econômica. No início dos anos 1970, nos estágios iniciais do modelo de prisão aberta, o foco era muito mais econômico – como voltaria a ser em sua encarnação mais recente, sob Benjamin Netanyahu, no século XXI, quando ele falaria em "paz econômica". E não foi o ministro das Finanças quem tomou a iniciativa, mas o ministro do Interior. A divisão do trabalho é outro indicativo revelador de que, na percepção israelense oficial, os territórios não tinham sido apenas "ocupados" ou temporariamente tomados, mas eram considerados assuntos internos.

De fato, a realidade econômica da ocupação deveria ser a marca registrada do modelo de prisão aberta. No entanto, quando benefícios econômicos são oferecidos para silenciar uma potencial resistência ao avanço da colonização, o impacto de longo prazo é tão destrutivo quanto alguns aspectos do modelo de segurança máxima imposto por Israel sempre que havia alguma resistência.

O envolvimento acentuado do Ministério das Finanças foi um indício de quão permanente era a presença israelense nos Territórios Ocupados aos olhos dos formuladores políticos do Estado. A discussão nunca girava em torno das implicações econômicas de uma possível retirada israelense ou de uma "paz". Antes, debatia-se constantemente como integrar a economia da Cisjordânia a Israel sem prejudicar a maioria demográfica judaica.

Nesse quesito, duas personalidades no topo do poder estavam em desacordo: Pinchas Sapir, ministro das Finanças, e Moshe Dayan, da Defesa. Sapir era um homem grande e careca, cuja imagem ainda está gravada na memória popular israelense como uma espécie de gênio econômico e amante da paz (em grande medida, graças ao fraco desempenho daqueles que o sucederam). Ele não gostou da ideia de integrar as duas economias – e talvez por isso tenha recebido com razão o título de "pomba da paz" de 1967, pois, diferentemente de seus colegas, desejava de forma genuína abandonar qualquer vínculo com a Cisjordânia e a Faixa de Gaza e desatrelar Israel e a ocupação. Sapir fez uma sugestão bastante sinistra: o governo deveria estimular os palestinos a trabalhar no mundo árabe, movidos pela perspectiva de enviar dinheiro para a família. Não sei se ele esperava que sua burocracia pudesse usar essa emigração temporária como forma de promover a limpeza étnica nos Territórios Ocupados, mas, na realidade, para os palestinos que escolheram essa opção, tal movimento implicava um risco calculado de não terem permissão de voltar.[16]

No início da década de 1970, porém, Sapir não dava as cartas. O homem forte ainda era Moshe Dayan, até ser obrigado a renunciar, em 1974, após o fiasco da guerra de 1973 – ele só retornaria no governo com o primeiro-ministro Menachem Begin, em 1977, embora em posição muito menos influente. No entanto, Dayan conservou o poder por tempo suficiente para imprimir suas ideias *in loco* de modo irreversível, e nem mesmo um político sagaz e poderoso como Sapir poderia detê-lo. Dayan formatou os territórios para que fossem economicamente dependentes. Os palestinos passaram a depender de produtos israelenses para sua subsistência e de permissões israelenses para trabalhar em Israel. A exportação de produtos da Cisjordânia e da Faixa de Gaza para o mundo árabe ainda era possível, mas economicamente insignificante, e também dependia da boa vontade de Israel. Ainda mais precária era a opção de trabalhar no mundo árabe e em outros locais e mandar dinheiro para a família nos Territórios Ocupados.

Dayan ignorou a preocupação demográfica de Sapir; o equilíbrio demográfico que buscava não dizia respeito apenas ao número de palestinos que havia propriamente dentro de Israel, mas também ao modo como eram definidos: por um lado, seriam trabalhadores convidados temporários sem nenhum tipo de direito dentro de Israel, e, por outro, a presença deles promoveria o desejo de Dayan de tornar a ocupação irreversível. Dayan ganhou a disputa. Durante a década de 1970, celebrada pelos historiadores israelenses como um período de prosperidade palestina sob o comando de Israel, a sistemática colonização econômica foi acompanhada da negligência em relação ao desenvolvimento de infraestrutura econômica local nos Territórios Ocupados. A realidade estava longe de ser próspera – a Cisjordânia e a Faixa de Gaza não passavam de uma fonte de força de trabalho barata e um mercado cativo para produtos israelenses. A versão oficial propagandeada por Israel era a história de uma sociedade árabe primitiva, que agora recebia uma oportunidade de ouro: uma nova página na história econômica do Oriente Médio graças ao deslocamento mútuo de produtos e mão de obra entre o Estado judaico e as áreas palestinas ocupadas. Na realidade, o movimento se dava em uma só direção. E criou uma dependência unilateral.[17]

Mais uma vez, apesar dos objetivos sinistros da política israelense de longo prazo e do efeito geral negativo sobre a economia palestina, era preciso entender que alguns desses processos levariam tempo para amadurecer, assim como demoraria para que seus efeitos se materializassem plenamente. É por essa razão que alguns palestinos se lembram dos primeiros anos de ocupação como um tempo de oportunidades outrora indisponíveis, não apenas economicamente como também, por exemplo, no campo da educação: os israelenses permitiram que faculdades se tornassem universidades. De fato, o padrão de vida dos palestinos que tinham permissão para trabalhar em Israel naquela década aumentou de maneira significativa, e o fluxo de colonos israelenses nos mercados locais trouxe oportunidades de negócio.

A prisão aberta parecia funcionar. Daquele momento em diante, não havia mais necessidade do envolvimento direto do Comitê de Diretores-Gerais ou do Ministério da Defesa. O exército exercia sua dominação sobre todos os aspectos da vida palestina, mas foi auxiliado desde o início por outras instituições israelenses. Uma delas era a central sindical Histadrut. Essa entidade existente desde antes da fundação do Estado de Israel havia sido muito efetiva na expulsão dos palestinos do mercado de trabalho durante o Mandato Britânico; apesar disso, foi aceita pelo mundo ocidental – inclusive pelo movimento sindical britânico – como um exemplo de organização socialista dedicada ao bem-estar dos trabalhadores. E foi incorporada ao mecanismo da ocupação desde a segunda semana de junho de

1967. O governo deu à Histadrut o monopólio do comércio e da indústria – e a central sindical agia não como sindicato, e sim como um gigantesco complexo industrial.[18]

A Histadrut fornecia emprego, de modo que as lembranças daquela década, mesmo entre os palestinos, são de anos em que nem tudo eram trevas. E, talvez o mais importante: os primeiros anos carregavam a promessa e o potencial de uma realidade muito diferente, embora não fosse essa a intenção dos políticos israelenses. Qualquer melhoria nas condições de vida dependia do pleno consentimento palestino em morar em áreas cercadas nos Territórios Ocupados, cujo espaço seria constantemente reduzido pela judaização e pela desapropriação ou grilagem de terras.

A interação com israelenses que não faziam parte da burocracia foi menos traumática. Alguns dias depois do fim da guerra, Moshe Dayan visitou Uzi Narkiss, governador-geral da Cisjordânia, e notou uma longa fila do lado de fora de seu gabinete. "O que é isso?", questionou ele. "São israelenses que querem entrar na Cisjordânia e precisam de licença do governador militar." "Isso não é necessário", disse Dayan. "Abram os portões." Assim, milhares de israelenses – inclusive eu, quando tinha doze anos de idade – visitamos a Cisjordânia, como se tivesse se tornado possível viajar para o exterior sem a necessidade de embarcar em um navio ou avião.[19]

Os israelenses foram atraídos pelo conceito de visitar um país estrangeiro com novos produtos para comprar e riquezas arqueológicas para explorar – ou, ao menos, a riqueza que ainda houvesse lá para ser escavada, não por curiosidade intelectual, mas como parte de uma tentativa de provar que aquele era o coração do antigo e bíblico reino judaico. Em 22 de junho, as autoridades arqueológicas israelenses já haviam tomado todos os sítios arqueológicos da Cisjordânia e da Faixa de Gaza. De maneira intencional ou não, eles mapearam para os futuros colonos os primeiros locais que deveriam colonizar.[20]

Em julho 1967, visitei esses sítios arqueológicos nos Territórios Ocupados. Como outros, não reparei nas estradas esburacadas e destruídas por tanques, nos carros incendiados na beira dessas rodovias, nos comboios de refugiados – a maioria deles, expulsos – dirigindo-se famintos e sedentos na direção das pontes bombardeadas do Rio Jordão. Estivemos lá nos primeiros dias, quando ainda era possível, se quiséssemos, ver pelas ruas cadáveres humanos que não tinham sido recolhidos ou enterrados. Em 1997, um jornalista do diário *Maariv* recordaria relatos feitos pelo governo militar local daquela época: milhares de animais de criação – asnos, vacas, ovelhas e cabras – perambulavam pelas cidades depois de perderem seus donos ou pastagens. Muitos desses animais foram levados pelos israelenses, outros morreram, e a preocupação dos governadores era de que os cadáveres espalhassem doenças difíceis de controlar.[21]

Entretanto, Moshe Dayan, em sua autobiografia intitulada *Aveni Derech* [Marcos do caminho], descreveu esse encontro inicial como "feliz". Alguns palestinos corroborariam esse retrato com lembranças positivas similares, como o primeiro prefeito de Belém, Elias Freij.[22] Os palestinos mais abastados – prefeitos, comerciantes e advogados ricos – talvez tenham experimentado algum alívio por terem sido expulsos, como ocorrera em 1948; também tinham permissão de negociar com os israelenses e, em consequência, colheram dividendos materiais dessa condição. Mas eles eram exceção, e em número cada vez menor conforme passavam os anos. A maioria das pessoas teve de escolher entre o modelo de prisão aberta ou se arriscar na prisão de segurança máxima.

Esses primeiros anos de relativa calmaria foram o prelúdio da Primeira Intifada. E, assim como o falecido e dedicado historiador palestino Samih Farsoun descreveu o período do Mandato Britânico na Palestina como "o caminho para a Nakba" (a catástrofe de 1948), também é possível descrever esses primeiros dez anos de ocupação como "o caminho para a Intifada".[23] O modelo fracassou sobretudo por causa da inabilidade do governo trabalhista em vender a prisão aberta como um processo pacífico de reconciliação. Em vez disso, Israel optou por colaborar com o novo movimento messiânico de colonos, o Gush Emunim, e a pressão dupla acendeu mais uma vez a resistência palestina, que se acentuaria com a ascensão do Likud ao poder, em 1977. Examinemos esses fatores mais detidamente.

DO TRABALHISMO AO LIKUD

Entre a ocupação e a explosão da Primeira Intifada, passaram-se duas décadas. Cada uma delas foi influenciada por quem estava no poder em Israel. A primeira década foi dominada pelos trabalhistas; a segunda, pelo Likud. Dan Bavli, um funcionário veterano nos primeiros dias da ocupação, publicou um livro resumindo seus anos de serviço como parte da burocracia trabalhista. Ele forneceu a principal explicação para a centralidade dos anos de trabalhismo como causa do primeiro levante, em dezembro de 1987, e também para as políticas mais duras do Likud na década seguinte:

> Em todos os anos do Mapai [trabalhismo] no poder, com todas as suas alas de pombas e gaviões, e até o levante de 1977, a paz ou o desejo de paz não eram um objetivo proeminente da agenda de Israel. O poderio militar era a única opção para os palestinos. E o emprego cada vez maior de força militar acentuou ainda mais a intransigência de Israel.[24]

Bavli pertencia a um grupo de funcionários que tentava buscar colaboradores palestinos para o projeto dos trabalhistas de construir uma pequena autonomia, em vez de uma ocupação – uma iniciativa descrita no final do capítulo anterior –, e supunha que, se essa autonomia tivesse sido adotada, a história teria tido melhores desdobramentos para ambos os lados. A meu ver, isso parece duvidoso, mas, é claro, sabemos o que aconteceu, não o que *poderia* ter acontecido. Em todo caso, a opinião de Bavli é muito valiosa.

Sua visão sobre o impacto e a responsabilidade do Mapai pelo levante é válida e convincente, como tentei mostrar no capítulo anterior. A agenda israelense nos Territórios Ocupados durante os dez anos em que os trabalhistas estiveram no poder estava – e ainda está – totalmente desconectada da agenda internacional: primeiro, tratou-se de um plano para manter a maior prisão do mundo pelo máximo de tempo possível; depois, teve a intenção de encerrar o conflito entre israelenses e palestinos por meio de uma solução de dois Estados.

Como o trabalhismo era considerado "de esquerda", ou o "partido da paz" de Israel, eles não sofreram tanta pressão internacional. Durante algum tempo, houve alguma influência vinda do exterior. A guerra de 1973 gerou novo interesse do mundo – não tanto pelo destino dos territórios, mas pelo chamado "processo de paz". A principal iniciativa foi uma conferência convocada pelos Estados Unidos e pela União Soviética, que deveria acontecer no fim daquele ano, em Genebra; Israel, Jordânia e Egito foram convidados para o que foi descrito como um evento histórico – e que, como tantos outros antes e depois, não teria nenhum impacto na vida dos palestinos que viviam sob ocupação. Enquanto diplomatas ocidentais, incluindo o presidente Jimmy Carter, falavam (talvez de modo genuíno) sobre uma paz abrangente, a reação de Israel foi intensificar ainda mais a ocupação. Era como se os israelenses estivessem zombando da história.

O discurso de Genebra era totalmente alheio às considerações oficiais de Tel Aviv. Na prática, a irreversibilidade da colonização da Cisjordânia e da Faixa de Gaza e a demarcação unilateral das fronteiras se tornaram ainda mais notórias em dois grandes desdobramentos. Um deles foi um planejamento colonial mais sistemático, vindo de cima, e o outro, uma atitude mais leniente e de apoio em relação ao novo movimento dos colonos judeus, que, como dissemos, começaram se assentando em Gush Etzion, ao sul de Jerusalém, com a bênção do governo, e em Hebron, sem essa bênção, no primeiro ano da ocupação.

Além disso, o Ministério do Interior, desde a primeira década da ocupação, considerava os Territórios Ocupados como parte de Israel, econômica e administrativamente. O discurso oficial de políticos, diplomatas, especialistas e burocratas acompanhava fielmente a realidade. A princípio, os diplomatas israelenses falavam em "Territórios Ocupados", mas logo começaram a seguir a linguagem dos funcionários do Ministério do Interior e passaram a se referir a "Judeia, Samaria e Faixa de Gaza" – referência que se tornaria obrigatória sob o Likud em 1977, e imposta também ao rádio e à televisão.[25]

A cada dia, tornava-se mais improvável a retirada de Israel da Cisjordânia, e, embora os diplomatas israelenses, em mais uma conferência de paz convocada por Jimmy Carter em 1977, falassem em "compromisso territorial" com a Jordânia, os fatos *in loco* tornavam insignificante e irrelevante qualquer ação do tipo. A conversa estava sete anos atrasada. O que importava era um plano diretor preparado em 1970 pelo Ministério do Interior, intitulado "Projeto de Planejamento Físico e Regional" para os Territórios Ocupados, que considerava os estágios seguintes da colonização da Cisjordânia e da Faixa de Gaza. O Ministério incumbiu o geógrafo Elisha Porath de criar o plano, que ele acabou publicando como trabalho acadêmico.[26]

O projeto explicava de que modo áreas como o Mar Morto e o Vale do Jordão seriam incorporadas a Israel sem anexação *de jure*. Também sugeria uma nova forma de expandir o roubo de terras – uma "expansão agrícola", que incluiria não apenas pilhagem fundiária como também expropriação de fontes hídricas (a opção de conectar as novas colônias judaicas ao sistema de águas de Israel foi especificamente descartada). Mas nem todas as propostas acabaram implementadas; foi o caso da recomendação de evacuar os campos de refugiados e expulsá-los para aldeias maiores, e, com isso, "desenvolver a periferia de Judeia e Samaria de modo que elas pudessem ser integradas ao resto do país".[27]

No intuito de assegurar que essa pilhagem de terras não fosse interrompida inesperadamente por agências ou entidades, tomou-se uma medida crucial em 1971: aprovou-se o Decreto nº 418, um decreto especial da Lei de Planejamento Urbano, Rural e de Edificações (Judeia e Samaria). Por meio dele, quase toda a autoridade de planejamento seria transferida a um novo conselho superior de planejamento. A maioria de seus membros era representante do regime militar israelense.[28]

Assim, o novo projeto desejava fortalecer a presença judaica na Cisjordânia e, em menor medida, na Faixa de Gaza. A realidade também foi formatada pela nova licença garantida ao movimento dos colonos que emergiu em 1968 e buscava intensamente novos locais para construir colônias no meio das áreas palestinas. Contudo, seu impacto só foi sentido quando o Likud assumiu o poder, em 1977.

9

No caminho da Intifada (1977-1987)

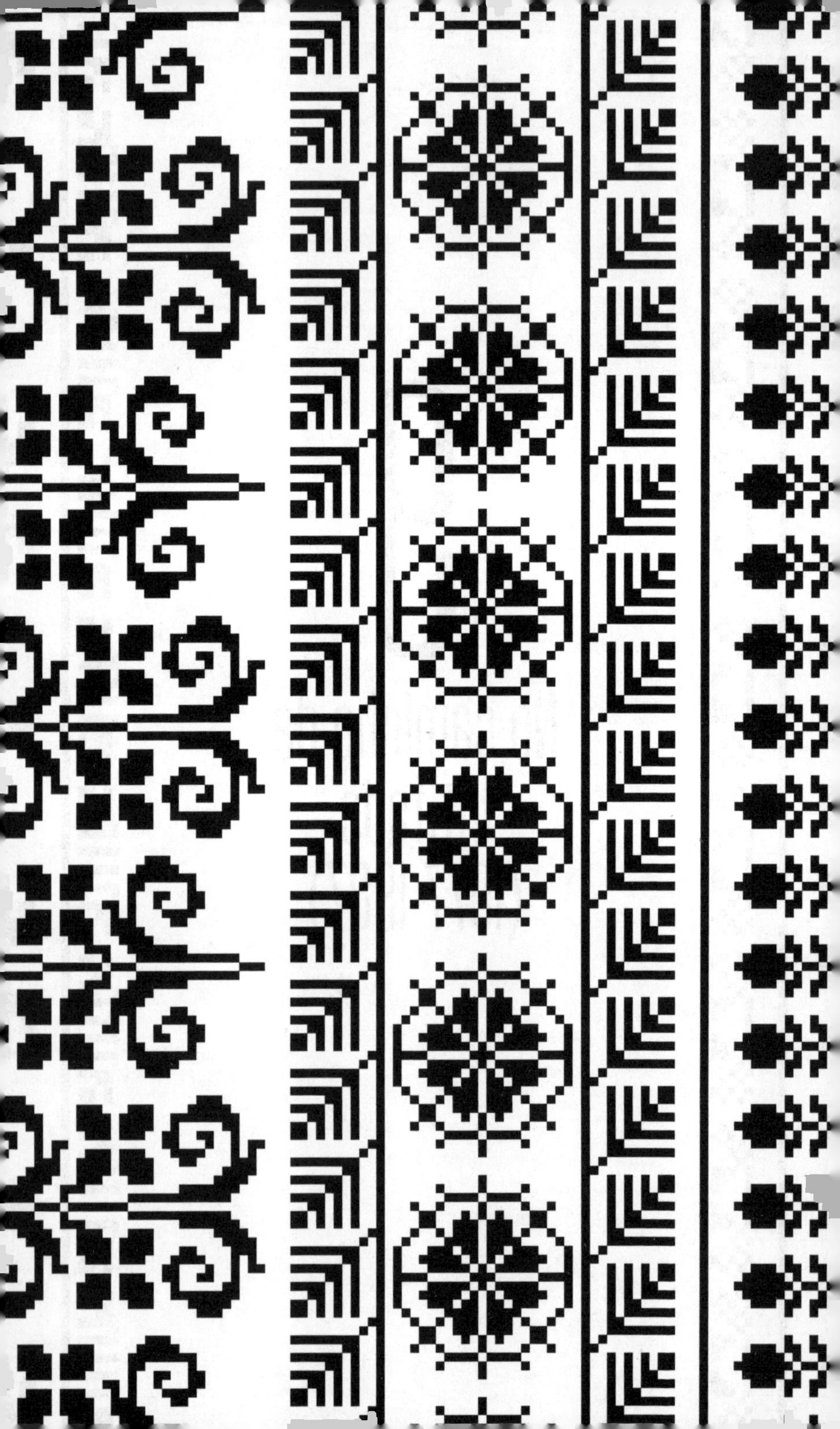

No dia 26 de setembro de 1975, Menachem Begin – o líder do que se tornaria o Likud –, à época na oposição, prometeu que, se eleito, jamais devolveria os territórios que Israel ocupara na guerra de junho de 1967.[1] Intencionalmente ou por circunstâncias inesperadas, ele transpareceu estar se referindo apenas à Cisjordânia e à Faixa de Gaza (e, de certo modo, também às Colinas de Golã). Anwar Sadat, presidente do Egito, fez uma visita histórica a Jerusalém pouco depois da eleição de Begin; nesse momento, o primeiro-ministro cedeu territórios, mas apenas a Península do Sinai. Na sequência, houve o Acordo de Camp David, apresentado como uma iniciativa de paz que incluía o futuro da Palestina – meras promessas vazias de um presidente egípcio que optou por tirar seu país do conflito com Israel, mesmo que o preço fosse deixar as demais ocupações intactas.

O Likud assumiu o poder em maio de 1977 com a promessa de anexar definitivamente a Cisjordânia e a Faixa de Gaza. Seu eleitorado, em especial da comunidade judaica mizrahi, votou no partido na esperança de melhorar suas condições socioeconômicas. Foi provavelmente por isso que a maioria não se importou quando descobriu que, afinal, o Likud daria continuidade às mesmas políticas de controle sem anexação promovidas pelo governo anterior.

O REINADO DOS COLONOS (1977-1987)

Se havia uma diferença entre os dois governos, eram os vínculos mais próximos do Likud com o Gush Emunim, o movimento dos colonos. No entanto, há uma clara continuidade da colonização da Palestina, seja antes ou depois de 1967.

O impulso de tomar a Cisjordânia e a Faixa de Gaza foi o mesmo que levou a liderança sionista a proceder com a limpeza étnica de boa parte da Palestina em 1948 e com outras políticas de opressão e desapropriação implementadas contra palestinos onde quer que estivessem. É por isso que ideólogos experientes do trabalhismo sionista desempenharam um papel tão central no lobby para permitir que judeus se assentassem nos Territórios Ocupados depois de 1967.

Para observadores externos, o movimento dos colonos estava convenientemente à direita do espectro político, e, assim, podia ser facilmente diferenciado das forças seculares da social-democracia sionista que haviam concebido e exercido a política de desapropriação desde 1882. Em essência, contudo, esse impulso de colonização nasceu em 1882, não em 1967.

O Likud tinha duas forças motrizes: atender aos problemas socioeconômicos de grupos marginalizados de judeus – os mizrahim e os ultraortodoxos – e um compromisso com o Grande Israel. Ambas se fundiram no impacto particular do novo governo na natureza da judaização da Cisjordânia.

Aos judeus mizrahim de bairros pobres, ofereceu-se uma nova vida nos assentamentos da Cisjordânia (e, em certa medida, também nos assentamentos da Faixa de Gaza). Eles seriam referidos mais tarde como colonos econômicos – justamente aqueles que, como esperava (em vão) a esquerda israelense, podiam voltar a Israel com compensações financeiras. A geração mais jovem dos mizrahim seria doutrinada pelo movimento dos colonos (entre eles, Yigal Amir, que assassinou Yitzhak Rabin em novembro de 1995).

Os ultraortodoxos que se haviam amontoado em favelas inabitáveis em Jerusalém e em Bene Beraq, nos arredores de Tel Aviv, mudaram-se para as novas cidades na Cisjordânia constituídas exclusivamente de ultraortodoxos. Além de servirem à estratégia demográfica do governo do Likud, eles também tiveram permissão de criar para si mesmos enclaves teocráticos autônomos, imunes às práticas jurídicas e às normas culturais do Estado de Israel.

Assim, os judeus ultraortodoxos não sionistas criaram suas próprias entidades devotas, que não eram toleradas no Estado judaico secular, e puderam impor a regra de exclusão e inclusão – algo impossível dentro das fronteiras pré-1967. Quem quiser saber como é o Estado judaico teocrático definitivo, deve visitar um desses enclaves.

A isolada colônia de Kedumim, um dos primeiros assentamentos pós-1967, existe ainda hoje como um enclave ortodoxo onde mulheres de calças não são bem-vindas e os homens se vestem como pioneiros estadunidenses do Velho Oeste selvagem, barbados e com revólveres no coldre, à semelhança dos guerrilheiros da Al-Qaeda. Nessas colônias, a sinagoga é o centro da comunidade, e os sermões dos rabinos são uma mistura de racismo antiárabe e messianismo judaico.

As colônias também se desenvolveram como equivalentes de paraísos fiscais. Além de terem empregado força de trabalho palestina barata, houve isenção de impostos, pois o governo do Likud considerou que elas mereciam tratamento especial por se localizarem em áreas com "risco de segurança", o que lhes garantiu concessões tributárias e subsídios para todos os aspectos da vida.[2]

Desenvolveu-se uma espécie de dualismo. Por um lado, a colonização passou a ser a principal ferramenta para reduzir a presença palestina na Cisjordânia e na Faixa de Gaza, e os colonos se tornaram parte integral da dominação israelense nos Territórios Ocupados. Por outro, alguns setores dessa comunidade criaram um Estado dentro do Estado, o que, ao mesmo tempo, desafiava e afetava a natureza mais secular do Estado judaico dentro das fronteiras pré-1967.

No entanto, a principal mudança em relação à década anterior (em que o país era governado pelo Partido Trabalhista) foi a licença para agir livremente, assegurada pelo governo do Likud aos colonos religiosos e nacionalistas mais ideológicos. A integração da atividade violenta dos colonos dentro de uma estrutura geral de controle não foi um aspecto totalmente bem recebido na burocracia da ocupação. Mas eram tolerados os vândalos e justiceiros, que frequentemente executavam suas próprias ações punitivas, como arrancar árvores, incendiar plantações ou assediar palestinos de modo geral, pois sua atividade se somava à intensificação do controle e da presença de Israel, em especial nas fronteiras entre os enclaves palestinos "puros" e as recém-definidas "áreas proibidas" para não judeus.

Em 1982, Yitzhak Mordechai, comandante da região central, decidiu empregar uma companhia de colonos reservistas na área de Hebron como uma "unidade de defesa regional". Esse modelo foi adotado por toda parte: colonos serviam como soldados nos arredores de suas colônias, muitas vezes estimulados a intimidar e abusar ainda mais da população local.[3]

A SHARONIZAÇÃO DA MEGAPRISÃO: PRIMEIRA FASE (1977-1987)

Conforme vimos no final do capítulo anterior, havia claros sinais de que os palestinos não se renderiam completamente aos ditames israelenses. Não obstante, o governo de Menachem Begin (1977-1981) continuou a agir como se a fórmula da prisão aberta fosse atraente para a maioria dos palestinos. Apesar de sua retórica inflamada como líder da oposição, depois de eleito primeiro-ministro Begin estava disposto a confiar nos formuladores políticos do passado, em particular em Moshe Dayan.

Dayan, recém-nomeado ministro das Relações Exteriores, avançou na propaganda do modelo de prisão aberta como plano de paz e encontrou aliados no mundo árabe que aceitaram a proposta como solução permanente para os Territórios Ocupados. Esse era o "plano de autonomia" de Dayan, o qual chegou às negociações de paz entre Israel e Egito em 1979 com 26 pontos – cada um deles, de uma maneira ou de outra, assumia que a soberania, o controle e os recursos do território permaneceriam para sempre nas mãos de Israel, enquanto os palestinos, apartados das áreas de moradia designadas para a colonização judaica, gozariam de "autonomia".[4]

A OLP não ficou parada diante desses desdobramentos e intensificou a luta fora de Israel, anunciando que rejeitava essa engenharia egípcio-jordaniana-israelense da Questão Palestina. Em março de 1978, a organização tentou deixar sua marca no conflito: sequestrou um ônibus que rumava para o norte de Tel Aviv, numa operação que foi um fracasso retumbante e terminou com a morte de 35 cidadãos israelenses. Essa operação malsucedida deu ao exército israelense a justificativa para ocupar o sul do Líbano, se intrometer na Guerra Civil Libanesa (que estourara três anos antes) e criar sua própria milícia local, o Exército do Sul do Líbano (ESL), depois de completar a ocupação do sul do país até o Rio Litani.[5] Dois mil palestinos e libaneses morreram nessa operação (vinte soldados israelenses também), e outros 250 mil palestinos e alguns libaneses foram expulsos e precisaram se mudar para além da margem norte do Litani.[6] Um novo braço da ONU foi criado, a Força Interina das Nações Unidas no Líbano (Unifil), que observou uma trégua estremecida após a operação e envolveu a entidade internacional nas águas turvas do front norte de Israel, que ainda veria mais complicações no futuro. Como prenúncio dos acontecimentos vindouros, o quartel da Unifil foi bombardeado pelo ESL pouco depois da chegada dos primeiros soldados, o que causou a morte de oito membros da força de paz da ONU.[7]

A Operação Litani, como foi chamada, era o prelúdio de uma nova peça do quebra-cabeça geral da estratégia israelense na Palestina. Seu objetivo era persuadir a opinião pública nacional e internacional de que não havia alternativa à administração unilateral de Israel dos Territórios Ocupados e de que apenas o Estado judaico poderia determinar o futuro da Cisjordânia e da Faixa de Gaza.

A nova peça traduziu-se em uma guerra ativa contra a OLP, com o objetivo de eliminá-la. Foi Ariel Sharon quem arquitetou essa parte da estratégia. O herói da guerra de 1973 havia se tornado, em 1977, um político astuto. Outrora musculoso, Sharon era agora um homem obeso, um líder parrudo cujo apetite incontrolável pela alta gastronomia se equiparava à sua fome por mais terras e assentamentos por toda a Palestina histórica.

Primeiro, Sharon assumiu o Ministério da Agricultura, na mesma época em que Ezer Weizman era ministro da Defesa. Enquanto Weizman ocupou a pasta, o governo Begin adotou políticas mais pacifistas em relação aos Territórios Ocupados, com base no plano de autonomia acordado com o Egito. Em 1980, Weizman sentiu que não recebia de Begin um apoio genuíno para essa política e abandonou o cargo bruscamente.

Sharon se ofereceu para substituí-lo, mas Begin, prudentemente àquela altura da vida, resistiu à tentação e se recusou a indicá-lo para um cargo tão poderoso. Contudo, um Begin diferente – mais fraco e desorientado, facilmente manipulável – emergiria das eleições de 1981. A porta então se abriu para a indicação de Sharon ao cobiçado Ministério da Defesa. Begin alegaria, em retrospecto, que nomeou Sharon porque precisava dele para desfazer os assentamentos judeus no sul e no norte do Sinai, a fim de cumprir a obrigação de Israel prevista no acordo de paz com o Egito, que exigia sua retirada completa da península.[8] Isso talvez também tenha pavimentado o caminho de Sharon rumo ao topo do poder. Devemos admitir que ele entregou o que lhe pediram, e a evacuação dos colonos judeus do território egípcio foi concluída em abril de 1982.

Sharon tinha agora licença para destruir a OLP da forma que considerasse necessária. Seu primeiro alvo foi desconectar ao máximo os territórios palestinos de sua liderança e do movimento nacional que conduzia. Ao lado de seus generais, Sharon aumentou as tensões na fronteira norte de Israel, preparando uma invasão total do Líbano, no intuito de eliminar a presença da OLP no país vizinho.[9]

A essa estratégia no Líbano somou-se uma política igualmente dura na Cisjordânia e na Faixa de Gaza. Um dos primeiros movimentos de Sharon foi dispersar as entidades nacionais criadas após as eleições municipais de 1976, a começar pelo Lajnat al-Tawjih, uma organização que pretendeu coordenar as ações dos palestinos durante a Primeira Intifada.[10]

Desde 1977, Sharon vinha tentando intensificar as colaborações e diminuir a resistência entre os palestinos, criando o que ele acreditava ser o seu tipo de liderança (uma velha tática sionista e colonial de modo geral: escolher os líderes favoritos). Não se sabe ao certo se as personalidades a quem ele deu suas bênçãos se viam como seus agentes ou se agiam de maneira satisfatória para ele – em todo caso, esse foi um episódio passageiro. O aparato que ele incentivava era ideia de seu consultor orientalista: Menachem Milson, então professor da Universidade Hebraica.

Milson foi trazido à cena como mais uma parte da estratégia geral de Sharon para estabelecer o modelo de prisão aberta como solução permanente. Sharon aboliu a administração militar dos Territórios Ocupados – em um ato que deveria ter enfurecido a comunidade internacional, pois assinalou o fim da farsa israelense do caráter provisório da ocupação. Se não havia mais controle militar, não havia mais ocupação militar, e, para todos os efeitos, as áreas que Israel havia tomado em 1967 agora faziam parte do Estado judaico. Isso era proibido pela lei internacional, como vimos. Mas o mundo, em particular os Estados Unidos, manteve a postura de "não perguntar, não comentar".

O regime militar foi substituído pela Administração Civil da Judeia, Samaria e Faixa de Gaza, e Milson foi nomeado seu primeiro chefe.[11] Parte da jurisdição desse órgão foi transferida à Autoridade Palestina em 1995. Se houver um dia um Estado soberano na Palestina (precisamente na Cisjordânia e na Faixa de Gaza), talvez esse passo seja considerado um marco positivo no caminho rumo ao estabelecimento de um Estado palestino. Mas tenho sérias dúvidas de que essa seja uma interpretação histórica apropriada: a narrativa do politicídio incremental dos palestinos, como o falecido Baruch Kimmerling descreveu a estratégia de Sharon, parece um modo mais apropriado de ver as coisas neste momento.[12]

O principal interlocutor de Milson *in loco* era Mustafa Dudin, ex-ministro da Agricultura da Jordânia. Juntos, eles fundaram as Ligas das Aldeias: supostamente uma tentativa de melhorar a vida local nas áreas rurais, mas, em essência, uma trama para criar uma liderança alternativa à OLP. Embora a maioria dos palestinos odiasse as ligas, dezenas de milhares de membros foram recrutados. O chefe da liga em Ramallah, Yusuf al-Khatib, foi assassinado. A suposta corrupção das principais personalidades envolvidas nas ligas não ajudou a torná-las benquistas pela população ocupada. O auge de sua atividade foi uma reunião em 1982 na qual criaram um movimento pela democracia que reivindicava a paz com Israel de acordo com os termos israelenses (entre outras questões, renunciavam ao direito de retorno dos refugiados de 1948). Quando Milson foi substituído como chefe da Administração Civil, seus sucessores, em particular Fuad Ben-Eliezer, mais tarde ministro da Defesa de Israel pelo Partido Trabalhista, desfizeram as Ligas das Aldeias e baniram totalmente sua atividade. Ele descreveu os membros desses grupos palestinos como *quislings* [colaboracionistas].[13]

A estratégia de Sharon não se baseava apenas na destruição interna e externa da OLP ou na construção de uma liderança alternativa; intensificar a colonização também era uma parte importante do seu plano. Incentivados por Sharon, os colonos adotaram táticas mais agressivas, como em Beit Hadassah, onde havia um dos grupos mais fanáticos, atuante no coração da Cidade Velha de Al-Khalil (Hebron).

No início de maio de 1980, os palestinos da cidade não suportaram mais o assédio dos colonos judeus e mataram seis deles. A punição foi rápida, uma típica violação brutal do direito internacional e dos direitos humanos. O prefeito de Al-Khalil, seu *qadi* (juiz no tribunal da xaria [lei islâmica]) e o prefeito de Halhul, uma cidade vizinha, foram expulsos no fim daquele mês. Como de costume, a punição oficial foi acompanhada de retaliações da parte dos próprios colonos justiceiros, que instalaram bombas nos carros de Bassam Shaq'a, prefeito de Nablus, e de Karim Khalaf, prefeito de Ramallah, deixando ambos gravemente feridos. O governo israelense temia que isso se tornasse uma espécie de Jewish Underground [organização fundamentalista de direita criada por militantes do Gush Emunim], e foi de fato o que aconteceu. Revelou-se que um grupo de justiceiros operava sob o nome de Jewish Underground. Eles foram detidos enquanto preparavam um atentado terrorista ao Haram al-Sharif, o

Monte do Templo, em Jerusalém, com intenção de explodir as mesquitas localizadas ali,[14] e acabaram, por fim, banidos pelo serviço secreto e pelo exército israelenses.

Embora descontente com essa atividade terrorista de justiceiros feita em seu nome, o governo de direita procurou outras formas, não menos brutais, de solidificar unilateralmente a nova realidade que Israel havia criado na Cisjordânia e na Faixa de Gaza após a guerra de 1967. Além da ação contra lideranças locais e contra a OLP no Líbano, o governo Begin acelerou a anexação de Jerusalém ao aprovar, em 30 de julho de 1980, uma nova lei que desafiou todas as resoluções da ONU e garantiu a Israel soberania exclusiva na cidade. Vozes influentes de condenação vieram do Vaticano, do mundo muçulmano e das potências europeias, mas não tiveram nenhum impacto na realidade local, demonstrando mais uma vez como Israel gozava de imunidade diplomática.

A principal atividade de Sharon, no entanto, foi expandir dramaticamente as áreas judaizadas nos Territórios Ocupados, em particular na Cisjordânia. A imagem de sua figura volumosa, saltando de colina em colina, em geral com auxílio de um helicóptero e um rolo imenso de mapas debaixo do braço, ficou gravada na consciência pública israelense, um testemunho de sua determinação e seu compromisso com o projeto de colonização.

Mais especificamente, Sharon procurava formas de superar o obstáculo colocado em seu caminho pela Suprema Corte de Israel, que decidira que apenas terras públicas podiam ser confiscadas. Sob sua orientação e com ajuda de especialistas jurídicos da Administração Civil – ou seja, do controle militar nos Territórios Ocupados –, a propriedade fundiária foi redefinida para que Israel pudesse alegar que boa parte da terra era ou se tornaria estatal (pública). Depois de outra decisão inequívoca da Suprema Corte proibindo o confisco de terras particulares, Sharon reuniu-se com todos os funcionários mais importantes, e um dos principais burocratas da administração militar teve uma ideia. Esse indivíduo era o que se poderia chamar de um "orientalista" – um especialista em assuntos como direito otomano. Ele sugeriu que algumas terras na Cisjordânia poderiam ser definidas como *mawat*, ou terra "morta", de acordo com uma lei fundiária otomana do século XIX. Segundo essa legislação, terras não cultivadas por três anos poderiam passar para as mãos do Império Otomano ou do Estado otomano. No dia seguinte, Sharon alçou voo em seu helicóptero e, em um exercício aparentemente infinito, apontou para seus subordinados uma terra que parecia deserta lá embaixo, antes de instruir sua equipe, que trabalhava com afinco, a incluí-la como terra *mawat* no mapa. Nem é preciso dizer que a experiência otomana era inteiramente irrelevante para a colonização da Cisjordânia e da Faixa de Gaza, mas fazia parte do acordo tácito entre a Suprema Corte e a burocracia israelense sobre como "kosherizar", dentro de uma infraestrutura jurídica respeitável, a crescente colonização de áreas na Cisjordânia.[15]

Assim, o sistema judiciário legalizou o roubo de terras *a priori* e retrospectivamente. Essa eficaz ferramenta permitiu que os burocratas se apropriassem da terra que quisessem, na Cisjordânia ou na Faixa de Gaza, para criar assentamentos de judeus, bases militares israelenses ou o que fosse necessário para açambarcar os territórios sem incluir os palestinos que neles viviam.

Em 1979, a área que primeiro havia sido confiscada por exigências militares urgentes foi transformada em colônias como Matityahu, Neve Zuf, Rimonim, Beit El, Kochav Hashahar, Alon Shvut, Elazar, Efrat, Har Gilo, Migdal Oz, Gitit, Yitav e Qiryat Arba. Algumas cresceram e se tornaram pequenas cidades, outras permaneceram como pequenas comunidades. Essa nova conurbação não só serviu ao propósito da expansão territorial do Estado judaico como também forneceu importantes centros de observação e monitoramento no meio da megaprisão construída pelos israelenses.

O governo do Likud de fato obedeceu a uma imposição da Suprema Corte que havia declarado ilegal a transformação das bases militares em colônias. Mas essa decisão – a primeira da história da corte israelense que respeitava o direito internacional – não protegeu os palestinos de futuras pilhagens; produziu apenas uma mudança no método, não no propósito, das políticas de Israel.

Em 1985, o Estado judaico havia tomado mais de 2.150.000 *dunams*, 39% deles na Cisjordânia.[16] Quase tudo eram terras públicas, conforme previamente definidas pelas autoridades jordanianas. O passo seguinte para completar o controle espacial total da Cisjordânia foi a expropriação de terras particulares, algo jamais aventado por autoridades jordanianas, tampouco pelo Mandato Britânico. Até mesmo a desapropriação de terras públicas pelos jordanianos se limitara à instalação de algumas poucas bases militares. O confisco de terras particulares foi levado a cabo através dos já citados truques de Ariel Sharon, mobilizando o aparato jurídico do regime militar que transformou essas terras em *mawat*, em uma absurda interpretação do direito otomano de meados do século XIX.

Ao contrário do que muitos acreditam, o posterior Acordo de Oslo não representaria uma mudança desse paradigma. Mesmo durante sua fase mais otimista, o acordo introduziu apenas mudanças menores no controle espacial israelense. Uma nova onda de decretos enérgicos se seguiu ao "processo de paz", dando continuidade à expansão dos assentamentos. A novidade era a adição de dezenas de estradas locais e rodovias para uso exclusivo de judeus – cuja construção implicou a expropriação de terras particulares, pois toda terra pública já havia sido tomada.

Uma conquista espacial mais complexa, mas igualmente efetiva, se deu em Jerusalém Oriental, já previamente anexada a Israel – ou seja, as mesmas práticas jurídicas empregadas dentro de Israel de 1948 até 1967 permaneceram ali intactas. Assim, se na Cisjordânia e na Faixa de Gaza foram usadas leis otomanas e jordanianas para justificar a tomada de terras, em Jerusalém Oriental (e na Galileia e no Neguev) o governo israelense recorreu a leis do Mandato para a expropriação fundiária, como fazia desde 1970. Terras estatais ou públicas na região eram escassas, portanto a maior parte das expropriações era de propriedades particulares.

Tanto na Grande Jerusalém quanto no restante dos Territórios Ocupados, a limitação ao espaço palestino foi atingida não só através da expropriação de terras e da colonização judaica; outras formas incluíram decretos e regulamentações que proibiam expandir edificações, além de taxas de licenciamento para novas construções com valores muito superiores aos rendimentos médios de um palestino.

Todas essas iniciativas de desarabização e judaização do espaço ocupado foram fundidas em uma política mais sistemática quando Ariel Sharon foi nomeado ministro da Habitação, depois de ter sido afastado do Ministério da Defesa devido ao inquérito público sobre seu papel no massacre de Sabra e Chatila, no Líbano, em 1982. Ele permaneceria exercendo cargos ministeriais similares (como ministro da Infraestrutura Nacional), o que lhe garantiu amplos recursos e licença para expandir a colonização judaica dos Territórios Ocupados. A política israelense só veria alguma modificação quando ele se tornou primeiro-ministro, em 2001. Sharon e Ehud Olmert, seu assessor e sucessor no recém-fundado partido Kadima, removeriam os colonos judeus da

Faixa de Gaza e expandiriam ainda mais a presença judaica na Cisjordânia.

A principal contribuição de Sharon para a solidificação do modelo de megaprisão foi uma abordagem sistemática que eliminava qualquer ambiguidade na implementação da estratégia de 1967. Ele levou a colonização a todos os cantos da Cisjordânia.

Uma mudança relevante foi a exclusão de palestinos das entidades e dos comitês de planejamento. Ao descobrir, por exemplo, que havia um número "simbólico" de palestinos no Conselho de Planejamento, Sharon substituiu a entidade pela Câmara de Planejamento, quase sem nenhum membro palestino, num inacreditável gesto de cinismo e fraude. Oficialmente, a missão do órgão era ajudar no futuro desenvolvimento das quatrocentas aldeias palestinas na Cisjordânia na década seguinte (os anos 1980). A câmara anunciou que avaliaria questões de planejamento desse grande número de aldeias na Cisjordânia, mas, em essência, procurava mais formas de confiná-las e contê-las, no intuito de limitar sua expansão e seu crescimento natural. Tratava-se de uma imagem inversa das colônias judaicas: as decisões relativas aos palestinos visavam diminuir o crescimento dessa população, enquanto o que se deliberava a respeito dos judeus tinha como intuito incentivar o seu crescimento e desenvolvimento. Para o resto do mundo, essa novilíngua comprou para Israel imunidade à crítica – afinal, o que havia de errado em atender às necessidades de áreas rurais ocupadas?[17]

Como observamos ao mencionar a política de "enquistamento", termo criado por Glenn Bowman, proibir o desenvolvimento rural ou urbano dos palestinos nos Territórios Ocupados era o plano B de Israel para a limpeza étnica da Palestina. A expulsão era a primeira alternativa; o enquistamento, a segunda.

O COLAPSO DO MODELO DE PRISÃO ABERTA

Em 3 de junho de 1982, Shlomo Argov, embaixador israelense em Londres, sofreu uma tentativa de assassinato ao sair de um jantar no Hotel Dorchester. Hussein Ghassan Said, autor do atentado, era membro da Abu Nidal, uma organização que se prestava a qualquer tipo de empreitada. Ninguém nunca soube quem contratou quem em nenhum momento da história desse grupo. Sabemos que, a certa altura, o seu fundador, Abu Nidal, também trabalhou para a CIA e que entre suas vítimas havia muitos membros da OLP depois que ele deixou essa organização, em 1973.[18]

Evidentemente, a identidade do assassino não interessava a Ariel Sharon, que vinha preparando um ataque geral ao Líbano desde que fora nomeado ministro da Defesa. No dia seguinte, ele ordenou um bombardeio aéreo massivo nas bases da OLP em solo libanês e usou a reação da organização para ativar um plano que havia preparado previamente em 1981. De acordo com a maioria dos relatos, Sharon apresentou ao governo uma proposta de invasão mínima, enquanto colocou em prática uma operação mais ampla, que incluía a ocupação de Beirute e de outras cidades.[19] As atrocidades israelenses naquela guerra foram registradas no relatório de Seán MacBride às Nações Unidas em 1983. O estadista irlandês, então presidente da Assembleia Geral da ONU, documentou os crimes de guerra em detalhes. Apesar disso, o relatório foi arquivado e totalmente ignorado pela comunidade internacional. A única reação global de indignação foi deflagrada pela colaboração de Israel com as milícias cristãs maronitas no massacre de palestinos em Sabra e Chatila, em setembro de 1982. A revolta foi tão grande que obrigou Begin a remover Sharon do Ministério da Defesa.[20]

Tragicamente, esses horríveis eventos no Líbano – e isso sempre se aplica à correlação entre os desdobramentos regionais e a Palestina – não afetaram a estratégia de Sharon nos Territórios Ocupados.

Fora do Ministério da Defesa, mas no comando de outras pastas, Sharon intensificou as políticas de estrangulamento na Cisjordânia e na Faixa de Gaza até meados dos anos 1980. Os fatos que ele estabeleceu *in loco* passaram a mensagem de como seria a vida dos palestinos nos anos vindouros. Se as pessoas sob ocupação procurassem orientação junto à sua principal entidade representativa, a OLP, encontrariam pouquíssimas respostas. Desde a destruição dos quartéis-generais da OLP durante a invasão israelense do Líbano, em 1982, a sede da organização fora transferida para Túnis – estava muito distante e enfraquecida. Nos anos imediatamente anteriores à Primeira Intifada, a OLP tentou uma reaproximação com a Jordânia, mas fracassou, pois a dinastia hachimita se distanciava de qualquer envolvimento na Cisjordânia, assim como a maioria dos outros países-membros da Liga Árabe.[21]

A inspiração veio de outro lugar: da resistência no Líbano, por parte tanto de guerrilheiros palestinos quanto de combatentes xiitas. No início de 1985, os formuladores políticos de Israel estavam profundamente envolvidos no atoleiro libanês. Os Territórios Ocupados viviam relativa calmaria, mas a troca constante de tropas israelenses em serviço, vindas do sul do Líbano ocupado – área de combate ativo – rumo à Cisjordânia e à Faixa de Gaza, borraria os limites das duas arenas. Era chegado o momento de tentar uma reação mais ativa em ambas as áreas ocupadas, e a do Líbano foi mais exitosa do que a resistência não violenta na Palestina.

De 1985 a 1987, o exército israelense tratou essas duas áreas ocupadas da mesma forma. Mesmo antes da Primeira Intifada, as forças israelenses empregaram a chamada "mão de ferro" diante de qualquer sinal de resistência. O modelo de prisão aberta fracassava lentamente. E a política da mão de ferro não se limitava ao Likud: em 1984, Likud e trabalhistas formaram um governo de unidade que conservaria o poder até 1989. A política desumana e punitiva daquele gabinete precedeu o levante. Gad Yaacobi, então ministro das Finanças, diria anos depois que essa política não era, na verdade, uma retaliação contra a atividade palestina, pois havia pouquíssima atividade; a unidade do governo, afirmou ele, visava acelerar o que ele chamou de uma política "vagarosa de anexação *de facto*". Yaacobi lamentou em retrospecto, dizendo que essa decisão "contribuiu para uma crescente militância na sociedade palestina".[22] Assim, os próprios israelenses não poderiam sustentar por muito tempo o modelo de prisão aberta.

O único aspecto desse modelo de prisão que permaneceu vigente até a Primeira Intifada foi o direito de trabalhar em Israel. Já em 1977, metade dos trabalhadores das áreas ocupadas estava empregada no Estado judaico (esse número saltou de cinco mil em 1969 para cerca de cem mil nos anos 1980), e as áreas palestinas se tornaram o segundo maior comprador das exportações israelenses, atrás apenas dos Estados Unidos.[23]

Esse direito de trabalhar em Israel – visto por alguns como "privilégio" – era, na verdade, o direito de participar de um mercado escravista moderno, sem direitos sociais nem seguro-saúde, sem sindicatos nem direitos trabalhistas. O privilégio, por assim dizer, ainda seria oferecido até o início da Segunda Intifada. Durante a Primeira Intifada, cerca de cinquenta trabalhadores palestinos frustrados extravasaram sua fúria contra os patrões ou contra pessoas aleatórias nas ruas, no mais das vezes usando uma faca. Essa onda de violência atingiu um pico em 1989 e foi o pretexto para uma nova política de barreiras e limitações aos trabalhadores palestinos em Israel. O mercado de trabalho preferia homens jovens, mas o sistema de segurança agora barrava cada vez mais esse perfil nas construtoras israelenses, nos mercados agrícolas e em outros empregos não especializados que necessitavam intensa mão de obra.

Especialistas israelenses surpresos com a explosão da Primeira Intifada recordavam as condições socioeconômicas dos Territórios Ocupados, que eles diziam ter melhorado drasticamente após o início da dominação israelense.[24] Os palestinos discordavam com veemência, alegando que a economia dos Territórios Ocupados era administrada de modo muito similar à de uma possessão d'além mar durante o período colonial. Essas políticas criaram uma dependência total da colônia em relação ao colonizador e, no caso das áreas palestinas, arruinaram a agricultura e a indústria. Houve aumento de 15% nos salários, mas essa cifra não representava grande coisa: não havia nenhuma infraestrutura de investimento ou poupança, e o custo de vida estava mais alto. A isso se podem somar a falta de acesso aos tradicionais mercados árabes de exportação e a competição com os produtos de Israel, mais baratos. Uma vez que os israelenses limitavam a atividade econômica palestina e reivindicavam terras e recursos hídricos durante a expansão dos assentamentos, o incremento salarial era insignificante para a maioria dos palestinos no longo prazo.[25]

Essa realidade era ainda mais complexa durante a vigência do modelo de prisão aberta. O aspecto mais problemático era que o direito de trabalhar em Israel ou mesmo de receber um salário razoável nos Territórios Ocupados não era, de fato, um direito – era uma recompensa. "Recompensas" por bom comportamento só existem no universo das prisões e dos centros de detenção. Dentro desse contexto, é importante notar que o modelo de prisão aberta permitia aos palestinos que se deslocavam todos os dias, como vendedores, estudantes e operários, trafegarem livremente pelas principais estradas.

No entanto, ainda se tratava de uma prisão, e boa parte dessa realidade cotidiana era a política punitiva sistemática e constante dos israelenses contra o povo palestino. De 1967 a 1982, o governo militar de Israel demoliu 1.338 lares palestinos na Cisjordânia; mais de trezentos mil palestinos foram detidos pelas forças de segurança israelenses, sem direito a julgamento e por diversos períodos de tempo.[26]

Para a mentalidade oficial israelense, é importante que o lado opressivo do modelo de prisão aberta nunca seja registrado na estratégia geral do Estado judaico. Na análise da Primeira Intifada feita por políticos e acadêmicos conservadores, o colapso desse modelo podia ser atribuído quase exclusivamente ao que eles consideravam uma troca malfeita de prisioneiros em 1985, ou seja, um acordo firmado com a organização de Ahmed Jibril, a FPLP, após o bem-sucedido sequestro de soldados israelenses no Líbano. Essa teoria – expressa pelo livro mais lido em Israel sobre a Primeira Intifada, escrito por Ze'ev Schiff, falecido correspondente militar do *Haaretz*, e Ehud Ya'ari, o principal orientalista da televisão israelense – diz que os palestinos libertados no acordo incitaram a população e instigaram a violência.[27] Israel tentava explicar retroativamente o levante por meio do Acordo de Jibril, um sinal de genuína incapacidade de captar o sofrimento dos palestinos e a natureza maligna da opressão israelense como principais causas da revolta. Foi por isso que o ministro da Defesa na época, Yitzhak Rabin, não se deu ao trabalho de interromper sua visita aos Estados Unidos e não voltou para Israel quando a Intifada explodiu. Ele supôs se tratar de um tumulto rotineiro, que logo cessaria.

Por fim, nesse período, é possível fazer uma clara distinção entre Cisjordânia e Faixa de Gaza. As organizações de direitos humanos levaram algum tempo para fornecer uma ideia melhor dos padrões e das condições de vida sob a ocupação. Os primeiros relatórios sugeriam que as condições gerais na Faixa eram incomparavelmente melhores, o que é confirmado por uma espécie de história oral de Gaza à qual podemos nos referir intuitivamente; havia, segundo os termos de um relatório, "níveis mais baixos de mal-estar". Isso podia ser atribuído a estruturas sociais tradicionais mais fortes e um maior senso de coesão e solidariedade.[28]

Em agosto de 1987, os militares israelenses na Cisjordânia e na Faixa de Gaza publicaram um livrinho anunciando orgulhosamente o êxito de sua dominação nos últimos vinte anos. Fotografias coloridas de palestinos felizes eram justapostas a imagens em preto e branco de palestinos tristes do período anterior a junho de 1967. O principal motivo desse orgulho era o aumento do padrão de vida, em comparação aos anos 1950. Quem sabe não teria aumentado também sob o domínio da Jordânia? Mas esse não era o ponto. Quando a Primeira Intifada teve início, quatro meses depois, ficou claro que a melhoria do padrão de vida, se é que de fato existiu, era parte do conceito de prisão aberta contra o qual os palestinos se sublevavam. O livrinho foi rapidamente retirado de circulação no início da Intifada.[29]

Mas qualquer um com visão de futuro – homens como Meron Benvenisti, ex-vice-prefeito de Jerusalém, que se tornou pesquisador e observador independente – compreendia que a política dos "fatos consumados" havia transformado tão dramaticamente a Cisjordânia e a Faixa de Gaza que um levante não seria capaz de fazer o relógio girar para trás; e, como se viu, dois levantes tampouco conseguiriam.[30] O que mais se transformou foi a paisagem física dos Territórios Ocupados, de um modo que, fundamentalmente, limitou o espaço vital de seus habitantes. Não era apenas a geografia que estava alterada a um ponto quase irreconhecível; também a demografia havia mudado. A intensiva colonização judaica foi acompanhada pela furtiva transferência de palestinos que partiam e não tinham permissão de voltar. Só em 1987, foram cerca de 1.500 deportados por atividade política – muitas vezes sem nenhuma acusação oficial.[31] Supostamente, o motivo para a ordem de deportação era prevenir qualquer atividade terrorista do indivíduo deportado. Na prática, contudo, a deportação, mais de uma vez, funcionou como ação punitiva.

O direito humanitário internacional proíbe a deportação interna ou externa de residentes em territórios ocupados, mas prevê certas exceções, segundo as quais o país ocupante pode evacuar residentes de seus lares por "razões militares imperativas" ou para garantir mais segurança para a população local. Nesses casos, a evacuação deve ser temporária, e a força ocupante deve garantir as necessidades básicas dos evacuados. A política de deportação anterior de Israel falhou em cumprir esses dois critérios, em flagrante violação do direito humanitário internacional (não que o legislador que redigiu essa lei acreditasse seriamente que uma ocupação pudesse durar mais de quatro décadas). Além disso, muitas vezes os deportados não faziam ideia de por que estavam sendo tratados daquela maneira.[32]

Quando o Likud ascendeu ao poder, o Partido Trabalhista passou a ser mais enfático a respeito dessas violações. Desenvolveu-se uma nova realidade no mapa político israelense: uma voz (representada por um ou dois partidos no Knesset) que queria nada menos que um fim incondicional da ocupação e, diante dos relatos de gritantes violações dos direitos humanos, conseguiu reunir assinaturas de apoio de cerca de cem mil judeus em um dia, e metade disso no restante do ano. Tratava-se da esquerda sionista antiocupação, tão ineficaz na época quanto é hoje. A esquerda sionista antiocupação nunca associou a ocupação aos males do próprio sionismo e, portanto, não poderia propor uma política alternativa ao centro e à direita do mapa – ou seja, àqueles que fielmente implementaram as decisões estratégicas descritas nas páginas de abertura deste livro.

Poucos fizeram essa conexão. O mais sionista entre eles era Boaz Evron, que deixou sua zona de conforto de poder e influência para combater a ocupação; ele era uma das vozes solitárias no deserto do sionismo. Não mencionarei outros nomes aqui porque creio que já são bem conhecidos, mas, por algum motivo, Evron não aparece entre os que merecem ser lembrados como integrante de um movimento dissidente mais genuíno e menos sionista.[33]

Evron era um jornalista experiente que escrevera para diversos jornais, inclusive o *Haaretz*, e um conhecido assessor de imprensa. O que o fez perder a linha deveria ter servido de alerta para muitos outros; infelizmente, não foi o caso. Evron ficou comovido com o artigo que um soldado escreveu no jornal de seu kibutz (cada kibutz em Israel tem uma espécie de "jornal local") sobre o que tinha visto e feito na Cisjordânia ocupada. O soldado relatou que ele e seus companheiros entraram em uma escola palestina, trancaram cerca de vinte meninos de oito anos de idade em uma sala de aula, atiraram dentro algumas granadas de gás e mantiveram as crianças ali por um bom tempo, causando tamanho pânico que pelo menos metade dos meninos pulou pelas janelas, quebrando as pernas na queda. Foi uma ação punitiva, em resposta a pedras atiradas por estudantes de uma faculdade local que não haviam sido capturados. O que chamou a atenção de Evron não foi tanto a tenebrosa história em si, mas o fato de que o soldado parecia acreditar que o gesto de publicar o relato poderia absolvê-lo. O mesmo se aplicava a um grupo de militares que participaram de um famoso livro, publicado pouco depois da guerra de junho de 1967, intitulado *Conversations between Soldiers* [Conversas entre soldados]. O mal-estar que Evron sentiu em 1967 se tornou uma revisão do sionismo liberal e de seu papel na maquiagem e no disfarce dos horrores da colonização e da ocupação sionista desde 1882.[34]

E afinal, dada a aleatoriedade do evento que acabou deflagrando a Primeira Intifada – um acidente de trânsito numa estrada na Faixa de Gaza –, talvez tenha sido o abuso diário dos direitos humanos e civis básicos dos palestinos a marca registrada da "ocupação esclarecida" e o aspecto mais odioso dessa ocupação.

10

A Primeira Intifada (1987-1993)

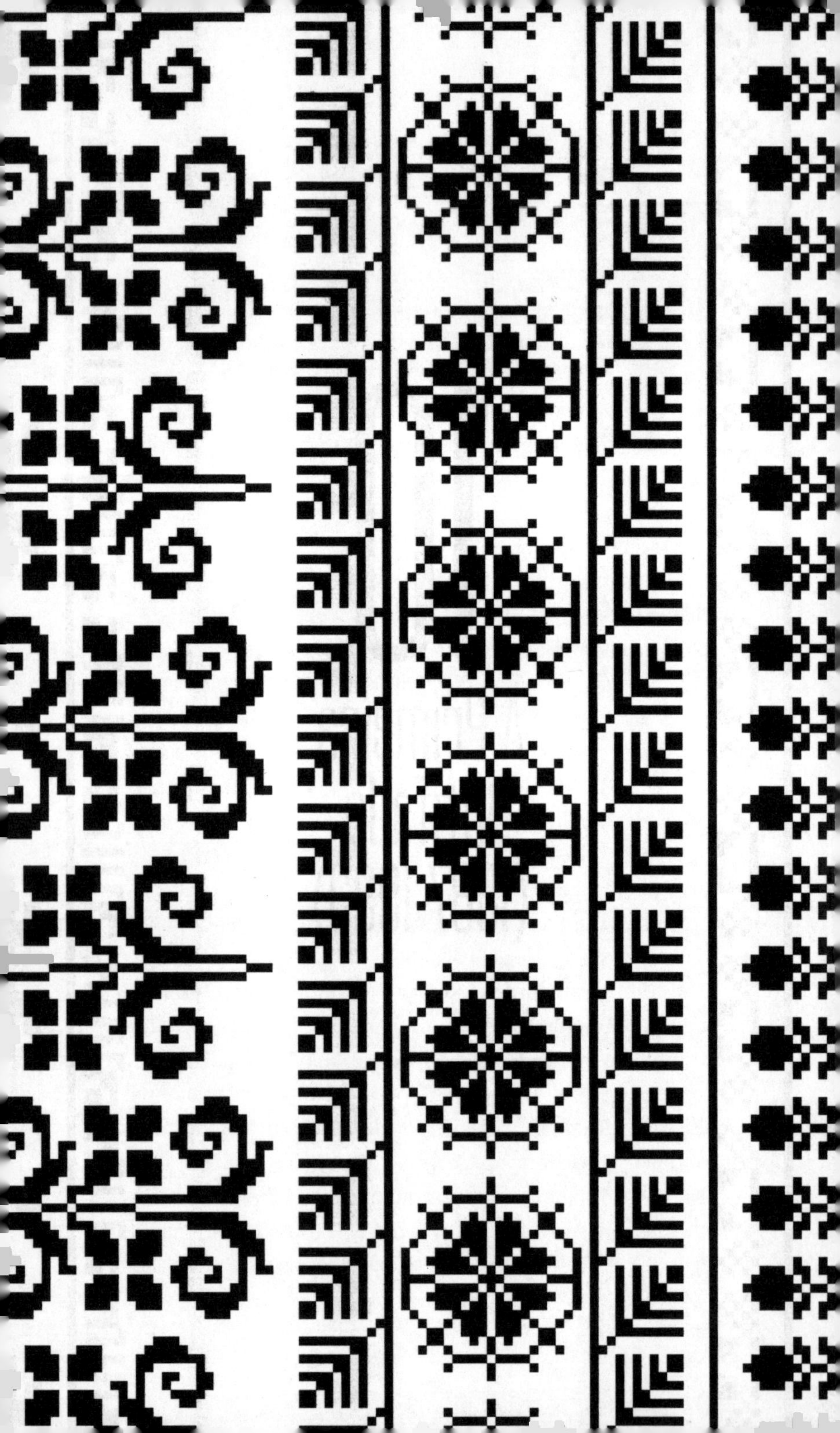

No dia 8 de dezembro de 1987, um caminhão atropelou quatro moradores do campo de refugiados de Jabalia, em Gaza, evento que disparou o primeiro levante, ou Intifada. Mais tarde, os historiadores apontariam outros acontecimentos violentos menores que precederam essa data e marcaram o início "oficial" da revolta. Hoje, olhando retrospectivamente, entendemos que o mais significativo não foram os eventos em si, mas a reação popular a eles – uma reação que, por algum tempo, transformou radicalmente a realidade local. O modo como a população dos Territórios Ocupados reagiu ao acidente de dezembro de 1987 deflagrou uma resposta sem precedentes em intensidade e escopo. Desde 1937, a Palestina não testemunhava tamanha participação popular contra a opressão e a desapropriação.

Uma semana depois, seis palestinos já haviam sido assassinados devido à brutal retaliação israelense às pedras atiradas, aos protestos e aos bloqueios de estradas improvisados. O número de palestinos que perderam a vida subiu dramaticamente nos primeiros meses da Intifada; a maioria foi morta durante manifestações não violentas. Seguiram-se prisões em massa e uma política punitiva que visava paralisar a vida nos Territórios Ocupados: fechamento forçado de escolas, lojas e comércios, e pessoas obrigadas a permanecer em casa.[1]

A comunidade internacional respondeu como nunca à ocupação. Os palestinos foram, simbólica e visualmente, descritos como o corajoso Davi enfrentando o cruel Golias, e as imagens de meninos atirando pedras em tanques israelenses se tornaram marca registrada desse levante. Ouviram-se condenações de todas as partes, e o Conselho de Segurança da ONU foi obrigado a intervir quando o repertório de ações punitivas de Israel começou a incluir expulsões em massa, além de outras formas de coerção. As resoluções 607 e 608 do Conselho de Segurança ordenaram que Israel interrompesse essas ações – em vão.[2]

É difícil definir cronologicamente a Primeira Intifada. O levante durou mais ou menos seis anos. Mil palestinos foram mortos pelos israelenses e mais de 120 mil acabaram presos, muitos deles com menos de dezesseis anos de idade.[3]

Conforme mencionado no capítulo anterior, o modelo de prisão aberta fracassou aos poucos. Diversos motivos contribuíram para a derrocada. A literatura acadêmica e popular resumiu bem as razões para o início do que foi uma campanha geral de desobediência civil e manifestações palestinas. O levante foi atribuído, primeiro e principalmente, aos abusos sistemáticos descritos neste livro. Outros fatores foram a opressão econômica, a supressão dos direitos nacionais, o ataque frontal à OLP dentro e fora dos territórios em 1982, a indiferença do mundo árabe e um processo de paz que insistia em encontrar uma forma de partilha da Cisjordânia e da Faixa de Gaza entre o reino hachimita da Jordânia e Israel.[4]

A revolta foi iniciada por ativistas locais. Uma nova entidade, a Liderança Nacional Unificada, esteve à frente das ações; impressionados com a eficiência na coordenação da resistência não violenta (justamente uma alternativa à OLP), dois acadêmicos israelenses definiram essa entidade como a "liderança alternativa".[5] Essa liderança operava sobretudo através da disseminação de panfletos – da mesma forma que, vinte anos depois, os ativistas palestinos usariam Facebook e Twitter com propósitos similares. A nova entidade incluía representantes das quatro principais facções da OLP na época: o Fatah, a FPLP, a Frente Democrática para a Libertação da Palestina (FDLP) e o Partido do Povo Palestino. O grupo formulou a estratégia dos primeiros dias da Intifada em conjunto com organizações locais *ad hoc* e certo nível de coordenação com o quartel-general da OLP em Túnis. Tal sinergia desencadeou uma campanha que visava compelir o mundo a se dar conta da ocupação e induzir a comunidade internacional a agir contra a opressão contínua de Israel.

O levante começou no campo de refugiados de Jabalia, em Gaza, em dezembro de 1987. Essa é a versão aceita pela historiografia; na verdade, o levante parece ter explodido em diferentes lugares ao mesmo tempo. Foi um conjunto de ações de resistência civil: greves gerais, boicotes a produtos israelenses, recusa a pagar impostos para Israel, as famosas pedras atiradas contra as forças de ocupação e, aqui e ali, alguns coquetéis Molotov. O levante também incluiu, infelizmente, acertos de contas com colaboracionistas, um doloroso lembrete do veneno que a ocupação injeta nos corações e nas mentes dos ocupados.[6]

Israel reagiu a esse levante basicamente não violento com grande violência. Desde o início, a elite política e militar foi guiada por um único impulso básico – raiva – e, portanto, a maioria de suas ações no primeiro ano da Intifada foram de natureza punitiva. A metáfora dos carcereiros agindo contra detentos rebeldes parece particularmente relevante para nosso estudo de caso e foi graficamente elaborada por Yitzhak Rabin, que ocupava o Ministério da Defesa quando fez uma visita ao campo de refugiados de Jalazone, perto de Ramallah, e afirmou: "A prioridade absoluta das forças de segurança é impedir manifestações violentas, com força, poder e golpes [...]. Deixaremos claro quem manda nestes territórios".[7] Esses golpes e essa força foram traduzidos, em muitos casos, em matanças que vitimaram um grande número de manifestantes.[8]

O mundo assistiu espantado, como se pela primeira vez fossem os israelenses, e não os palestinos, a usarem a força. Aqueles que ainda conseguiam desafiar a impunidade de Israel adicionaram um novo eufemismo ao léxico do discurso ambíguo e da novilíngua com que o Ocidente discutia o assunto: as políticas israelenses se tornaram um "gerenciamento manual" da ocupação, e, portanto, por mais chocantes que tenham sido suas ações, o que eles fizeram foi meramente empregar "uso excessivo" da força – o que poderia ser condenável. A expressão "uso excessivo" seria de fato usada reiteradamente para descrever massacres, matanças massivas e bombardeios aéreos de bairros inteiros.[9]

A princípio, a comunidade internacional, inclusive o setor que costumava ser pró-Israel, não engoliu o novo eufemismo. A primeira condenação desse "uso excessivo" da força veio do Departamento de Estado dos Estados Unidos. Os funcionários relataram ao governo que, desde o início do levante, as tropas israelenses reagiram de maneira desproporcional diante de manifestantes desarmados que protestavam após o acidente de trânsito no campo de Jabalia. Os palestinos, segundo disseram os estadunidenses, entenderam aquilo como assassinato deliberado:

> Os soldados costumam atirar em situações que não representam risco de morte para as tropas, causando muitas mortes evitáveis e ferimentos [...]. As tropas das IDF usam porretes para quebrar braços e pernas, e batem em palestinos que não estão diretamente envolvidos nos tumultos nem resistindo à prisão [...]. Sabemos de pelo menos treze palestinos que morreram espancados.[10]

Essa "reação desproporcional", de acordo com os relatos estadunidenses, escalou conforme o avanço da Intifada. No dia 22 de dezembro, o Conselho de Segurança da ONU reagiu, evocando a Resolução 605 e usando uma linguagem ainda mais dura ao condenar Israel por violar a Convenção de Genebra, com base sobretudo no elevado número de mortes num levante basicamente desarmado. Havia certa lógica sinistra nessa escalada.[11] A ineficácia das críticas internacionais concedeu a imunidade que a ocupação buscava para aniquilar os protestos.

Algumas das ações punitivas israelenses lembravam métodos pré-modernos de encarceramento e aprisionamento supostamente banidos do mundo civilizado havia muito tempo. Incluíam castigos corporais antes e durante a detenção – método particularmente aplicado a crianças e jovens palestinos. Conforme o levante prosseguiu, a comunidade internacional percebeu melhor a crueldade infligida por Israel às crianças palestinas. O escritório sueco da ONG Save the Children estimou que, nos primeiros dois anos da Intifada, entre 23.600 e 29.900 crianças – das quais um terço tinha menos de dez anos – precisaram de cuidados médicos para tratar lesões causadas por espancamentos.[12]

A reação internacional foi um tanto silenciosa quando, nos anos seguintes, atribuiu-se o início do levante à nova força política no cenário palestino: o Hamas. A islamofobia e uma luta intensificada entre potências ocidentais e grupos políticos islâmicos ao redor do mundo deram a Israel ainda mais imunidade, desde que seu inimigo fosse um grupo islâmico "fundamentalista".

O Hamas, assim, tanto complicou a vida dos israelenses quanto os ajudou a vender a ideia da luta palestina como parte de uma força islâmica global antiocidental, envolvida num conflito de civilizações. Por essa razão, muitos especialistas que escreveram sobre as origens do Hamas atribuem a Israel um papel importante em sua origem e fundação.

O movimento foi oficialmente fundado em 1987 por alguns membros da Irmandade Muçulmana na Faixa de Gaza, liderados pelo xeique Ahmed Yassin. Nascido em 1948 na Palestina, na aldeia de Jura, perto de Askelan (atual Ashkelon), Yassin sofreu um acidente na infância que o deixou numa cadeira de rodas pelo resto da vida. Como muitos palestinos vítimas da limpeza étnica durante a Nakba, sua família também foi transferida para um campo de refugiados na Faixa de Gaza – o campo litorâneo de Al-Shati. Erudito devoto e imã do Islã, juntou-se muito cedo ao ramo da Irmandade Muçulmana em Gaza, politizando-se e envolvendo-se profundamente na luta por uma Palestina livre.[13]

Yassin e seus companheiros conseguiram criar o novo movimento sobretudo porque havia uma busca desesperada por uma nova entidade nacional capaz de trazer a salvação, uma vez que as antigas haviam falhado fragorosamente: as organizações seculares foram consideradas impotentes na busca de um caminho para libertar a pátria palestina.

Também ganharam poder porque Israel viu seu surgimento como uma força favorável para combater internamente as facções nacionalistas seculares, em particular o Fatah.[14] A pesquisa que embasa essa alegação ainda é incipiente e provavelmente será protelada até um momento mais pacífico na história da Palestina – se é que, algum dia, esse momento chegará durante nosso tempo de vida.

O tipo de ideologia nacionalista do Hamas, fundido com uma agenda política islâmica, levou o movimento a adotar políticas em relação ao Estado judaico – e não apenas à ocupação – as quais o Fatah vinha lentamente deixando de lado, absorvido pelo abortivo e ilusório "processo de paz". As novas posições incluíam a rejeição total de Israel e claras exigências sobre o direito de retorno dos palestinos. A linguagem empregada na época, contudo, era fortemente antijudaica e anti-israelense, e, embora claramente se tratasse de um movimento de libertação da Palestina combatendo um século de desapropriação, colonização e ocupação – e, de fato, um movimento bem mais envolvido com caridade, bem-estar social e educação do que outras facções –, o Hamas forneceu o pretexto para que o Ocidente atenuasse as críticas a Israel.[15] Isso ficaria ainda mais óbvio após o Onze de Setembro e a chamada Guerra ao Terror, quando houve tentativas de associar o Hamas, e sua organização irmã, o Jihad Islâmico, com o jihad internacional. Mas o pragmatismo do Hamas no século XXI e a contínua brutalidade de Israel tornaram esse tipo de justificativa para a ação israelense irrelevante e marginal.[16]

No final de 1988, quando os tiros, os espancamentos e as prisões em larga escala começaram a diminuir, a represália israelense se estendeu para a população em geral, e não apenas para quem havia participado do levante. Mais uma vez, essas familiares ações punitivas foram interpretadas como repertório normal do tratamento duro e das penalidades severas geralmente adotado no mundo das prisões modernas.

É importante, mesmo neste ponto avançado do livro, relembrar aos leitores, caso ainda não esteja óbvio, que o direito internacional, e até mesmo o direito civil e penal no mundo todo, afirma categoricamente que qualquer forma de punição coletiva é ilegal. A cláusula 50 da Convenção de Haia de 1907 declarava, de forma inequívoca, a rejeição da comunidade internacional a tais políticas, o que seria reiterado no artigo 33 da Quarta Convenção de Genebra, de 1949.[17] Desnecessário dizer que a incorporação da Convenção de Haia à lei israelense (o que não ocorreu com a Convenção de Genebra) não surtiu qualquer impacto nas políticas punitivas de Israel.

Pouco relevante foi também a instauração da Administração Civil em 1981, entidade que substituiria o internacionalmente condenado controle militar de Israel nos Territórios Ocupados. Em teoria, cabia a essa entidade gerenciar a vida das pessoas na Cisjordânia e na Faixa de Gaza em todos os assuntos que não fossem associados à segurança. No entanto, todas as ações dessa Administração Civil precisavam ser aprovadas por um general do exército, nomeado como "coordenador ativo nos territórios". Desse modo, em essência, a Administração Civil não passava de outro braço dos militares israelenses, que continuavam a infligir as mesmas ações abusivas e punitivas contra a população local. O exército foi bastante inventivo em se tratando de punições coletivas contra os palestinos, e a Administração Civil transformou esse repertório maligno em rotina diária.

ADMINISTRAÇÃO CIVIL

Assim, foi a Administração Civil, e não apenas o exército, que forneceu cotidianamente a face humana do que significava estar sujeito a uma ação punitiva coletiva e reiterada contra a população como um todo. O pior, provavelmente, era a restrição à liberdade de movimento. Os relatos mais moderados do que isso representava para uma pessoa comum estão nos relatórios da organização israelense de direitos humanos B'Tselem; os piores estão bem vivos na memória dos palestinos, mesmo depois de décadas. A estratégia – ainda que discreta – de tornar a circulação quase impossível é difícil de entender para a maioria das pessoas que vive no mundo livre. Naquele período em particular, entre 1987 e 1993, cada viagem levava o dobro do tempo e precisava ser feita por estradas novas, mais perigosas e menos confiáveis. Na época da prisão aberta, Jerusalém era acessível à maioria dos palestinos; com o novo código punitivo, isso mudou. Foi vedado a eles o acesso à cidade e o direito de atravessá-la, inviabilizando sua entrada nesse centro financeiro, social, comercial e político. Com o tempo, até nos períodos menos tensos, as autoridades israelenses mantiveram esse tipo de bloqueio – e apenas no fim de 2012 o mundo ocidental reconheceria que essa restrição de movimento não era uma resposta a agressões palestinas, mas parte de um plano mais sistemático para a área da Grande Jerusalém. Tais restrições, acompanhadas da massiva colonização judaica na região, impediram previamente qualquer possibilidade de se implementar uma solução de dois Estados ou qualquer solução política similar. Era tarde demais para aqueles na União Europeia que acreditavam poder contribuir para uma resolução do tipo – era também uma questão de afirmar o óbvio mas não tomar nenhuma atitude que levasse a mudanças efetivas. A União Europeia reconheceu, então, que o que havia começado como uma ação punitiva tornava impossível e irrealista qualquer aspiração de independência palestina na Cisjordânia.[18] Mesmo em 2012, não houve repercussão desse reconhecimento.

A circulação dos palestinos era agora regida por permissões. E havia um incômodo peculiar: a necessidade de comparecer pessoalmente para solicitá-las. A Administração Civil tinha vários quartéis-generais, e o principal localizava-se na fronteira norte, entre as novas colônias judaicas da Grande Jerusalém (Pisgat Ze'ev e Neve Yaakov). Todas as decisões mais importantes relativas à vida das pessoas foram tomadas ali entre 1981 e 1993. A Administração Civil não regulava apenas a liberdade de movimento; também tinha o poder de destituir o direito de trabalhar, estudar, construir, negociar. Qualquer atividade básica exigia uma permissão, que podia ser retirada ou negada.[19]

A própria localização desse quartel-general era um dos principais obstáculos à liberdade de movimento para qualquer um que vivesse ali. Conforme o tempo passa e nossas memórias desbotam, devo enfatizar que estou descrevendo aqui uma realidade pré-Oslo. As coisas, é claro, pioraram quando a cartografia de Oslo dividiu a Cisjordânia e a Faixa de Gaza em áreas oficialmente proibidas para os palestinos.

Estou descrevendo uma realidade de cerco muito anterior à justificativa utilizada pelas autoridades israelenses – o pretexto da autodefesa contra homens-bomba e terrorismo. Trata-se aqui da resposta de Israel à mobilização dos palestinos em 1987, quando tentaram se livrar pacificamente de uma ocupação de vinte anos.

Naqueles tempos, os palestinos não tinham permissão de dirigir nessas imediações. Na verdade, eram proibidos de usar carros em estradas próximas a assentamentos, bases do exército ou gabinetes da Administração Civil. O quartel-general no lado noroeste de Jerusalém parecia a fonte de todo o mal, o ímã da brutalidade: quanto mais próximo de lá se vivesse, menos normal era a vida, a ponto de ser insuportável.

Esse monstruoso quartel na colina refletia o cinismo e a desumanidade da administração. Era um lugar que precisava ser visitado com frequência, mas cujo acesso não era simples. Não era permitido chegar até lá de carro. Tampouco era fácil ir andando. Não havia nenhum caminho para pedestres até a Administração Civil, uma vez que não havia pista pavimentada, e o único trajeto passava perigosamente perto dos assentamentos de Pisgat Ze'ev e Neve Yaakov. "Um palestino caminhando por esse trajeto corria risco de morte, pois os soldados e colonos que o avistassem poderiam feri-lo", alertava um relatório do B'Tselem publicado naquela época.[20]

A rotina diária de permissões e bloqueios era interrompida por restrições mais severas ao movimento de pessoas. O pior eram os fechamentos frequentes, sob pretextos variados: em resposta a protestos palestinos, a uma manifestação pacífica ou a um ataque terrorista, ou em razão de feriados judaicos, eventos públicos ou uma celebração religiosa em algum dos muitos assentamentos. Todos esses eventos eram igualmente considerados motivos justificáveis para esse tipo de ação militar.

Esses eram pretextos, mas não o motivo usual das incursões. Na maioria dos casos, o propósito era acentuar a supervisão, e os fechamentos eram usados para juntar pessoas – "suspeitos", como os israelenses as chamavam –, acompanhados de confiscos de materiais "de incitação" e busca por armas. Essas incursões costumavam ser conduzidas com violência, deixando um cenário de caos e destruição nos lares que se tornavam alvo do exército. Os membros da casa eram espancados, abusados, e sua mobília, destruída. Essas vítimas de brutalidade deveriam ser nomeadas, e é o que farei agora.

O CALENDÁRIO DA OCUPAÇÃO

Uma forma reduzida de fechamento eram os toques de recolher, impostos pelo exército durante alguns dias de festividades judaicas em cidades e aldeias na Cisjordânia e na Faixa de Gaza como um todo. Esse tipo de ação teve início em 1967, nos primeiros dias da ocupação, e continuou a ocorrer diuturnamente. Escolhi um ano em particular, 1993, na véspera do Acordo de Oslo, para ilustrar a realidade que esse fracassado acordo prometia alcançar. Como observou uma ONG que monitorava a situação, "todo palestino que vive nos Territórios Ocupados passa, em média, dez semanas por ano dentro de casa, devido aos toques de recolher".[21]

Afora os dias que se seguiam a qualquer operação particularmente ousada ou violenta de alguma facção palestina, o pior período no calendário da ocupação eram os três dias próximos ao "dia da independência" de Israel (celebrado de acordo com o calendário hebraico; em 1993, ocorreu em abril).

A cidade de Khan Yunis, na Faixa de Gaza – como todas as outras cidades e aldeias de lá e da Cisjordânia –, foi submetida ao toque de recolher militar durante três dias. Esse breve período foi o suficiente para que o exército operasse sua devastação rotineira. Muhammad Ahmad al-Astal, que tinha então 24 anos, lembra como os soldados invadiram a casa onde costumava se reunir com amigos. Eram cerca de dez homens palestinos, e os soldados levaram quatro deles para outro cômodo. Ele ficou com outros três membros da família – e dois foram conduzidos até um canto da sala e espancados com coronhadas de rifle, esmurrados, esbofeteados e chutados. Al-Astal e outro parente receberam ordens de esvaziar o guarda-roupas e o armário de utensílios domésticos.

Em suas palavras: "Os soldados me chamaram, me deram tapas no rosto e me disseram: 'Você é do Hamas'. Voltei para esvaziar o armário, mas fui chamado outra vez. Então me disseram: 'Você é do Jihad Islâmico', e me deram outro tapa". Houve uma terceira rodada de abusos, em que lhe disseram: "Você é da OLP". Outro homem na sala foi tratado da mesma maneira. Ambos foram chamados: "Um soldado me segurou pelo pescoço e bateu nossas cabeças uma na outra".

Descobriu-se que o mesmo abuso estava ocorrendo no cômodo ao lado. Eles se juntaram aos dois homens da outra sala e receberam ordens de virar para a parede, com as mãos para cima: "Os soldados devolveram nossos documentos de identidade e nos mandaram ficar com os documentos erguidos no alto e permanecermos assim". Depois de meia hora, os membros mais velhos da família avisaram que os soldados tinham ido embora.[22]

Hassan Abd al-Sayidi Abu Labada, de 29 anos, casado e pai de dois filhos, também residente em Khan Yunis, foi acordado às duas da manhã por dois soldados desferindo em seu rosto uma coronhada de rifle, seguida de mais golpes. Seu irmão Mannar, de 23 anos, foi arrancado da cama e jogado no carro da família, estacionado no quintal. Os soldados perguntaram sobre o paradeiro de Jamal Abu Samhadana,[23] um homem que ele não conhecia. Hassan levou um soco no rosto e então foi forçado, como de praxe, a esvaziar os armários. Os soldados cortaram o sofá com uma faca. Ele relata:

> Eles encontraram uma faca de cozinha na cozinha. "O que é isso?" "É uma faca de pão", respondi. Os soldados me bateram no nariz com o cabo da faca. Fiquei ferido e sangrei. O soldado pegou um saco de arroz e exigiu que eu esvaziasse o saco no chão. Eu disse que era apenas arroz, então ele mesmo esvaziou o saco, depois pegou uma lata de óleo e despejou em cima das roupas e do arroz. Eles foram embora. Ninguém foi preso, e nada foi levado.[24]

Fatmah Hassan Tabashe Sufian, 61 anos, casada e mãe de quatro filhos, foi acordada no dia 6 de abril de 1993 às três da manhã. Soldados invadiram sua casa, empurraram-na contra a parede e perguntaram sobre os filhos; estavam dormindo, respondeu ela. Eles acordaram seu filho Saad, de trinta anos, dando-lhe chutes, socos e coronhadas até que cuspisse sangue. O outro filho, Ibrahim, foi gravemente surrado, e o pesquisador do B'Tselem que colheu evidências do depoimento de Fatmah relatou que, muito tempo depois do incidente, ainda podia ver hematomas nas costas dele. Os dois filhos foram levados para o quintal e empurrados contra o muro. Os soldados encontraram dois revólveres de brinquedo com os quais começaram a bater nos dois até os brinquedos quebrarem. Eles reuniram as 27 pessoas do lugar onde moravam em uma sala fechada, dentro da qual jogaram uma granada de efeito moral. Saad e Ibrahim receberam ordens para esvaziar os armários enquanto eram continuamente espancados pelos soldados, que gritavam para eles: "Vocês são do Hamas e nós somos Golani [nome da brigada militar a que pertenciam]". Os soldados não pouparam nem mesmo o velho irmão cego de Fatmah, que tinha cem anos de idade. Ele também foi maltratado pelos soldados, que jogaram colchões e cobertores em cima dele.[25]

Assim, entre 1987 e 1993, as punições coletivas se tornaram uma rotina a cada comemoração da "independência" de Israel. Mas não eram apenas esses três dias que importavam. A punição coletiva de março a maio de 1993 tirou a fonte de subsistência de 116 mil trabalhadores palestinos, dividindo os Territórios Ocupados em quatro áreas desconectadas e barrando qualquer acesso a Jerusalém.[26] Visto dessa perspectiva, quando o Acordo de Oslo foi implementado como arranjo territorial e de segurança, tratou-se apenas da confirmação oficial de uma política que já vigorava desde 1987.

CONSOLIDANDO MÉTODOS DE OPRESSÃO

Os anos entre 1987 e 1993 foram de fato um período em que se configuraram algumas realidades vigentes na Cisjordânia e na Faixa de Gaza até 2005. Tratou-se de um ciclo em que a burocracia da ocupação demonstrou seu poder absoluto ao transformar políticas *ad hoc*, incluindo políticas punitivas, em práticas rotineiras. Assim se deu a introdução do sistema de postos de controle (*checkpoints*), os quais passaram a funcionar sistematicamente em 1993. Pouco antes da assinatura pública de um acordo de paz entre Israel e a OLP, o governo israelense testou o primeiro conjunto de postos de controle em Jerusalém – embora já tivessem sido usados extensivamente nas áreas palestinas dentro de Israel durante o período da dominação militar dessas áreas, de 1948 a 1967.[27]

A instalação dos postos de controle começou como uma política para separar Jerusalém da Cisjordânia, movida por um desejo mais determinado de despalestinizar Jerusalém. Esse sistema era, de certa forma, uma continuação inevitável das políticas de cunhas de colonização descritas no capítulo 4. O planejamento das cunhas e a instalação dos postos de controle seriam seguidos, mais tarde, pela construção física das cunhas de colonização de modo efetivo e definitivo. Assim, por volta de 1987, uma rede de postos de controle e barreiras físicas apareceu nas entradas da cidade, dificultando o acesso a locais de culto, emprego, educação, instituições diversas e residências. Ao apresentar a proposta de Oslo, os líderes israelenses já sabiam que haviam instaurado em Jerusalém fatos irreversíveis que destruiriam a própria ideia de paz. Essa estratégia calculada de extirpar Jerusalém do resto da Cisjordânia esvaziou e impossibilitou qualquer perspectiva de que a cidade se tornasse a capital de um futuro Estado palestino. Para arrematar a manobra, construiu-se às pressas um assentamento que deslocaria o equilíbrio demográfico e geográfico da cidade em favor dos residentes judeus.

Uma práxis similar que se transformou em fato cotidiano foi a drástica mudança na função e no propósito das unidades de elite das IDF. Tornaram-se esquadrões da morte, agentes provocadores durante manifestações palestinas, ora à paisana, ora fardados – sobretudo quando atacavam "o inimigo", mais frequentemente uma pessoa pobre e moradora de um campo de refugiados. Não é de estranhar que essas unidades tivessem fortes paralelos com os esquadrões da morte (para os quais exportaram armamento similar e outros equipamentos letais) que operavam nas favelas do Brasil.[28] Aqueles que, segundo o direito internacional, deveriam ter direito a julgamento eram executados por Israel antes mesmo de chegarem a um tribunal.

As unidades de elite lideraram as operações de prisões em massa de palestinos, incluindo os maus-tratos e a tortura sistemáticos dos detidos. É muito frustrante que o mundo tenha se mantido em silêncio, e mais ainda porque essas violências em particular foram investigadas por alguns congressistas dos Estados Unidos – uma raridade na história da ocupação. Em 1991, Paul Findley relatou que grupos de direitos humanos haviam publicado "relatórios detalhados e confiáveis de tortura, abuso e maus-tratos contra detentos palestinos nas prisões e nos centros de detenção" israelenses.[29] Embora tudo isso fosse completamente ignorado pelos governos ocidentais, houve pela primeira vez uma reação muito mais ampla da chamada "sociedade civil" no Ocidente. Despontou um movimento de solidariedade com a Palestina mais genuíno e difundido, mas até hoje incapaz de gerar impacto nas políticas israelenses e, portanto, na realidade *in loco*.

Claro que esse tipo de tratamento relatado por Findley não se deu apenas em 1991. Os palestinos presos durante os anos punitivos se somaram aos milhares que já estavam detidos desde junho de 1967.

A diferença talvez estivesse na transparência cada vez maior da mídia ao expor as informações, possibilitando que as pessoas mundo afora conhecessem a realidade cotidiana dos palestinos, sem se basear apenas na narrativa e na propaganda israelenses – um processo que seria reforçado com a chegada dos primeiros jovens voluntários do Movimento de Solidariedade Internacional aos Territórios Ocupados. Agora, o mundo podia ver com os próprios olhos o sofrimento causado pela crueldade israelense, e o primeiro aspecto chocante foi o grande número de crianças e mulheres que integravam a interminável comunidade de vítimas.

Contudo, diversos aspectos da ação punitiva continuariam longe dos olhos do público no início da década de 1990, incorporando-se à realidade dos anos seguintes. Além dos já mencionados, havia também a proibição de trabalhar dentro de Israel, onde, em 1992, um terço da mão de obra empregada era palestina, a maioria em trabalhos não especializados, braçais, na construção, na agricultura e nos serviços públicos. Isso correspondia a 25% do PIB dos Territórios Ocupados. A proibição de trabalhar em Israel passou a ser parte das punições. Até 1987, ainda nos tempos da prisão aberta, as exportações da Palestina para o Estado judaico constituíam apenas 1% do mercado agregado israelense, e os trabalhadores palestinos correspondiam a somente 7% do mercado, o que demonstrava ser economicamente possível impor uma megaprisão sem integrar as duas economias. O "sucesso" israelense nesse aspecto ficou evidente apenas nos anos 1980 (provando serem infundados os temores de Pinchas Sapir, ministro das Finanças em 1967, mencionados no capítulo 2). Quando essa punição se tornou, como muitas outras ações punitivas, parte da realidade dos palestinos em meados da década de 1990, Israel substituiu a mão de obra palestina, especialmente na construção e na agricultura, por trabalhadores mal remunerados de países estrangeiros. Era da natureza de tal dependência econômica que, enquanto a economia israelense não fosse afetada em seu cerne pelo fim da mão de obra palestina, esse novo desdobramento tivesse um efeito devastador nos Territórios Ocupados. O desemprego aumentou, reduzindo a renda e o padrão de vida das famílias.[30] Não era uma questão de economia, mas de encarceramento, penalização e opressão.

Infelizmente, a lista de brutalidades patrocinadas pelo Estado não terminava aí. Os palestinos tiveram suas casas demolidas (agora sem aviso prévio), sua infraestrutura rural foi destruída – oliveiras arrancadas e colheitas arruinadas – e, provavelmente o item mais sinistro dessa lista de males, sofreram com a transposição das fontes de água para longe de suas cidades e aldeias, muitas vezes em benefício de assentamentos judaicos (que, depois da Intifada, vendiam de volta essa mesma água aos palestinos por preços exorbitantes).[31]

Shlomo Gazit, chefe da inteligência militar israelense (e já mencionado como coordenador do regime militar após 1967), explicou que essa destruição da infraestrutura nos Territórios Ocupados era intencional. Israel queria que os palestinos "enfrentassem o desemprego e a escassez fundiária e hídrica, assim poderíamos criar as condições necessárias para que saíssem da Cisjordânia e de Gaza".[32]

Além de todas essas medidas, aplicadas no período em que a punição da população ocupada integrava a mentalidade oficial israelense, havia ainda os colonos, que tinham permissão para usar de violência e intimidação. E os tribunais eram particularmente lenientes com esses agressores. Entre 1988 e 1992, os colonos foram responsáveis pela morte de 48 palestinos, mas somente um deles foi acusado de assassinato. Havia ainda outros tipos de abuso. Naqueles anos de "paz", os colonos tinham permissão de agir como gangues organizadas e aterrorizar os palestinos à sua volta. Isso começou no início dos anos 1980 e não parou mais. Em 1981, o famoso Jewish Underground começou a atacar a elite política da Cisjordânia, ferindo gravemente diversos políticos importantes; depois, a agressão se tornou mais sistemática e evoluiu durante o período do modelo de prisão de segurança máxima, de 1987 a 1993 e de 2000 até hoje.[33]

Assim que a Primeira Intifada eclodiu, em 1987, a provocação dos colonos contra as pessoas na Cisjordânia e na Faixa de Gaza aumentou e se tornou mais brutal dia após dia. À época, eles usavam até mesmo os filhos dos palestinos com a finalidade de provocar, como sucedeu na aldeia de Beita, alguns quilômetros a sudeste de Nablus. Em janeiro de 1988, um comandante de batalhão reuniu um grande número de jovens de Beita e da aldeia vizinha de Hawara, amarrou-lhes as mãos nas costas e mandou que seus soldados os espancassem impiedosamente com paus e pedras. A cena foi registrada por câmeras, e o oficial foi posteriormente julgado e dispensado do exército (e depois se tornou um famoso comentarista de TV).[34]

Mas esse não foi o fim das agruras e atribulações dessa aldeia. Três meses depois, em abril de 1988, dezesseis meninos e meninas israelenses do assentamento vizinho de Elon Moreh saíram em uma excursão para provocar os moradores de Beita. Sua escolta armada abriu fogo contra jovens palestinos que atiraram pedras nos israelenses, e, no alvoroço do confronto que se seguiu, dois jovens palestinos, uma menina dos assentamentos e também um membro da escolta armada foram mortos. A aldeia foi severamente punida em represália.[35]

O último ato desse período punitivo, marcado pela imposição do modelo de prisão de segurança máxima, foi a expulsão massiva de ativistas no final de 1992. Esse foi o ano em que os trabalhistas voltaram ao poder após um longo período de governos do Likud. Yitzhak Rabin foi eleito primeiro-ministro naquele verão – seu segundo e último mandato antes de ser assassinado por um terrorista judeu em 1995.

Essa expulsão encerrou uma longa fase de duros confrontos que haviam estourado no fim dos anos 1980 entre o Hamas e o exército israelense. O carismático porém paraplégico Ahmed Yassin, que se tornou uma régua moral para o Hamas, estava por trás de diversas operações ousadas contra soldados e colonos israelenses. Cada uma dessas operações, contudo, forneceu novas oportunidades para que os israelenses impusessem versões ainda mais duras de suas múltiplas ações punitivas.

Mas a brutalização das punições israelenses não foi mero resultado dos novos métodos de resistência oferecidos pelas diversas facções palestinas, dos quais o pior foram os homens-

-bomba que agiam no interior de Israel; também foi causada pela quase total obediência do sistema jurídico israelense aos caprichos e às exigências do governo e do exército. Isso permitiu aos políticos e aos generais irem além dos limites que os israelenses haviam criado para si mesmos. Em meados da década de 1990, o Judiciário se tornou incondicional e organicamente integrado à administração da megaprisão, até mesmo em sua versão mais cruel e de altíssima segurança.

A FARSA JURÍDICA

Os burocratas que administram o aspecto legal da megaprisão estão entre os mais capacitados de Israel. Desde 1967, as faculdades de direito israelenses produzem anualmente um grupo particular de orgulhosos licenciados que agraciarão o sistema judiciário do país com sua sabedoria e experiência. Esse sistema era – e ainda é – uma ferramenta governamental muito ativa contra a população palestina nos Territórios Ocupados, seja como parte da rede de tribunais militares nos territórios em si, seja como sistema de tribunais civis dentro do Estado de Israel.

É nessas faculdades de direito que os futuros membros do Judiciário israelense – máxima manifestação da reivindicação de Israel de ser uma democracia liberal – adquirem as qualificações necessárias para operar o massivo maquinário de detenções e prisões, vigente desde 1967. Milhares de palestinos percorreram essa via-crúcis legal pavimentada pelo Estado de Israel. Os passos desse caminho são bem conhecidos atualmente: prisão, interrogatório, vários dias de detenção sem contato telefônico ou acesso a advogado, comparecimento ao tribunal diversas vezes durante a custódia e, depois, um longo período na prisão sem julgamento, como parte da "detenção administrativa". Os números já eram assustadores no início dos anos 1990. Até eclodir a Segunda Intifada, parecíamos estar diante de uma imensa campanha de detenções que violava sistematicamente a Quarta Convenção de Genebra dos direitos humanos, adotada em 1949. Até 1992, cerca de catorze mil pessoas haviam sido submetidas a esse processo.[36]

Grande exemplo da imunidade jurídica do Estado de Israel, esse método desumano é aplicado cegamente pelos juízes contra qualquer ação palestina – seja um ataque violento, seja um protesto não violento à maneira de Gandhi. Em 1989, comitês locais na aldeia de Beit Sahour iniciaram um movimento não violento que convocou as pessoas na Cisjordânia e na Faixa de Gaza a se juntarem a uma rebelião contra os impostos, evocando o lema: "Nenhuma taxação sem representação".[37] Yitzhak Rabin, então ministro da Defesa do governo de unidade Trabalhista-Likud, respondeu rápido e bem a seu estilo: "Vamos ensinar a eles que existe um preço a pagar pela rejeição às leis de Israel".[38] Quando a ameaça de encarceramento não conseguiu mais deter os ativistas, Israel esmagou o boicote impondo multas pesadas, desapropriando (e se apropriando de) equipamentos, móveis e produtos de lojas, fábricas e lares palestinos. Mas o mesmo método era aplicado por muito menos. Na época, era comum expressar resistência por meio do grafite, o que muitas vezes levava à prisão e à punição coletiva da família inteira do infrator.

A intensificação da luta palestina conduzida por grupos políticos islâmicos e de esquerda anestesiou ainda mais o sistema judicial israelense. Os juízes se mostraram particularmente cegos às colaborações forçadas que sustentavam o sistema judicial. As autoridades israelenses não eram diferentes de uma Stasi [polícia secreta da Alemanha Oriental], que prendia e punia sem motivo, mas era melhor se um informante fornecesse evidências.

No início da década de 1990, a construção desse elaborado sistema atingiu novos patamares.

Os juízes indicavam os colaboradores, e o serviço secreto cedia as evidências. O sistema judicial de prisões sem julgamento deu ao serviço secreto a oportunidade de coagir as pessoas a colaborarem em troca de uma sentença reduzida (esses colaboradores não eram soltos imediatamente para não levantar suspeitas, o que não os ajudava muito, pois os outros detentos já sabiam o que se passava). Dessa forma, o serviço secreto recrutou centenas de palestinos e de fato conseguiu infiltrar informantes dentro do Hamas e de sua organização irmã, o Jihad Islâmico. Infelizmente, isso também deflagrou uma impiedosa contracampanha de caça aos colaboradores. Entre 1987 e 1992, várias centenas (os dados são conflitantes) de palestinos foram mortos por terem colaborado com Israel.[39]

Os israelenses obviamente não tinham uma preocupação genuína com os informantes palestinos. Como descobririam muitos dos que se envolveram nesse tipo de colaboração, fossem eles do Líbano, da Cisjordânia ou da Faixa de Gaza, Israel sempre os abandonava em algum momento. Havia os que recebiam proteção dentro de Israel, mas acabavam levados às margens criminosas da sociedade, além de gerarem apreensão e intimidação entre as comunidades palestinas estabelecidas dentro do Estado judaico, as quais eram forçadas a aceitar a presença deles.[40]

O descaso israelense com o destino dos informantes se manifestou abertamente quando prenderam o líder espiritual do Hamas, o xeique Ahmed Yassin, acusado de incitação contra os colaboradores. Sua prisão foi o ato inaugural das diversas tentativas de Israel de aniquilar o Hamas. O exército acusou Yassin de estar por trás do sequestro de dois soldados israelenses que, mais tarde, foram mortos; o xeique foi detido e sentenciado à prisão perpétua em 1991.[41]

Quando o corpo do segundo soldado foi encontrado, o exército israelense reuniu mais de mil ativistas do Hamas e expulsou 415 deles para o sul do Líbano. Essa foi uma violação tão flagrante de qualquer convenção internacional que enfureceu até mesmo o governo dos Estados Unidos – era a época do primeiro mandato de Bill Clinton –, que ameaçou votar pela condenação de Israel no Conselho de Segurança da ONU. Assim, a maioria dos expulsos recebeu permissão para voltar após um período relativamente curto.[42]

Certa vez, diante de uma plateia de típicos judeus israelenses, dei uma palestra sobre esse período da história, que levou ao Acordo de Oslo e terminou com a condenação dessa expulsão. A resposta usual do público foi de que a reação era perfeitamente razoável, assim como todas as outras ações punitivas realizadas por Israel, as quais os ouvintes admitiram ter sido bastante cruéis e desumanas em relação aos homens-bomba palestinos. Em vão, tentei explicar que as iniciativas de homens-bomba começaram após a expulsão de 1991 e, portanto, não foram a causa dela. O primeiro ataque de homem-bomba em Israel ocorreu em 16 de abril de 1993, contra soldados em um posto de controle. Essa forma de ação foi praticada inicialmente contra militares e só mais tarde contra civis, e era uma consequência da ação punitiva do poder ocupante, não sua causa. Isso não significa que civis israelenses não tenham sido visados ou mortos durante a Primeira Intifada; na verdade, morreram dezesseis civis e onze soldados. O número de feridos foi muito maior: mais de 1.400 civis israelenses e 1.700 soldados.[43]

Não surpreende que a narrativa israelense oficial da Primeira Intifada, para veiculação nacional e internacional, tenha sido a de que o exército combatia organizações terroristas internacionais. A comunidade internacional, inclusive o governo dos Estados Unidos, pela primeira vez desde

1967, se recusou a aceitar essa história. A Intifada teve uma recepção positiva fora de Israel, e, como resposta, um grupo de jovens políticos e acadêmicos israelenses propôs uma nova versão do modelo de prisão aberta. Eles sugeriram desterrorizar a OLP e permitir que ela administrasse a prisão aberta, em vez de Israel. (Para minha vergonha, fiz parte desse grupo, embora desempenhando um papel bastante marginal no início do processo.) Em setembro de 1993, essa fórmula se transformou no famoso Acordo de Oslo.

Foi um movimento importante, porque deu ao mundo uma oportunidade genuína de reagir ao que eram agora claramente as verdadeiras intenções de Israel; e então veio o Acordo de Oslo, que hipnotizou – quase anestesiou – as consciências do Ocidente.

Foi também um momento de oportunidade, a meu ver o último, para libertar os Territórios Ocupados e testar a sério a ideia de uma solução de dois Estados. (Embora eu não acredite que esse fosse o caminho correto, poderia ter sido experimentado mais seriamente.) Durante a Primeira Intifada, os palestinos começaram a construir, com seus parcos recursos e posses, uma estrutura independente para sua sociedade. Eles se viraram com os produtos israelenses, estabeleceram as próprias clínicas médicas móveis e forneceram serviços sociais independentes, como a distribuição de comida e roupas para os necessitados. As restrições impostas por Israel a universidades e escolas secundárias levaram ao ensino clandestino com alta qualidade de aprendizado, e outros aspectos da independência começaram a amadurecer.[44]

Até mesmo a questão da segurança foi tratada de maneira sem precedentes. Não havia uma sensação de ilegalidade quando a entidade coordenadora da Intifada, chamada pelos moradores locais de Comando Unificado, organizou a vigilância noturna nas aldeias e nos campos de refugiados contra ataques do exército e dos colonos israelenses. Esses grupos não atuaram como braço estendido das forças de Israel, mas sim em autodefesa.

Foi também um momento em que o orgulho nacional coletivo se dirigiu à construção de uma nova realidade, não apenas à destruição de uma realidade antiga. Ou, como formulou a ativista social australiana Sonja Karkar, ao resumir a Primeira Intifada: foi um momento de empoderamento nacional.[45] Isso foi verdade para as mulheres em particular, que estabeleceram comitês em sua luta para se livrar não só da ocupação mas também do lado mais opressivo da tradição. (Essa foi outra oportunidade perdida de construir uma realidade alternativa, se ao menos o Ocidente estivesse disposto a considerar a Intifada uma luta de libertação legítima ou precursora da Primavera Árabe.) A bandeira palestina e suas cores, mais do que armas e sangue escorrendo de um mapa da pátria, se tornaram o símbolo do momento, fossem agitadas do alto de prédios ou costuradas em roupas e bordados.

Por fim, o primeiro levante produziu outra versão do modelo de prisão aberta, e, quando esse novo modelo fracassou, um levante muito mais forte explodiu. Os israelenses reprimiram a Segunda Intifada com um severo modelo de prisão de ultrassegurança em 2000, que durou alguns anos e foi transformado em um modelo misto por volta de 2005.

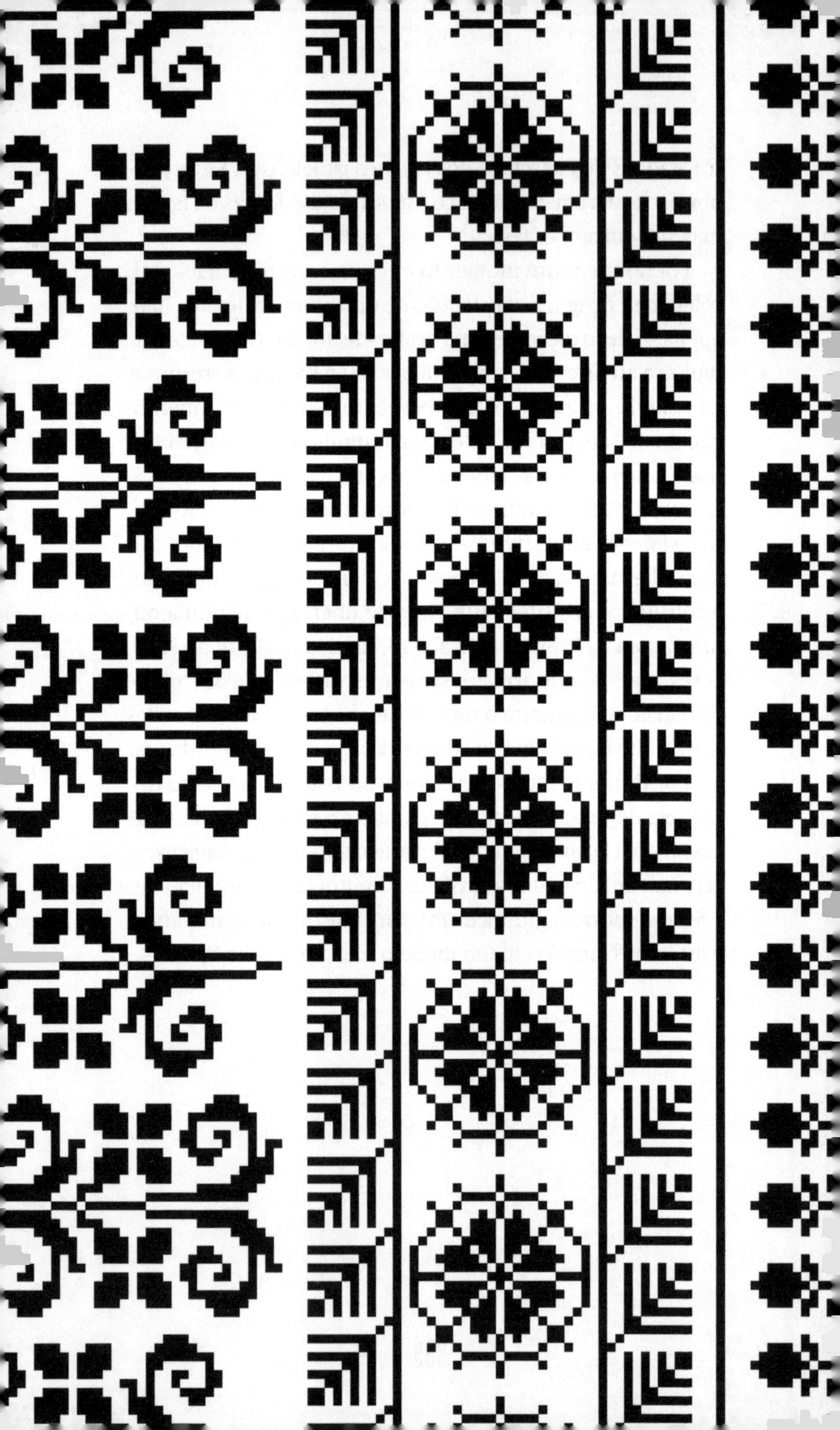

11

A farsa de Oslo e a Segunda Intifada

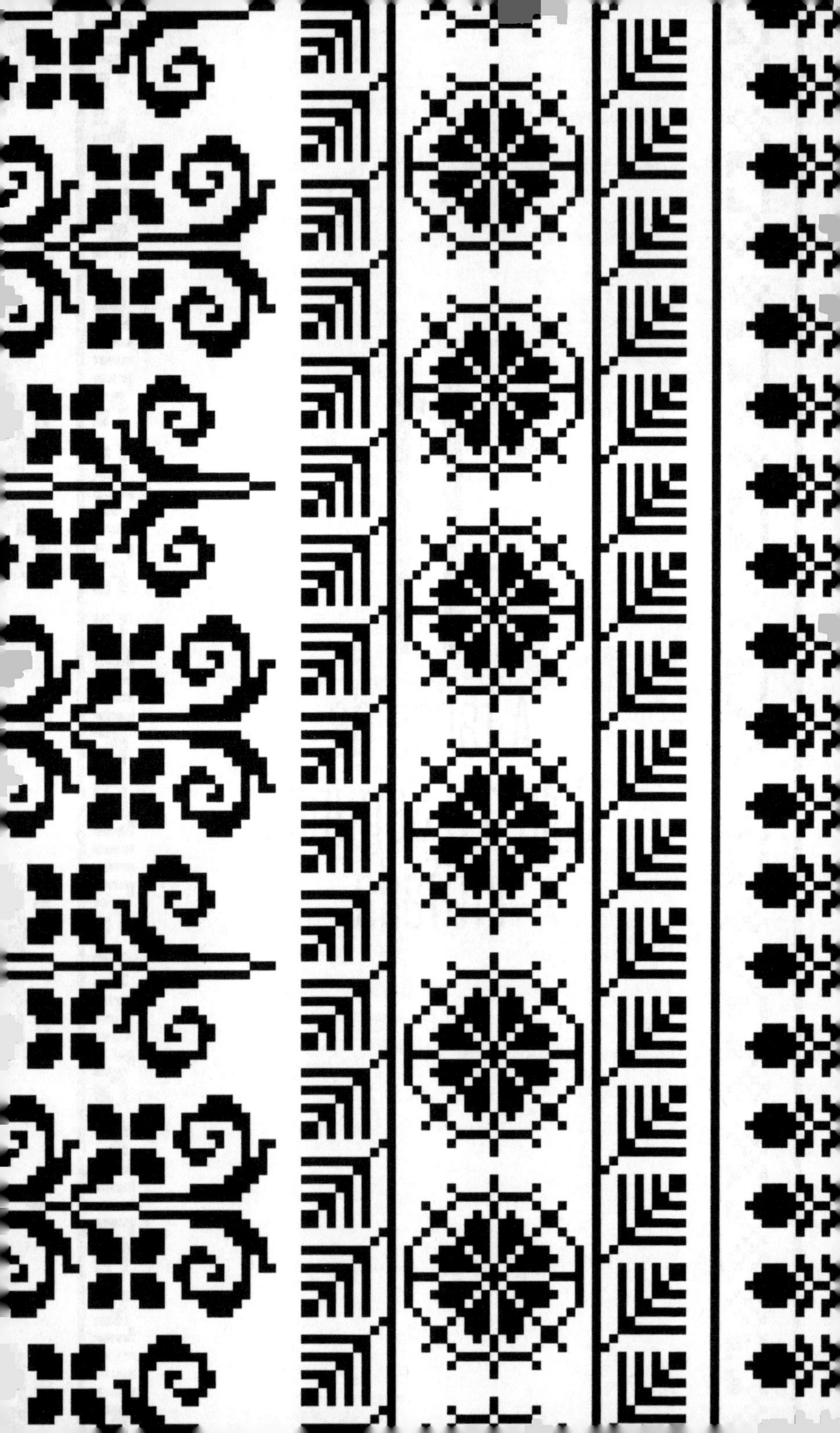

No dia 13 de setembro de 1993, Israel e a OLP assinaram uma Declaração de Princípios, conhecida como Acordo de Oslo, no jardim da Casa Branca, sob os auspícios do presidente Bill Clinton. Yasser Arafat, líder da OLP, Yitzhak Rabin, primeiro-ministro de Israel, e Shimon Peres, ministro das Relações Exteriores, receberiam mais tarde o prêmio Nobel da Paz por esse acordo, que pôs fim a um longo período de negociações que havia começado em 1992. Até aquele ano, Israel se recusava a negociar diretamente com a OLP o destino da Cisjordânia e da Faixa de Gaza, ou a Questão Palestina em geral. Sucessivos governos israelenses preferiram negociar com a Jordânia, mas, a partir de meados dos anos 1980, permitiram que representantes da OLP se juntassem às delegações jordanianas.

Foram muitos os motivos para a mudança de posição israelense. O primeiro foi a vitória do Partido Trabalhista nas eleições de 1992 (pela primeira vez desde 1977) e a formação de um gabinete mais interessado em uma solução política do que os governos anteriores, liderados pelo Likud. Essa nova gestão compreendeu que as negociações de autonomia feitas diretamente com a liderança palestina local custavam a evoluir, uma vez que cada decisão precisava passar pelo quartel-general da OLP em Túnis, e que tratativas diretas com os líderes da organização seriam mais proveitosas.

O segundo motivo foram os receios israelenses diante da iniciativa de paz de Madri, uma empreitada dos Estados Unidos que desejava trazer Israel, os palestinos e o restante do mundo árabe para um acordo após a Guerra do Golfo. A proposta foi feita em 1991 pelo presidente George H. W. Bush ("Bush pai"), ao lado de seu secretário de Estado, James Baker. Os dois políticos afirmaram que Israel era o obstáculo para a paz e pressionaram para que a construção de assentamentos fosse interrompida, de modo a dar uma chance à solução de dois Estados. Nessa época, as relações entre Israel e Estados Unidos estavam piores do que nunca. O governo de Bush pai também iniciou contatos diretos com a OLP. A Conferência de Madri de 1991 e os esforços de paz conduzidos sob sua égide foram, provavelmente, a primeira iniciativa genuína dos Estados Unidos de oferecer uma solução para a Cisjordânia e a Faixa de Gaza baseada na retirada israelense. A elite política de Israel quis frustrar o movimento e cortar o mal pela raiz. Assim, preferiu iniciar sua própria proposta de paz e convencer os palestinos a aceitá-la. Casualmente, Yasser Arafat também não estava satisfeito com a estrutura de Madri, pois as negociações foram conduzidas por líderes locais – Haydar 'Abd al-Shafi, de Gaza, e Faysal al-Husayni, de Jerusalém –, o que ele enxergava como ameaça à sua própria liderança e popularidade.

Assim, a OLP, em Túnis, e o Ministério das Relações Exteriores de Israel, em Jerusalém, começaram a recuar das negociações de paz de Madri. Para as primeiras tratativas bilaterais, encontraram um mediador disposto na Fafo, uma fundação de pesquisa norueguesa, sediada em Oslo. As duas equipes acabaram se encontrando publicamente em agosto de 1993 e, com envolvimento dos Estados Unidos, finalizaram a Declaração de Princípios. O acordo, celebrado como o fim do conflito, foi assinado com muito histrionismo em Washington em setembro de 1993.

Existem dois mitos associados a Oslo. O primeiro é de que foi um processo de paz genuíno, e o segundo, de que Yasser Arafat o teria rompido intencionalmente ao instigar a Segunda Intifada como uma operação terrorista contra Israel.

A origem do primeiro mito é o desejo de chegar a uma solução, manifestado por ambos os lados no início do processo, em 1992. Quando as primeiras tratativas fracassaram, começou um jogo de atribuição de culpa pelo fiasco. A linha dura israelense apontou o dedo para a liderança palestina. Uma versão mais nuançada e liberal do sionismo culpou Yasser Arafat e, depois que ele morreu, culpou a direita israelense – e Benjamin Netanyahu em particular. Em ambos os cenários, o processo de paz era real, apesar do fracasso.

A verdade é mais complexa, porém. Os termos da negociação eram impossíveis de cumprir. A alegação de que Arafat teria se recusado a respeitar as promessas palestinas feitas no acordo de 1993 não se sustenta. Ele não poderia cumprir promessas impossíveis. Por exemplo, as autoridades palestinas foram convocadas a agir como subcontratadas da segurança de Israel dentro dos Territórios Ocupados e garantir que não houvesse nenhuma atividade de resistência. Mais implicitamente, Arafat deveria aceitar incontestavelmente a interpretação de Israel do assentamento definitivo dos judeus na Palestina, que surgiria desse acordo. Os israelenses apresentaram esse fato consumado no verão de 2000, na Cúpula de Camp David, onde o líder palestino negociava o acordo final com o primeiro-ministro israelense, Ehud Barak, e com o presidente Clinton.

Barak exigiu que o Estado palestino fosse desmilitarizado; que sua capital fosse sediada em Abu Dis, uma aldeia perto de Jerusalém; e que não incluísse certas porções da Cisjordânia, como o Vale do Jordão, os grandes blocos de assentamentos judaicos e áreas da Grande Jerusalém. O futuro Estado palestino não teria nem política econômica independente, nem diplomacia independente – seria autônomo apenas em determinados aspectos internos (na gestão do sistema educacional, da arrecadação de impostos, dos municípios e na manutenção do policiamento e da infraestrutura). A formalização desse arranjo significaria o fim do conflito e exterminaria qualquer exigência palestina futura, como o direito de retorno dos refugiados de 1948.

PARTILHA

Embora parecesse promissor, o processo de paz estava condenado desde o início. No intuito de compreender melhor o fracasso de Oslo, é preciso ampliar a análise e relacionar os eventos a dois princípios específicos, que permaneceriam sem resposta ao longo do processo. O primeiro era a primazia da partilha geográfica ou territorial como fundamento exclusivo da paz; o segundo, a recusa ao direito de retorno dos refugiados palestinos e a exclusão permanente desse ponto das mesas de negociação.

A partilha do território como melhor solução para o conflito foi apresentada pela primeira vez em 1937, no Relatório Peel, encomendado pela Coroa britânica. Naquela época, o movimento sionista propôs que a Jordânia – então Transjordânia – anexasse as "porções árabes da Palestina", mas a ideia foi rejeitada pelos palestinos.[1]

A proposta ressurgiu como a fórmula mais adequada para resolver a questão em novembro de 1947, na resolução da ONU sobre a partilha. Em busca de solucionar o problema, estabeleceu-se o Comitê Especial da ONU para a Palestina (Unscop), composto de membros oriundos de países que tinham pouco interesse e conhecimento sobre o assunto. A entidade representativa palestina, o Alto Comitê Árabe, e a Liga Árabe boicotaram o Unscop e se recusaram a cooperar com seus integrantes, gerando um vácuo que seria preenchido por diplomatas e líderes sionistas. A liderança sionista sugeriu a criação de um Estado judaico em 80% da Palestina; o Unscop sugeriu 56%.[2] O Egito e a Jordânia estavam dispostos a legitimar a tomada israelense das terras palestinas ocupadas em 1948 em troca de acordos bilaterais com Israel (que acabariam assinados em 1979 com o Egito e em 1994 com a Jordânia).

A proposta de partilha ou divisão ressurgiu como fórmula para a paz nas iniciativas conduzidas pelos Estados Unidos depois de 1967, sob diferentes nomes e referências. O termo ficou oculto com a emergência de dois novos conceitos. O primeiro foi o de "territórios pela paz", trazido por cada negociador como fórmula consagrada de conciliação: mais territórios desocupados significariam mais paz. Ora, o território palestino que Israel podia desocupar fazia parte dos 22% que não haviam sido tomados em 1948. Portanto, essencialmente, a ideia era chegar à conciliação dividindo os 22% restantes da Palestina entre Israel e o parceiro de paz que legitimasse essa solução (até o final dos anos 1980, foram os jordanianos; depois e desde então, os próprios palestinos).

Não surpreende, portanto, que essa tenha se tornado a pedra fundamental das discussões iniciais em Oslo. No entanto, esqueceu-se facilmente de que todas as vezes que uma partilha ou divisão foi sugerida, seguiu-se mais derramamento de sangue, sem chegar à paz desejada.

Os líderes palestinos jamais exigiram partilha ou divisão. Essa sempre foi uma ideia sionista e, mais tarde, uma ideia israelense. Além disso, a fatia proporcional de território exigida pelos israelenses crescia conforme seu poder aumentava. Assim, à medida que a partilha ou divisão ganhava apoio global, essa sugestão soava aos palestinos cada vez mais como uma estratégia ofensiva por outros meios. Foi a falta de alternativas que levou os partidos palestinos a aceitarem esse conjunto de circunstâncias, tido como um mal menor dentro dos termos da negociação. No início dos anos 1970, o Fatah reconheceu a partilha ou divisão como um recurso necessário no caminho para a libertação total, mas não como decisão definitiva.[3]

Ora, a não ser que haja extrema pressão, não há razão no mundo para que uma população nativa divida voluntariamente sua pátria com um movimento de colonos. Portanto, o processo de Oslo, na verdade, não foi uma busca justa e igualitária da paz, mas uma concessão feita por um povo derrotado, colonizado. Como resultado, os palestinos foram obrigados a buscar soluções que iam contra seus interesses e punham em risco sua própria existência.

Esse mesmo argumento vale para os debates a respeito da solução de dois Estados sugerida em Oslo. No entanto, essa oferta deveria ser vista pelo que ela realmente foi: uma partilha ou divisão através de vocábulos diferentes. Mesmo nesse cenário, e embora os termos do debate pareçam outros, Israel não só decidiria quanto território seria cedido como também o que aconteceria nesse território. Embora a promessa de um Estado tenha inicialmente se provado persuasiva para o mundo e para parte dos palestinos, logo começou a soar como uma promessa vazia.

Apesar disso tudo, essas duas noções entrelaçadas – retirada israelense dos Territórios Ocupados e formação de um Estado palestino – foram incorporadas com sucesso como parte do Acordo de Paz de Oslo em 1993.

Algumas semanas depois da assinatura da Declaração de Princípios no gramado da Casa Branca, o prognóstico já era desfavorável. No fim de setembro, os vagos princípios foram traduzidos em uma nova realidade geopolítica nos termos do que se chamaria de Oslo II (ou Taba).[4] Esse acordo incluía não apenas a partilha da Cisjordânia e da Faixa de Gaza entre zonas "judaica" e "palestina" como também a divisão de todas as áreas palestinas em pequenos cantões ou bantustões. A cartografia da paz de 1995 consistia em uma série de zonas palestinas divididas que, nas palavras de um dos vários comentaristas políticos da época, pareciam um queijo suíço.[5]

Depois que esse programa ficou claro, as negociações declinaram rapidamente. Antes da última reunião, no verão de 2000, ativistas, acadêmicos e políticos palestinos haviam se dado conta de que o processo apoiado por eles não implicava uma efetiva retirada de militares israelenses dos Territórios Ocupados, tampouco prometia a criação de um Estado palestino de verdade. A farsa foi desmascarada, e o diálogo chegou a um impasse. A sensação de desespero que se seguiu contribuiu para a explosão do segundo levante palestino, no outono de 2000.

O processo de paz de Oslo não fracassou apenas por aderir ao princípio da partilha. No acordo original, havia uma promessa israelense de que os três temas que mais afligiam os palestinos – o destino de Jerusalém, o retorno dos refugiados e as colônias judaicas – seriam negociados quando o bem-sucedido período de cinco anos chegasse ao fim. Nesse ínterim, os palestinos precisariam se provar capazes de servir efetivamente como subcontratados da segurança de Israel, impedindo qualquer ataque guerrilheiro ou terrorista contra o Estado judeu, seu exército, seus colonos e seus cidadãos.

Findados os cinco anos do primeiro estágio, deveria ter início a segunda etapa, quando seriam discutidas as questões palestinas mais prementes; mas, contrariando a promessa feita na Declaração de Princípios de Oslo, isso não ocorreu. O governo Netanyahu alegou ser incapaz de começar a fase mais substancial das negociações por causa do "mau comportamento" palestino (que incluía "incitação em escolas" e condenações muito leves aos ataques terroristas contra soldados, colonos e cidadãos israelenses). A verdade, porém, é que o processo estagnou principalmente em razão do assassinato do primeiro-ministro israelense Yitzhak Rabin, em novembro de 1995, por um terrorista judeu. Em seguida, as eleições nacionais de 1996 foram vencidas por Benjamin Netanyahu, líder do Likud. A aberta objeção do novo primeiro-ministro ao acordo freou o processo. Quando os Estados Unidos o forçaram a reiniciá-lo, a evolução se deu de modo muito lento até 1999, quando foi eleito Ehud Barak, do Partido Trabalhista. Barak estava decidido a encerrar o processo com um acordo final de paz, um impulso que tinha total apoio do governo Clinton.

A oferta final de Israel, apresentada durante as discussões em Camp David no verão de 2000, propôs um mini-Estado palestino, com capital em Abu Dis, sem significativo desmantelamento de nenhum assentamento judaico e nenhuma esperança de retorno dos refugiados. Depois que os palestinos rejeitaram o acordo, Yossi Beilin, vice-ministro das Relações Exteriores de Israel, tentou oferecer informalmente um acordo mais razoável. Ele concordou com o direito de retorno dos refugiados a um futuro Estado palestino e com um repatriamento simbólico a Israel. Contudo, esses termos informais jamais foram ratificados. Graças ao vazamento de documentos importantes, conhecidos como Palestine Papers, temos uma noção melhor da natureza das negociações, e ao leitor que deseje examinar outros aspectos das tratativas israelo-palestinas entre 2001 e 2007, aconselhamos a consulta dessa fonte acessível.[6]

Com o fracasso das negociações, recaiu sobre a liderança palestina, mais do que sobre os políticos israelenses, a acusação de intransigência que levaria ao colapso de Oslo. Isso foi um desserviço aos envolvidos e à seriedade com que as perspectivas da partilha foram tratadas.

DIREITO DE RETORNO

O segundo motivo para a irrelevância de Oslo no "processo de paz" foi a exclusão do direito de retorno dos refugiados palestinos. O princípio da partilha reduziu a "Palestina" à Cisjordânia e à Faixa de Gaza e, como o Acordo de Oslo não contemplava a questão dos refugiados nem a minoria palestina dentro de Israel, o "povo palestino" foi reduzido demograficamente para menos da metade da nação palestina.

A omissão do problema dos refugiados durante as negociações não era novidade. Desde o início das iniciativas de paz na Palestina pós-Mandato Britânico, os refugiados vinham sendo expostos a uma campanha de repressão e negligência. A questão foi excluída do encontro de Lausanne, em abril de 1949 – a primeira conferência de paz sobre a Palestina pós-1948 –, e dissociada do conceito de "conflito palestino". Israel participou dessa conferência apenas porque era uma precondição para ser aceito como membro pleno das Nações Unidas;[7] outra exigência foi a assinatura do Protocolo de Maio, no qual precisou se comprometer com a Resolução 194 da Assembleia Geral da ONU, que incluía o direito incondicional dos refugiados palestinos de voltar para seus lares ou receber uma compensação apropriada pela expropriação que sofreram. Um dia depois da assinatura do protocolo, em maio de 1949, Israel foi admitido na ONU e imediatamente voltou atrás em seu compromisso.

No rastro da guerra de junho de 1967, o mundo em geral aceitou a alegação israelense de que o conflito na Palestina havia emergido dos territórios que precisaram ser ocupados pelo exército. Diversos regimes árabes também coadunaram com essa noção, excluindo de suas negociações de paz o problema dos refugiados, cujos campos, no entanto, logo se tornaram lugares de intensa atividade política, social e cultural. Foi neles que renasceu o movimento de libertação palestino, por exemplo.

As Nações Unidas eram a única voz a mencionar, em diversas de suas resoluções, a obrigação da comunidade internacional de garantir o repatriamento total e incondicional dos refugiados palestinos. Esse compromisso foi firmado primeiramente na Resolução 194, de 11 de dezembro de 1948. Ainda hoje, a ONU possui uma entidade chamada Comitê para o Exercício dos Direitos Inalienáveis do Povo Palestino, embora tenha tido pouco efeito no processo de paz.

O Acordo de Oslo não foi diferente. Nesse documento, a questão dos refugiados embaralhou-se em uma subcláusula, quase invisível em meio à massa de palavras. Os parceiros palestinos do acordo contribuíram com esse ofuscamento, provavelmente por negligência e não por má-fé, mas o resultado foi o mesmo. O problema dos refugiados – cerne do conflito palestino, uma realidade reconhecida por todos os palestinos em todas as partes do mundo e por qualquer simpatizante da causa – foi marginalizado nos documentos de Oslo. Em vez disso, a questão foi tratada brevemente por um grupo multilateral que deveria se concentrar nos refugiados de 1967, em especial nos palestinos que foram expulsos ou que partiram após a guerra de junho daquele ano.

O Acordo de Oslo, na verdade, substituiu uma tentativa embrionária, nascida do processo de paz de Madri de 1991, de formar um grupo multilateral que discutiria a questão dos refugiados com base na Resolução 194 da Assembleia Geral da ONU. Esse grupo multilateral, liderado pelos canadenses (que consideravam o direito de retorno um mito), se reuniu ao longo de 1994, mas depois desapareceu: sem nenhum aviso oficial, essa entidade, por fim, parou de se reunir, e até mesmo o destino dos refugiados de 1967 (mais de trezentos mil) caiu no esquecimento.[8]

Depois de 1993, a implementação do acordo só piorou as coisas. As regras de Oslo definiram que a liderança palestina devia renunciar ao direito de retorno. Assim, apenas cinco anos após a cantonização da "entidade palestina" e sua transformação em um bantustão, sua liderança teve permissão de expressar o desejo de incluir o problema dos refugiados nas decisões permanentes a respeito da Questão Palestina. Contudo, coube ao Estado de Israel definir os termos da discussão e, assim, escolher entre, por um lado, introduzir o "problema dos refugiados" como queixa legítima dos palestinos ou, por outro, o direito de retorno, tido pelos israelenses como uma provocação palestina.

O estágio final do processo de paz ocorreu em Camp David, em 2000. Nessa última tentativa de salvar o acordo, a questão dos refugiados tampouco teve melhor destino. Em janeiro de 2000, apoiado pelos negociadores estadunidenses, o governo de Ehud Barak apresentou um documento que definia os parâmetros das negociações. Foi um *diktat* israelense e, até a reunião de cúpula, no verão, os palestinos não conseguiram produzir uma contraproposta. As "negociações" finais foram essencialmente uma iniciativa combinada entre Israel e Estados Unidos para coagir os palestinos a assinar o documento, que, entre outras coisas, incluía uma rejeição absoluta e categórica ao direito de retorno. O número de refugiados que teriam permissão de voltar aos territórios controlados pela Autoridade Palestina permaneceu indefinido, e todos os lados envolvidos compreenderam que essas áreas densamente povoadas eram incapazes de absorver mais pessoas, enquanto havia muito espaço para repatriar refugiados no restante de Israel e da Palestina. Essa parte da discussão foi um gesto sem sentido do governo israelense, introduzido para silenciar as críticas sem oferecer qualquer solução real.

O "processo de paz" dos anos 1990 definitivamente não foi um processo de paz. A insistência na partilha e a exclusão da questão dos refugiados da agenda de negociações transformaram o Acordo de Oslo, na melhor das hipóteses, numa redistribuição militar e num rearranjo do controle israelense da Cisjordânia e da Faixa de Gaza; na pior, numa nova engenharia de controle que tornou a vida dos palestinos ainda mais difícil.

O impacto do Acordo de Oslo como fator que arruinou a sociedade palestina, em vez de trazer a paz, se mostrou dolorosamente claro a partir de 1995. Depois do assassinato de Yitzhak Rabin e da eleição de Benjamin Netanyahu em 1996, o acordo passou a ser um discurso de paz irrelevante para a realidade nos territórios. Durante o período dos diálogos – entre 1996 e 1999 –, mais assentamentos foram construídos e mais punições coletivas foram infligidas aos palestinos. Nas palavras do estudioso israelense Meron Benvenisti, se aqueles que acreditavam na solução de dois Estados em 1999 fizessem uma visita à Cisjordânia ou à Faixa de Gaza, sairiam convencidos de que Israel havia aniquilado essa possibilidade.[9]

Desse modo, nem a participação dos palestinos em Oslo nem sua relutância em continuar integrando esse fórum podem ser interpretadas como um sinal de intransigência ou de uma suposta cultura política violenta; trata-se de uma resposta natural a uma diplomacia que solidificava e aprofundava o controle israelense sobre os Territórios Ocupados.

O MITO DE ARAFAT

Isso então nos leva ao segundo mito referente ao processo de Oslo: de que a intransigência de Arafat teria causado o fracasso da Cúpula de Camp David em 2000. Duas questões devem ser respondidas aqui. A primeira: o que se passou no verão de 2000 em Camp David e quem foi responsável pelo fracasso do encontro? A segunda: quem foi responsável pela violência da Segunda Intifada? Essas duas perguntas servem de guias para tratar diretamente da suposição comum de que Arafat era um beligerante que chegou a Camp David para destruir o "processo de paz" e retornou determinado a começar uma nova Intifada.

Antes de respondê-las, é necessário recordar a realidade dos Territórios Ocupados no dia em que Arafat embarcou para Camp David. Meu principal argumento aqui é que o líder palestino foi aos Estados Unidos para mudar aquela realidade, enquanto os israelenses e os estadunidenses estavam decididos a mantê-la. O processo de Oslo transformou os Territórios Ocupados em uma geografia do desastre, o que significou que a qualidade de vida dos palestinos piorou muito.

Já em 1994, o governo Rabin havia forçado Arafat a aceitar sua interpretação de como o Acordo de Oslo seria implementado. A Cisjordânia foi dividida nas infames áreas A, B e C. A Autoridade Palestina controlava a área A e, em conjunto com Israel, a área B. A área C era controlada diretamente por Israel e equivalia a metade da Cisjordânia. A circulação dentro dessas áreas e entre elas se tornou quase impossível, e a Cisjordânia foi totalmente separada da Faixa de Gaza, também segmentada por Israel. Os colonos receberam uma pequena parte das terras, tomaram a maioria dos recursos hídricos e passaram a viver em comunidades cercadas. Os palestinos foram isolados atrás de barreiras de arame farpado. Assim, aqui também o resultado final do "processo de paz" foi a deterioração da qualidade de vida dos palestinos.

Essa era a opção de Arafat no verão de 2000, quando chegou a Camp David. Ele deveria validar os fatos consumados *in loco* na forma de um acordo definitivo, que convertia a solução de dois Estados em um arranjo que, na melhor das hipóteses, cedia aos palestinos dois pequenos bantustões e, na pior, permitia que Israel anexasse mais territórios. Esse acordo também o forçaria a desistir tanto de qualquer futura exigência palestina quanto de propor meios para aliviar algumas das dificuldades cotidianas enfrentadas pela maioria dos palestinos.

Hussein Agha e Robert Malley, membros do Departamento de Estado dos Estados Unidos, escreveram um relato bastante autêntico e confiável sobre o que ocorreu em Camp David, que foi publicado na *New York Review of Books*.[10] O texto começa descartando a alegação israelense de que Arafat teria arruinado as negociações. Os autores deixam claro que o principal problema de Arafat ao chegar ao encontro era que, depois de Oslo, a vida dos palestinos nos Territórios Ocupados tinha ido de mal a pior. De acordo com esses dois funcionários, Arafat sugeriu, com muita sensatez, que, em vez da pressa "para encerrar o conflito de uma vez por todas" em duas semanas, Israel deveria ter concordado com algumas medidas para restaurar a confiança palestina na utilidade e no benefício do "processo de paz". Esse período de duas semanas, aliás, não era tanto uma exigência israelense, mas um prazo imposto por insistência do presidente Clinton, pensando em seu próprio legado.

Havia duas questões principais assinaladas por Arafat como potenciais campos de discussão e que poderiam melhorar a realidade *in loco*. A primeira era a redução da intensiva colonização da Cisjordânia, que havia crescido depois de Oslo. A segunda era encerrar a brutalização diária do cotidiano palestino, manifestada em severas restrições de deslocamento, punições coletivas frequentes, prisões sem julgamento e humilhações constantes nos postos de controle. Todas essas práticas apareceram da forma mais insensível dentro de cada área onde havia contato entre o exército israelense, ou a Administração Civil (a entidade administrativa dos territórios), e a população local.

De acordo com o testemunho desses funcionários, Ehud Barak se recusou a mudar a política de Israel em relação às colônias judaicas ou ao assédio diário aos palestinos. Ele assumiu uma posição rígida, que deixou Arafat sem opção. Qualquer coisa que Barak descrevesse como acordo final não significaria muito se ele não pudesse prometer mudanças imediatas na realidade local.

Arafat foi, como era de esperar, acusado por Israel e seus aliados de ser beligerante e, imediatamente depois de voltar de Camp David, de ter considerado uma Segunda Intifada. O mito aqui é de que a Segunda Intifada teria sido um ataque terrorista patrocinado e talvez até planejado por Yasser Arafat. A verdade é que foi uma demonstração massiva de insatisfação com a traição de Oslo, agravada por uma ação provocativa de Ariel Sharon. Em setembro de 2000, Sharon, então líder da oposição, visitou o Haram al-Sharif, o Monte do Templo, em Jerusalém, acompanhado de segurança massiva e da mídia, deflagrando uma explosão de protestos.

A raiva palestina inicial foi traduzida em manifestações não violentas, esmagadas brutalmente por Israel. A repressão impiedosa gerou respostas ainda mais desesperadas: os homens-bomba, um último recurso diante do poder militar mais forte da região. Há evidências reveladoras de que, para se adequar melhor à narrativa do governo, os editores arquivaram os relatos de jornalistas israelenses que retratavam os primeiros estágios da Intifada como um movimento não violento esmagado pelo exército. O editor-assistente do *Yedioth Ahronoth*, principal diário de Israel, escreveu um livro sobre a desinformação produzida pela mídia israelense nos primeiros dias da Segunda Intifada.[11] Ao mesmo tempo, a propaganda israelense oficial alegava que esse comportamento reafirmava as famosas palavras de Abba Eban, o veterano superdiplomata israelense: os palestinos não perdiam uma oportunidade de perder uma oportunidade de chegar à paz.

Atualmente, dispomos de uma compreensão melhor do que deflagrou essa reação tão furiosa de Israel. Em seu livro *Boomerang*, Ofer Shelah e Raviv Drucker, dois experientes jornalistas israelenses, entrevistaram o general-chefe do estado-maior e estrategistas do Ministério da Defesa e forneceram informações de bastidores sobre a percepção de funcionários e generais em relação àquele momento da história.[12] Os autores concluem que, no verão de 2000, as IDF eram uma instituição frustrada após sua humilhante derrota diante do Hezbollah, que havia forçado o exército a uma retirada total do Líbano. Havia o receio de que essa retirada fizesse o exército parecer fraco. Era muito necessária, portanto, uma demonstração de força.

Reafirmar a dominação nos Territórios Ocupados era exatamente o tipo de exibição de poder de que o "invencível" exército israelense precisava. As IDF receberam ordens de responder com força total, e foi o que fizeram. Em abril de 2002, trinta pessoas morreram em um ataque terrorista palestino a um hotel na cidade litorânea de Netanya; como retaliação, o exército usou pela primeira vez aviões para bombardear cidades e campos de refugiados palestinos densamente povoados na Cisjordânia. Em vez de perseguirem os indivíduos que executaram esses ataques, as armas mais letais foram utilizadas para atacar civis inocentes.

Outra referência comum, que acompanha o jogo de atribuição de culpa em que Israel e os Estados Unidos estiveram envolvidos após o fracasso da Cúpula de Camp David, foi lembrar a opinião pública de que havia um problema crônico com os líderes palestinos: na hora da verdade, eles expunham seus modos beligerantes. A máxima de que "não há com quem conversar do lado palestino" reapareceu, naquele período, como uma análise comum entre especialistas e analistas em Israel, na Europa e nos Estados Unidos.

Essas alegações são particularmente cínicas. O governo e o exército israelenses haviam tentado impor à força sua própria versão de Oslo – uma versão que visava perpetuar a ocupação, mas com o consentimento palestino –, e mesmo um enfraquecido Arafat não seria capaz de aceitar isso. Ele e muitos outros líderes que poderiam ter conduzido seu povo à reconciliação viraram alvos dos israelenses, e a maioria deles – inclusive o próprio Arafat, provavelmente – foi assassinada.

A perseguição e o assassinato de líderes palestinos, incluindo os mais moderados, não eram um fenômeno novo no conflito. Israel deu início a essa política em 1972, com o assassinato do poeta e escritor Ghassan Kanafani, que poderia ter conduzido seu povo à reconciliação. O fato de Kanafani – um ativista secular, de esquerda – ter se tornado um alvo é bastante simbólico do papel israelense na eliminação de palestinos que, mais tarde, Israel lamentaria não estarem presentes como parceiros para a paz.

Em maio de 2001, o presidente George W. Bush ("Bush filho") nomeou o senador George J. Mitchell como enviado especial para o conflito no Oriente Médio. Mitchell produziu um relatório sobre as causas da Segunda Intifada. E concluiu: "Não dispomos de nenhuma evidência conclusiva de que a Autoridade Palestina tivesse um plano deliberado de iniciar uma campanha de violência na primeira oportunidade, nem para concluir que houvesse um plano deliberado [por parte de Israel] para reagir com força letal".[13] Por outro lado, Mitchell culpava Ariel Sharon por provocar tumultos ao visitar e violar a santidade da mesquita de Al-Aqsa e os locais sagrados do Islã em Jerusalém.

Em suma, até o enfraquecido Arafat se deu conta de que a interpretação israelense de Oslo em 2000 significaria o fim de qualquer esperança de uma vida palestina minimamente normal e condenaria os palestinos a mais sofrimentos no futuro. Para ele, esse cenário era não apenas moralmente errado como também fortaleceria aqueles que consideravam a luta armada contra Israel o único modo de libertar a Palestina. A qualquer momento, o Estado judaico poderia ter interrompido a Segunda Intifada, mas, após a derrota no Líbano, o exército precisava colher um "sucesso". E foi apenas com a bárbara Operação Escudo Defensivo, em 2002, e a construção do infame "muro do apartheid" que os israelenses conseguiram reprimir temporariamente a Segunda Intifada.

CISJORDÂNIA (2005-2017)

Em 2007, 40% da Cisjordânia já estava sob dominação direta de Israel – ou, em outras palavras, anexada, para todos os efeitos, ao Estado judeu. Dentro dessa fatia de 40%, Israel solidificou sua presença, seja com barreiras, seja com bases e áreas militares fechadas (cinicamente declaradas como reservas naturais).[14] Essa política se concentrou na Área C da Cisjordânia e teve como principal propósito reduzir o número de palestinos no local (houve também pedidos de velhos políticos israelenses para anexar a área). Em 1967, por volta de trezentos mil palestinos viviam na Área C; hoje existem apenas cinquenta mil. A população judaica, que era de cerca de mil pessoas em 1967, passou a mais de quatrocentas mil.[15]

De modo muito similar a 1967, a megaprisão tem recebido uma série de ajustes finos. A Cisjordânia não está tão sitiada quanto a Faixa de Gaza, mas o movimento para dentro e para fora é muito restrito. As pessoas da Cisjordânia são proibidas de usar o aeroporto Ben-Gurion, situado em Tel Aviv. Há dois principais meios de acesso à Jordânia: a

Ponte Allenby/Rei Hussein, cuja travessia é controlada pelos israelenses, e a Ponte Damia, oficialmente anexada a Israel. Esta última, destinada ao uso comercial, permite apenas a exportação de produtos para a Jordânia; é proibido qualquer tipo de importação.

O movimento dentro da Cisjordânia também é severamente restrito. Todas as principais rodovias (totalizando cerca de setecentos quilômetros) são estradas de apartheid; em outras palavras, os palestinos são proibidos de usá-las. O controle rodoviário se intensificou a partir de 2007. O deslocamento se tornou um problema ainda mais grave depois que as autoridades israelenses, recentemente, concluíram a construção de uma nova rodovia (dividida por um muro que segrega a estrada em pistas judaica e palestina) que separa a Cisjordânia em duas partes, de norte a sul.

Por toda a Cisjordânia, em dezembro de 2016, cerca de quatrocentos mil israelenses habitavam 121 assentamentos oficialmente reconhecidos pelo governo, enquanto cerca de 375 mil israelenses viviam em assentamentos em Jerusalém Oriental. Existem em torno de cem outros assentamentos não autorizados pelo governo e que são ilegais segundo o direito israelense, mas que receberam das autoridades infraestrutura, rede de água e esgoto e outros serviços.[16]

De acordo com relatório publicado em 2010 pela Independent Commission for Human Rights, os palestinos que viviam tanto nessa porção de 40% incorporada por Israel quanto em outras partes da Cisjordânia foram expostos a uma campanha sistemática de abusos dos direitos humanos por parte dos israelenses e, muitas vezes, lamentavelmente, também por parte da Autoridade Palestina, cujas forças de segurança, desde 2005, vêm sendo igualmente responsáveis por vários casos de tortura, prisão e detenção arbitrárias.[17] Esse aspecto da vida ainda recai no paradigma da prisão aberta, em que os próprios prisioneiros são responsáveis pela manutenção da paz em nome das autoridades prisionais.

Aos poucos, a comunidade internacional se deu conta de que não apenas os direitos humanos e civis como também a própria existência econômica da Cisjordânia estão sendo ameaçados pela contínua opressão de Israel. Segundo um relatório do Banco Mundial de 2007, a ocupação israelense da Cisjordânia destruiu a economia palestina.[18] A única coisa que, em certa medida, a mantém viva é o auxílio internacional. Se essa ajuda cessar, a realidade econômica vai se tornar ainda mais precária. Na situação atual, é improvável que o auxílio estrangeiro aumente a ponto de aliviar substancialmente as dificuldades econômicas enfrentadas pelas pessoas na Cisjordânia. A quantidade de palestinos que conseguem arranjar trabalho em Israel (e, no caso, nos assentamentos) é imprecisa, pois muitos estão lá ilegalmente. Estimativas recentes calculam que se trata de um contigenre de cerca de cem mil trabalhadores. Também é improvável que isso contribua para sustentar uma economia em ruínas.

Depois de 2005, a farsa da paz continuou. E foi injetada de uma dose de esperança – que, mais uma vez, acabou se mostrando vã – quando Barack Obama entrou na Casa Branca. O discurso da paz no período Obama apontava para a constituição de um Estado palestino. Em maio de 2011, ele anunciou oficialmente o apoio estadunidense a um futuro Estado palestino com base nas fronteiras anteriores à guerra de 1967, permitindo a troca de terras onde houvesse mútuo acordo. Obama foi o primeiro presidente dos Estados Unidos a apoiar formalmente essa ideia. Mas sua posição não se refletiu de forma alguma na realidade local – uma prova do sucesso da decisão tomada por Israel em junho de 1967: propor a farsa da paz como alternativa a uma intervenção internacional em um genuíno processo de paz.

Esse ponto é reforçado pelo impacto nulo de iniciativas semelhantes realizadas por outros países. Em setembro de 2013, 134 – ou seja, 69,4% – dos 193 países-membros das Nações Unidas reconheceram o Estado da Palestina dentro dos territórios palestinos, e outros provavelmente acompanhariam o voto, mas de nada adiantou.

A inação da comunidade internacional se expressa mesmo quando existem declaradamente promessas concretas de combater a política israelense. Em janeiro de 2012, a União Europeia aprovou o relatório "Área C e a construção do Estado palestino". De acordo com o texto, a presença palestina na Área C tem sido continuamente minada por Israel, e os esforços de construção de um Estado na Área C por parte da Autoridade Palestina e da União Europeia foram "da máxima importância, no intuito de apoiar a criação de um Estado palestino contíguo e viável". A União Europeia apoiará vários projetos "em prol do povo palestino e da manutenção de sua presença", conclui o documento.[19] Em 2017, enquanto escrevo este livro, a anexação cada vez maior da Cisjordânia continua, e o Estado palestino é uma realidade mais distante do que nunca.

A última campanha diplomática palestina deflagrou um processo nas Nações Unidas pelo fim da ocupação israelense. Em setembro de 2014, a Autoridade Palestina recorreu ao Conselho de Segurança da ONU exigindo um calendário para que esse processo fosse efetivado. O pedido fracassou, e a Autoridade Palestina ameaçou recorrer ao Tribunal Penal Internacional em Haia.

Desde 2005, mais israelenses aderiram a movimentos que condenam duramente as políticas de Israel, mas, embora numerosos, qualquer mudança depende de pressão externa, tal como sugerido e praticado pelo movimento Boicote, Desinvestimento e Sanções (BDS).

A situação na Cisjordânia não foi influenciada pelas condenações de juristas internacionais que consideraram essa realidade como severa violação das convenções de Haia e Genebra. Por um momento, em dezembro de 2007, como muitas vezes no passado, um líder israelense fez malabarismo com as palavras numa tentativa de desviar o clamor internacional. O primeiro-ministro Ehud Olmert decretou que, na Cisjordânia, todas as atividades dos colonos, inclusive de planejamento, precisariam da aprovação do primeiro-ministro e do ministro da Defesa israelenses. Deposto e preso por corrupção, Olmert não teve oportunidade de levar a cabo essa medida. O governo seguinte, de Benjamin Netanyahu, aprovou quase todos os pedidos dos colonos. Por sua vez, os colonos, desde 2005, se tornaram ainda mais brutais e bárbaros na relação com os palestinos na Cisjordânia; o ápice da barbárie foi terem queimado vivos um adolescente e uma família inteira.

A firmeza dos palestinos na Cisjordânia perdura. A resistência popular é cotidiana, mas, com limitados recursos, é facilmente debelada pela ocupação israelense. No entanto, em sua tenacidade, o povo palestino sugere que o capítulo final da história que começou em 1967 ainda não foi escrito.

Atualmente, há quase três milhões de palestinos na Cisjordânia e quase quatrocentos mil colonos judeus. O sionismo como movimento colonial de assentamento conseguiu colonizar a Palestina quase por inteiro, apesar da minoria demográfica judaica. Esses colonos judeus, contudo, são muito mais poderosos do que os primeiros sionistas, e é improvável que alguém consiga impedi-los de tomar o resto da Cisjordânia, de uma forma ou de outra.

Durante esse mesmo período, Israel submeteu a Faixa de Gaza a uma opressão ainda mais dura e à versão mais desumana já criada da prisão de segurança máxima.

12

O modelo definitivo de prisão de segurança máxima: a Faixa de Gaza

2004: A CIDADE CENOGRÁFICA

Em 2004, o exército israelense começou a construir uma cidade cenográfica árabe no deserto do Neguev. Em tamanho real, possuía ruas (todas elas com nomes), mesquitas, edifícios públicos e automóveis. Custou 45 milhões de dólares e se tornou uma Gaza de mentira no inverno de 2006, depois que o Hezbollah levou Israel a um impasse no norte, de modo que o exército israelense pudesse se preparar para "guerrear melhor" contra o Hamas no sul.[1] Dan Halutz, então chefe do estado-maior israelense, visitou o local após a guerra do Líbano e declarou à imprensa que os soldados "estavam se preparando para o cenário que se apresentará na vizinhança densamente povoada da Cidade de Gaza".[2] Uma semana antes do bombardeio da Faixa, Ehud Barak compareceu a um ensaio de guerra no local. Equipes de TV estrangeiras filmaram o primeiro-ministro assistindo às tropas conquistarem a cidade-cenário, invadindo casas vazias e, sem dúvida, matando "terroristas" que nelas se escondiam.[3]

Em 2009, a ONG israelense Breaking the Silence publicou um relatório sobre a preparação dos militares, reservistas e outros soldados para a Operação Chumbo Fundido, quando o ataque à cidade cenográfica deu lugar a um assalto à Gaza real. De acordo com os depoimentos, os soldados tinham ordens para atacar Gaza como se estivessem atacando uma massiva fortaleza inimiga, o que ficou bastante evidente pelo poder de fogo empregado, pela ausência de qualquer ordem ou procedimento sobre a forma de agir em ambiente civil e pelo esforço sincronizado em terra, mar e ar. Entre as piores práticas, ensaiaram absurdas demolições de casas, lançaram jatos de fósforo branco contra civis, assassinaram pessoas inocentes usando armas leves e agiram sem qualquer bússola moral. “Você se sente uma criancinha com uma lupa atormentando formigas, você as incendeia”, testemunhou um soldado.[4] Em suma, eles operaram a destruição completa da cidade real tal como haviam treinado na cidade cenográfica.

Essa era a nova versão da prisão de segurança máxima que aguardava os palestinos na Faixa de Gaza depois que o governo israelense e seus formuladores de políticas de segurança se deram conta de que o modelo de prisão aberta – que deveria isolar os habitantes da Faixa sob a dominação colaborativa da Autoridade Palestina – havia sido derrotado pelas próprias pessoas ali dentro. A retaliação na forma do cerco e do bloqueio da Faixa até sua rendição ao modelo preferido de Israel tampouco funcionou. Liderados pelo Hamas, os grupos políticos palestinos decidiram responder à opressão, lançando de quando em quando foguetes primitivos para que o mundo e Israel não se esquecessem deles e de suas vidas confinadas numa prisão hermeticamente fechada.

Assim se deu o fiasco israelense em 2005, convertido naquilo a que me referi em outro lugar como um avanço gradual do genocídio na Palestina. Os israelenses se referiram à sua primeira operação do tipo contra Gaza como Primeira Chuva; foi uma chuva de fogo.

2005: A PRIMEIRA CHUVA

A militarização da política israelense em relação à Faixa de Gaza teve início em 2005. Nesse ano, Gaza se tornou oficialmente um alvo do exército de Israel, como se fosse uma imensa base inimiga, e não um lugar onde moram milhões de civis. Gaza é uma cidade como qualquer outra no mundo, mas, para os israelenses, tornou-se uma cidade cenográfica onde os soldados testam suas armas mais recentes e avançadas.

Esse tipo de política passou a ser permitido depois da decisão do governo israelense de evacuar os assentamentos judeus que haviam colonizado a Faixa de Gaza a partir de 1967. Os colonos foram supostamente transferidos como parte do que o governo descreveu como uma política unilateral de separação, argumentando que, por não haver progresso nos diálogos de paz com os palestinos, caberia a Israel, em última análise, determinar quais seriam suas fronteiras com as áreas palestinas. Essencialmente, o primeiro-ministro Sharon estava disposto a converter a Faixa em uma espécie de Área A da Cisjordânia, ou seja, administrada exclsivamente pelos palestinos; em troca, fortaleceria o jugo de Israel sobre a Cisjordânia – e, despejando os colonos de Gaza contra a vontade deles, criaria um suposto trauma que absolveria Israel de jamais precisar repetir esse tipo de evacuação.

Mas o resultado não foi o esperado. Ao despejo dos colonos, seguiu-se a ascensão do Hamas, primeiro em eleições democráticas, depois em um golpe preventivo, armado para evitar a tomada do poder pelo Fatah, que tinha apoio dos Estados Unidos. A resposta israelense imediata foi impor um bloqueio econômico à Faixa de Gaza, ao qual o Hamas respondeu disparando foguetes contra Sderot, a cidade mais próxima da Faixa. Foi o pretexto para que Israel mobilizasse a força aérea, a artilharia e os helicópteros de guerra. O Estado judeu alegou estar investindo contra áreas de lançamento de foguetes, mas, na prática, isso significava qualquer lugar em qualquer ponto da Faixa.

Nas palavras de John Dugard, relator especial da ONU, Israel criou a prisão e jogou a chave no mar, e a reação dos palestinos em Gaza veio em setembro de 2005.[5] Eles estavam decididos a mostrar que ainda faziam parte da Cisjordânia e da Palestina. Naquele mesmo mês, realizaram o primeiro lançamento significativo (em quantidade, não em destrutividade) de foguetes contra o Neguev ocidental – e, como tantas vezes, danificaram algumas propriedades, mas muito raramente houve perdas humanas. Esses eventos merecem ser pormenorizados, porque a primeira reação do Hamas antes de setembro haviam sido lançamentos esporádicos de foguetes. A salva de setembro de 2005 foi uma resposta à campanha israelense de prisões em massa de ativistas do Hamas e do Jihad Islâmico na região de Tulkarm; era impossível se livrar da impressão de que o exército queria provocar uma reação do Hamas. E a devolutiva israelense veio na forma de uma dura política de assassinatos em massa, a primeira do tipo, que recebeu o codinome de Primeira Chuva.

Vamos nos deter por um momento na natureza dessa operação. Ela veio acompanhada de um discurso punitivo e se assemelhava às medidas retaliatórias infligidas no passado mais distante por potências coloniais e, mais recentemente, por ditaduras contra prisioneiros rebeldes ou comunidades banidas. Um espetáculo apavorante de agressão por parte do opressor terminou com um grande número de mortos e feridos. Na Operação Primeira Chuva, aeronaves supersônicas sobrevoaram Gaza para aterrorizar a população inteira, seguidas por pesados bombardeios marítimos, aéreos e terrestres de vastas áreas. A lógica, segundo o exército, era criar pressão no intuito de enfraquecer o apoio da comunidade de Gaza aos lançadores de foguetes.[6] Como todos esperavam, inclusive os israelenses, a operação só fez aumentar esse apoio e deu ímpeto aos lançamentos seguintes.

Em retrospecto, e em especial considerando as explicações dos comandantes militares, que afirmavam que o exército vinha se preparando longamente para a Operação Chumbo Fundido de 2008-2009,[7] é possível que o verdadeiro propósito dessa operação particular tenha sido experimental. E, caso os generais quisessem saber como essas operações seriam recebidas nacionalmente, no Oriente Médio e no resto do mundo, parece que a resposta imediata foi "muito bem"; ou seja, nenhum governo demonstrou interesse nas dezenas de mortos e centenas de feridos palestinos depois que a Primeira Chuva passou.[8]

As operações seguintes se deram de forma similar. A diferença foi a escala: mais poder de fogo, mais mortes e mais efeitos colaterais, e, como era esperado, um cerco e um bloqueio mais acirrados. Os palestinos reagiram com mais foguetes Qassam de fabricação caseira.

A HUMILHAÇÃO NO LÍBANO E A "COMPENSAÇÃO" EM GAZA

Tanques com explosivos, bombardeios aéreos e navais e incursões violentas foram ocorrências frequentes ao longo de 2006. Mas, no verão daquele mesmo ano, quando Israel foi derrotado no sul do Líbano, o exército intensificou ainda mais a política punitiva contra o 1,5 milhão de pessoas que viviam nos quarenta quilômetros quadrados mais densamente povoados do planeta. Foi tamanha a brutalidade da política israelense que incorreu no artigo 2º da definição da ONU de genocídio, o qual enfatizava que o termo podia ser aplicado a ações contra parte de uma etnia ou população nacional (e não necessariamente contra todos os indivíduos). As armas usadas por Israel – bombas de mil quilos, tanques, mísseis aéreos e bombardeios lançados de navios contra áreas civis – não visavam deter, ferir ou alertar; a intenção era matar.

A reação desesperada do Hamas não foi uma surpresa. Diversos observadores dentro e fora de Israel atribuíram a escalada a uma determinação do exército de demonstrar que havia rapidamente se recuperado da humilhação sofrida diante do Hezbollah, no Líbano.[9] Era preciso mostrar sua superioridade e sua capacidade de dissuasão, que os militares consideravam ser a garantia primordial da sobrevivência do Estado judaico em um mundo "hostil". A natureza islâmica do Hamas e do Hezbollah e uma suposta associação – totalmente falaciosa – de ambos com a Al-Qaeda permitiram ao exército imaginar Israel conduzindo uma guerra global contra o jihadismo na Faixa de Gaza. Enquanto George W. Bush esteve no poder, o assassinato de mulheres e crianças em Gaza podia ser aceito pelo governo dos Estados Unidos como parte dessa "guerra santa" contra o Islã.

O pior mês de 2006 para a população da Faixa foi setembro, quando esse novo padrão da política israelense se tornou evidente demais. As IDF assassinavam civis quase diariamente, e 2 de setembro de 2006 foi um desses dias: três cidadãos foram mortos e uma família inteira, ferida em Beit Hanoun. Esse foi apenas o saldo da manhã; antes do fim do dia, muitos outros seriam assassinados. Naquele mês, os ataques israelenses na Faixa de Gaza mataram em média oito palestinos por dia, muitos dos quais eram crianças. Centenas ficaram mutilados, feridos ou paralisados.[10]

Mais do que qualquer outra coisa, essa matança sistemática tinha a aparência de um morticínio inercial gerado pela ausência de uma política clara. A liderança israelense em setembro de 2006 parecia estar perdida quanto ao que fazer com a Faixa de Gaza. Ao ler as declarações oficiais da época, a impressão é de que o governo estava bastante confiante em sua política em relação à Cisjordânia, mas não em relação à Faixa. Aquela, diferentemente desta, era percebida como um espaço aberto, ao menos em seu limite oriental. Portanto, Israel – seguindo a estratégia do primeiro-ministro da época, Ehud Olmert, definida como "colheita" – teria direito a aplicar ações unilaterais na Cisjordânia, uma vez que não havia progresso no processo de paz.[11] Na prática, o governo de 2006 queria anexar as partes almejadas – mais ou menos metade da Cisjordânia – e expulsar a população nativa, ou ao menos isolá-la ali dentro, enquanto permitia à outra metade se desenvolver de um modo que não prejudicasse os interesses israelenses (ora sendo dominados por uma Autoridade Palestina submissa, ora se associando diretamente com a Jordânia). A falácia da "colheita" virou uma peça-chave da campanha eleitoral de Olmert e recebeu o apoio entusiasmado da maioria dos judeus israelenses.

No entanto, essa estratégia não poderia ser aplicada à Faixa de Gaza. Desde 1967, diferentemente da Jordânia, o Egito havia conseguido persuadir os israelenses de que a Faixa era uma ameaça e jamais integraria o território egípcio. Desse modo, 1,5 milhão de palestinos permaneceram um problema e uma reponsabilidade "israelenses". Embora, do ponto de vista geográfico, a Faixa de Gaza se localize às margens do Estado de Israel, ocupava psicologicamente uma posição bastante central em 2006.

Submetidos a condições desumanas, os habitantes da Faixa jamais se ajustaram ao encarceramento que Israel lhes impusera a partir de 1967. Houve períodos relativamente melhores, quando foi permitido o deslocamento para trabalhar na Cisjordânia e dentro de Israel, mas esses tempos já faziam parte do passado em 2006. Realidades mais duras foram impostas a partir de 1987. Algum acesso ao mundo exterior era permitido enquanto houvesse ali colonos judeus, mas, assim que eles foram removidos, Gaza foi hermeticamente fechada. Por ironia, a maioria dos israelenses, segundo pesquisas de 2006, considerava a área um Estado palestino independente, cuja fundação fora generosamente permitida por Israel.[12] O governo e em particular o exército viam aquilo como uma prisão, uma comunidade dos mais perigosos prisioneiros, que precisaria ser administrada cruelmente.

A política israelense convencional de limpeza étnica, empregada com sucesso em 1948 contra metade da população palestina – e contra centenas de milhares de palestinos na Cisjordânia a partir de 1967 –, não funcionaria aqui.[13] Seria possível transferir lentamente palestinos para fora da Cisjordânia, e em particular para fora da Grande Jerusalém, mas não da Faixa de Gaza, fechada como um campo de prisioneiros de segurança máxima.

O resultado, como defendi em outro texto, foi a adoção de uma política de aumento gradual do genocídio de Israel contra a Faixa de Gaza. Também expliquei como as diversas definições jurídicas e morais de "genocídio" foram aplicáveis à política israelense em Gaza a partir de 2006, de modo que não me repetirei aqui. Permito-me apenas dizer que, anualmente, volto a refletir sobre essa definição problemática, e nada do que se passa *in loco* sugere que eu esteja errado. Não se trata necessariamente de uma política intencional de aniquilação, mas de uma política que promoveu a lenta destruição da capacidade de sobrevivência das pessoas na Faixa (como reconheceu um relatório da ONU em 2016, prevendo que, em 2020, a vida no local seria insustentável).

Como no caso das operações de limpeza étnica, a política genocida que teve início em 2006 não foi formulada no vazio. Desde 1948, o exército e o governo israelenses precisavam de um pretexto para iniciar essas políticas.[14] A tomada da Palestina em 1948 produziu a inevitável resistência local que, por sua vez, permitiu a implementação de uma política de limpeza étnica, planejada desde os anos 1930. Vinte anos de ocupação israelense na Cisjordânia acabaram levando a algum tipo de resistência palestina. Essa tardia luta antiocupação desencadeou uma nova política de limpeza étnica que permanecia intacta na Cisjordânia em 2006 e uma agressiva política de morticínio em massa na Faixa de Gaza. O assunto diário dos massacres de palestinos só aparecia nas últimas páginas da imprensa local.

A guerra do Líbano serviu de anteparo por algum tempo, ocultando a escala da destruição na Faixa de Gaza. Contudo, as ações enfurecidas prosseguiram mesmo depois do cessar-fogo no norte. Parece que o exército israelense, frustrado e derrotado, se empenhou ainda mais em aumentar os campos de extermínio na Faixa. A elite política parecia incapaz – ou sem vontade – de deter a sanha dos generais. As matanças diárias de até dez civis ao longo de 2006 somaram um grande número de mortos no fim do ano.[15] Esses números são, evidentemente, diferentes da destruição de um milhão de pessoas em uma única campanha, ato que costuma ser definido pela comunidade internacional como genocídio. De fato, o sentimento geral, ao menos até o massacre de 2009 em Gaza, era de que, ainda que apenas em deferência à memória do Holocausto, Israel oficialmente hesitaria diante da perspectiva de cometer genocídio.

No dia 28 de dezembro de 2006, a organização israelense de direitos humanos B'Tselem publicou seu relatório anual sobre as atrocidades nos Territórios Ocupados. Naquele ano, as forças israelenses haviam matado 660 cidadãos palestinos.[16] O número de palestinos assassinados por Israel em 2006 triplicara em comparação a 2005 (cerca de duzentos). De acordo com o B'Tselem, os israelenses mataram 141 crianças em 2006. A maioria dos mortos era da Faixa de Gaza, onde as forças de Israel demoliram quase trezentas casas e massacraram famílias inteiras. Isso significa que, desde 2000, o Estado judaico havia assassinado quase quatro mil palestinos, muitos deles crianças, e ferido mais de vinte mil.

O B'Tselem é uma entidade conservadora, e os números citados podem ser mais altos. A organização não descreve as mortes como parte de uma política de genocídio. Em uma série de artigos que publiquei naquele ano e depois, discordei: defendi que a definição não era apenas numérica, pois relacionava-se à tendência e à estratégia. No início de 2007, formuladores políticos israelenses enfrentavam realidades distintas na Cisjordânia e na Faixa de Gaza. Na Cisjordânia, estavam mais perto de completar o traçado da fronteira oriental. O debate ideológico interno sobre o destino desse território estava quase finalizado, e o plano geral de anexar metade da região vinha sendo implementado em velocidade sempre crescente nos últimos meses de 2006. A última fase foi adiada devido às promessas feitas por Israel, segundo o Mapa da Estrada para a Paz (Roadmap for Peace), de não construir novos assentamentos. Israel encontrou duas maneiras de contornar essa suposta proibição. Primeiro, definiu um terço da Cisjordânia como Grande Jerusalém, o que lhe permitiu construir cidades e centros comunitários dentro dessa nova área anexada. Segundo, expandiu os antigos assentamentos a ponto de não haver necessidade de construir novos. Essa tendência recebeu impulso adicional em 2006, quando centenas de edifícios portáteis, chamados de *caravanim*, foram instalados para definir os limites da "esfera" judaica dentro do território palestino. O plano de novas cidades e bairros foi concluído, e o sistema de estradas e rodovias do apartheid completou-se. No geral, os assentamentos, as bases militares, as estradas e os muros permitiriam que Israel concluísse a anexação da Cisjordânia nos anos seguintes.

Dentro desse território, ainda há um número considerável de palestinos, contra os quais as autoridades israelenses conduzem lentas e furtivas políticas de transferência – um assunto demasiado entediante para que a mídia ocidental se importe e demasiado enganoso para ser encampado pelas organizações de direitos humanos. Para Israel, não havia pressa: no início de 2007, os israelenses sentiam estar com a vantagem, pois os mecanismos militares e burocráticos de abuso e desumanização diários na Cisjordânia foram mais eficazes do que nunca no processo de desapropriação.

Essa estratégia foi concebida pela primeira vez por Ariel Sharon, em 2001, e se tornou um consenso político. Foi uma fórmula bem-sucedida, tida como prioritária para o futuro em 2006, e muito melhor que a oferecida pelos bruscos "transferencistas" ou limpadores étnicos como Avigdor Lieberman[17] (ele tornaria a apoiar a transferência de palestinos no final de 2016, enquanto ministro da Defesa). O método foi apoiado como a melhor forma de avançar e aceito por todos no governo em 2006, dos trabalhistas ao Kadima (o novo partido de centro, fundado por Ariel Sharon e Shimon Peres, que durou por alguns anos após a saída de Sharon da vida política). Os "pequenos delitos" de terrorismo de Estado também foram eficazes ao permitir apoios críticos mas leais no resto do mundo, que condenavam os israelenses de forma sutil e, por outro lado, classificavam como "antissemitismo" as críticas genuínas às políticas criminosas de Israel.

Essa clareza da política em relação à Cisjordânia enfatizou a confusão no que dizia respeito à Faixa de Gaza. Não havia nenhuma estratégia clara para a região no início de 2007; a diferença entre 2006 e 2007 era que a atividade diária do exército se transformou na própria estratégia. Gaza, aos olhos de Israel, era uma entidade geopolítica diferente da Cisjordânia. O Hamas já vinha controlando a Faixa fazia quase um ano, enquanto o líder do Fatah, Abu Mazin (também conhecido como Mahmud Abbas), administrava a fragmentada Cisjordânia com as bênçãos israelenses e estadunidenses. Israel não almejava nenhum pedaço de terra na Faixa como almejava na Cisjordânia; Gaza tampouco tinha um interior, como a vizinha Jordânia, para onde os palestinos pudessem ser expulsos. Conforme mencionado, a limpeza étnica era uma opção ineficaz no caso da Faixa.

Até 2007, a principal estratégia em Gaza havia sido a guetização dos palestinos, mas isso já não funcionava mais. A comunidade guetificada continuou a expressar entusiasmo pela vida e a disparar foguetes caseiros contra Israel. A guetização ou as quarentenas forçadas contra comunidades indesejadas, mesmo quando estas eram consideradas sub-humanas ou perigosas, historicamente nunca foram uma solução. Os judeus sabiam disso por sua própria história.

As contraoperações do Hamas culminaram na captura do soldado israelense Gilad Shalit em Gaza, em junho de 2006. Esse incidente foi irrelevante no esquema geral, mas deu aos israelenses a oportunidade de escalar ainda mais os componentes das missões táticas e declaradamente punitivas. Afinal, ainda não existia uma estratégia correspondente à decisão tática de Ariel Sharon de remover da Faixa oito mil colonos judeus, cuja presença dificultava as missões punitivas e cuja evacuação quase fez dele candidato ao prêmio Nobel da Paz. Daí em diante, as ações "punitivas" continuaram e se tornaram, elas mesmas, uma estratégia.

O exército israelense adora um drama e, portanto, também potencializou o discurso. A Operação Primeira Chuva foi substituída pela Operação Chuvas de Verão, um nome genérico dado às operações "punitivas" em Gaza a partir de junho de 2006. (Em uma região onde não chove no verão, a única precipitação esperada são tempestades de bombas disparadas pelos F-16 e obuses de artilharia caindo sobre as pessoas.)

A Operação Chuvas de Verão introduziu um novo componente: a invasão por terra de partes da Faixa de Gaza. Isso permitiu ao exército matar cidadãos de modo ainda mais eficaz e apresentar essas ações como resultado de pesados combates dentro de áreas densamente povoadas, como se fosse uma inevitabilidade das circunstâncias, e não das políticas israelenses. Com o fim do verão, veio a Operação Nuvens de Outono, ainda mais eficiente: em novembro de 2006, em menos de 48 horas, os israelenses mataram setenta civis; ao final daquele mês, com uma sequência de pequenas operações adicionais, quase duzentos palestinos foram assassinados, metade deles crianças e mulheres.[18]

Da Primeira Chuva até as Nuvens de Outono, a escalada é visível em todos os parâmetros. Primeiro, acabou-se com a distinção entre alvos civis e não civis: a matança sem sentido transformou a população em geral no principal alvo do exército. Depois, houve uma multiplicação dos recursos usados para matar, com o emprego de todo tipo de máquina assassina de que o exército israelense dispunha. Em seguida, foi evidente o aumento de mortes: a cada operação, havia um número muito maior de mortos e feridos. Por fim, e o mais importante, as operações se tornaram uma estratégia – o modo como Israel pretendia resolver o problema da Faixa de Gaza.

Uma apropriação furtiva de terras na Cisjordânia e uma política de genocídio calculado na Faixa de Gaza foram as duas linhas de ação adotadas por Israel em 2007. Do ponto de vista eleitoral, a estratégia em Gaza era mais problemática, pois não colhia resultados tangíveis, ao passo que a Autoridade Palestina na Cisjordânia sob Abu Mazin vinha cedendo à pressão israelense, e parecia não haver força política palestina significativa capaz de deter a estratégia de anexação e desapropriação. No entanto, Gaza continuava atirando de volta. Por um lado, isso permitiu ao exército israelense executar mais operações massivas de genocídio; por outro, havia também o grande perigo, como ocorrera em 1948, de que o exército exigisse uma ação "punitiva" e colateral mais drástica e sistemática contra o povo sitiado na Faixa.

2007-2008: A POLÍTICA SE TORNA UMA ESTRATÉGIA

O número de mortos estava subindo em 2007. Trezentas pessoas foram assassinadas na Faixa de Gaza, dezenas das quais eram crianças. No entanto, ainda durante o governo George W. Bush e definitivamente depois dele, o mito do combate ao jihad mundial em Gaza começou a perder credibilidade. Assim, uma nova mitologia foi proposta: a Faixa era uma base de terroristas decididos a destruir Israel. A única maneira de "desterrorizar" os palestinos, por assim dizer, era obrigá-los a aceitar viver em uma Faixa cercada de arame farpado e muros. A permissão de se deslocar para dentro e para fora de Gaza dependeria da escolha política das pessoas dali, assim como o fornecimento de provisões: se elas insistissem em apoiar o Hamas, seriam estranguladas de modo eficaz e morreriam de fome até mudarem sua inclinação ideológica; se sucumbissem ao tipo de política que Israel desejava, teriam o mesmo destino das pessoas na Cisjordânia, ou seja, uma vida sem direitos civis e humanos básicos. Elas poderiam ser colocadas na prisão aberta da Cisjordânia ou encarceradas na prisão de segurança máxima da Faixa de Gaza. Se resistissem, provavelmente seriam presas sem julgamento, ou assassinadas. Essa foi a mensagem enviada por Israel em 2007, e os palestinos teriam até 2008 para se convencer.

Um cessar-fogo bilateral foi oficialmente declarado no verão de 2008, intermediado pelo Egito. O governo israelense não havia alcançado seus objetivos. Era necessária uma preparação mais séria para o passo seguinte, à qual Israel se dedicou durante aquele ano. A estratégia não só dependia de silenciar o Hamas na Faixa de Gaza como também consistia em tentativas desesperadas de provar para o Quarteto – entidade internacional nomeada para lidar com o conflito Israel-Palestina, formada por representantes da União Europeia, da Rússia, dos Estados Unidos e da ONU – e para a Autoridade Palestina que a situação no local estava suficientemente controlada e poderia ser incorporada a uma visão israelense de paz no futuro.

No verão de 2008, já haviam se passado dois anos da humilhação no Líbano. O governo Olmert, que levara Israel à guerra contra o Hezbollah, foi duramente criticado no relatório de um inquérito oficial sobre seu fracasso no norte. O governo não queria que o público israelense se detivesse por muito tempo nessa ferida aberta. Ventos de mudança também sopravam de Washington, onde havia o temor de que uma nova administração não fosse tão simpática à estratégia israelense; afinal, a opinião pública mundial, ao menos de baixo para cima, como vinha ocorrendo desde 2000, parecia agitada e antagônica.

O velho método de esperar o pretexto certo para avançar e acirrar a luta contra a única resistência palestina ainda intacta vigorava mais uma vez. O treinamento na cidade cenográfica agora se tornava operacional e foi convertido em uma doutrina propriamente inserida na política israelense em relação à Faixa de Gaza – a Doutrina Dahiya, como ficou conhecida. Em outubro de 2008, o *Haaretz* se referiu a ela pela primeira vez. O teor da doutrina era a destruição abrangente de áreas inteiras e o emprego de força sem precedentes, em resposta ao lançamento de foguetes caseiros. O *Haaretz* se referiu a isso como um cenário que poderia se desenvolver no Líbano, daí a referência a Dahiya – um bairro xiita em Beirute, estilhaçado pelo bombardeio aéreo israelense em

2006. Gadi Eisenkot, então chefe do Comando Norte, disse que, "para nós, aldeias são bases militares". Falou da destruição total de povoados como ação punitiva. Seu colega no comando do exército, o coronel Gabi Siboni, confirmou que o método também se aplicaria à Faixa de Gaza. E acrescentou: "O intuito é causar danos intensos, para que a recuperação demore um longo período".[19]

Assim, tudo estava pronto para reacender a guerra na Faixa. O primeiro passo foi apertar o cerco. Isso produziu uma escassez de alimentos básicos e dos remédios mais simples, e causou massiva claustrofobia em 1,5 milhão de pessoas que não tinham permissão de sair. O cerco também incluiu severas restrições às licenças de pesca, uma das principais fontes de renda em Gaza. A marinha israelense, altamente sofisticada, mas ainda ociosa, vinha se ocupando sobretudo de perseguir pequenos botes e barcos pesqueiros nos últimos anos.

O Hamas não recuou e recusou a proposta de abandonar a Faixa de Gaza em troca do fim do bloqueio. Assim, visou-se outra justificativa: Israel violou o cessar-fogo em diversos ataques aéreos e incursões terrestres que ocorreram diariamente ao longo de uma semana em junho de 2008. Como consequência, grupos que não eram afiliados ao Hamas retaliaram com o lançamento de diversos foguetes, e a opinião pública em Israel então se preparou para uma operação maior.

Para reforçar esse ponto, em novembro de 2008 o exército israelense atacou um túnel, um dos muitos escavados pelos palestinos no intuito de sobreviver ao bloqueio, e alegou se tratar de um ataque preventivo contra uma futura operação do Hamas, que, desta vez, disparou contra Israel. O grupo perdeu seis militantes no ataque e lançou uma salva de mais de trinta foguetes. No final do mês, o Hamas declarou que aquelas ações israelenses, que se tornaram cotidianas, haviam colocado fim ao cessar-fogo.

No dia 18 de novembro de 2008, portanto, o Hamas declarou o retorno das hostilidades e, no dia 24, intensificou o lançamento de foguetes por um curto período em resposta à ação prévia de Israel, antes de interrompê-lo, pouco depois. Como nas vezes anteriores, quase não houve mortes do lado israelense, embora casas e apartamentos tivessem sido danificados e os cidadãos atingidos ficassem traumatizados.

O ataque de foguetes ocorrido em 24 de novembro era a chance que o exército israelense aguardava. Da manhã seguinte até o dia 21 de janeiro de 2009, Israel bombardeou por ar, terra e mar aquele 1,5 milhão de pessoas de Gaza. O Hamas respondeu com foguetes que causaram três mortes, e outros dez soldados israelenses morreram, alguns por fogo amigo.

A verdadeira dimensão do massacre em Gaza nesse período é revelada nas evidências coletadas por organizações israelenses de direitos humanos, por agências internacionais e pela mídia mundial (embora Israel tivesse vetado a entrada da imprensa na Faixa) – algumas delas repetidas no Relatório Goldstone, um resumo muito conservador e comedido do que ocorreu. (O juiz sul-africano Richard Goldstone foi indicado pela ONU como chefe de uma missão de averiguação dos fatos sobre os eventos em Gaza em 2009.)

Os quase 1.500 mortos e milhares de feridos, e as dezenas de milhares de pessoas que perderam suas casas, não contam a história inteira. Apenas o uso de força militar nos limites de um espaço povoado por civis poderia produzir o tipo de efeito colateral que foi visto ali. Isso também expôs um desejo da parte das forças armadas de experimentar novos armamentos, todos com o intuito de matar civis, como parte do que Moshe "Bogie" Ya'alon, ex-chefe do estado-maior do exército, chamou de necessidade de imprimir na consciência palestina o temível poderio do exército israelense.[20]

Adicionou-se então uma dimensão nova, ainda mais cínica, ao cenário: o auxílio internacional e árabe prometeu bilhões para ajudar a reconstruir o que Israel provavelmente voltaria a destruir no futuro. Até o pior desastre pode ser lucrativo.

A rodada seguinte de agressões ocorreu em 2012, com duas operações: Eco de Retorno, menor do que as anteriores, uma escalada de um conflito de fronteira; e Pilar de Defesa, mais significativa, que em julho de 2012 encerrou o movimento de protestos naquele verão em Israel. Centenas de milhares de israelenses de classe média haviam se manifestado por alguns meses, ameaçando derrubar o governo por conta de suas políticas econômicas e sociais. Não há nada como uma guerra no sul para convencer jovens israelenses a pararem de protestar e defenderem a pátria. Havia funcionado antes, também funcionou desta vez.

Em 2012, o Hamas atingiu Tel Aviv pela primeira vez, com foguetes caseiros que causaram poucos danos e nenhuma morte. Naquele ano, em mais um exemplo do desequilíbrio costumeiro, duzentos palestinos foram mortos, incluindo dez crianças.

Não foi um ano ruim para Israel. Uma extenuada União Europeia e a administração dos Estados Unidos nem sequer condenaram os ataques de 2012; na verdade, citaram reiteradamente "o direito de defesa de Israel" como justificava para as operações. Não surpreende que, dois anos depois, os israelenses tenham percebido que poderiam ir ainda mais longe.

Planejada havia dois anos, a Operação Margem Protetora foi executada no verão de 2014, quando a morte de três colonos judeus na Cisjordânia serviu de pretexto para essa incursão destrutiva que matou 2.200 palestinos. Israel ficou paralisado por algum tempo quando os foguetes do Hamas atingiram o aeroporto Ben-Gurion.

De maneira inédita, o exército israelense tentou enfrentar cara a cara guerrilheiros palestinos na Faixa de Gaza e perdeu 66 soldados. É como uma força policial entrando em uma prisão de segurança máxima, onde os prisioneiros estão cercados e administram a própria vida, controlados sobretudo por parâmetros externos; a invasão representa um risco, pois os detentos responderão com o desespero e a tenacidade de quem resiste às subsequentes tentativas de serem mortos de fome e de terem a vida lentamente extirpada. Os israelenses sabiam muito bem que esse tipo de confronto precisava ser evitado, por isso continuaram optando pelo uso de poder de fogo massivo, o que, nas palavras do exército, servia para conter a situação na Faixa, mas não para destruir o Hamas.

A guerra civil na Síria e a crise dos refugiados deixaram pouco espaço para as ações ou para o interesse internacional pelo que ocorria em Gaza. No entanto, parece que tudo foi preparado para outra rodada de agressões contra o povo palestino na Faixa. Como vimos, a ONU previra que, nesse ritmo de hostilidades, em 2020 esse território se tornaria inabitável, não apenas em razão do poderio militar empregado por Israel, mas do que a ONU chamou de "desdesenvolvimento" – um processo pelo qual o desenvolvimento é revertido.

> Três operações militares israelenses nos últimos seis anos, além de oito anos de bloqueio econômico, devastaram a já debilitada infraestrutura de Gaza, destruíram sua base produtiva, não deram tempo para uma reconstrução significativa ou para uma recuperação econômica, e empobreceram a população palestina em Gaza, tornando seu bem-estar econômico pior do que o nível das duas décadas anteriores.[21]

Essa pena de morte ficou ainda mais provável depois do golpe militar no Egito. O novo regime egípcio adicionou seu próprio fechamento à fronteira de Gaza, que não faz divisa com nenhum outro Estado além de Egito e Israel. Desde 2010, a sociedade civil internacional enviava navios para demonstrar solidariedade e romper o cerco. Um deles, o *Mavi Marmara*, foi brutalmente atacado por patrulhas israelenses, que mataram nove tripulantes e prenderam os demais. Outras flotilhas tiveram tratamento um pouco menos agressivo. No entanto, a previsão da ONU para 2020 permanece – e parece que, para evitar que isso aconteça, o povo da Faixa de Gaza precisará de mais do que flotilhas da liberdade para convencer os israelenses a interromperem a morte lenta que tentam impor a Gaza.

A monstruosa megaprisão que Israel contemplava em 1963, e que construiu em 1967, completa cinquenta anos no momento que termino de escrever este livro. A terceira geração de prisioneiros ainda está lá, à espera de que o mundo reconheça seu sofrimento e se dê conta de que, enquanto essa opressão prosseguir, será impossível discutir de modo construtivo a opressão em outros lugares do Oriente Médio, em particular na Síria. A imunidade que Israel recebeu nos últimos cinquenta anos encorajou outros regimes e grupos políticos a acreditar que os direitos humanos e civis são irrelevantes no Oriente Médio. O desmonte da megaprisão na Palestina enviará uma mensagem diferente e mais esperançosa a todos os que vivem nessa parte conturbada do mundo.

Notas

PREFÁCIO À EDIÇÃO BRASILEIRA

1 Patrick Wolfe, "Settler Colonialism and the Elimination of the Native", *Journal of Genocide Studies*, v. 8, n. 4, p. 387-409, 2006.

2 "The Occupation, Settlement-Supportive and Racist Laws of the 20th Knesset (7 May 2015 - 1 January 2019)", The Palestinian Forum for Israeli Studies, 25 mar. 2019.

3 Ilan Pappe, "The Israeli Nationality Law: A Blueprint for a Twenty First Century Settler-Colonial State", *Journal of Holy Land and Palestine Studies*, v. 18, n. 2, p. 179-91, 2019.

4 Territórios criados pelo governo da África do Sul para concentrar a população negra durante o regime de apartheid. [N.T.]

5 No original, *steal of the century*, jogo de palavras com *deal of the century*, acordo do século. [N.T.]

PREFÁCIO
UMA COLINA, DUAS PRISÕES E TRÊS AGÊNCIAS

1 Amos Oz, *My Michael*. Tel Aviv: Am Oved, 1976, p. 186 (em hebraico) [ed. bras.: *Meu Michel*. Trad. Milton Lando. São Paulo: Companhia das Letras, 2002, p. 284].

2 Órgão estatal criado em 1950 para supervisionar a manutenção e a venda de imóveis e terras de palestinos que foram expulsos da Palestina em 1948.

3 Descrito por um dos participantes em um artigo acadêmico: Zvi Inbar, "The Military Attorney General and the Occupied Territories", *The Law and the Army*, v. 16, n. 1, p. 147-9, 2002 (em hebraico). O artigo, na verdade, consiste de páginas do diário de Inbar que narram esses dias.

4 Schlomo Gazit, *The Carrot and the Stick: Israel's Policy in Judea and Samaria, 1967-68*. Tel Aviv: Kinert, Zamora-Bitan, 1985, p. 21 (em hebraico).

5 Inbar, "The Military Attorney General and the Occupied Territories".

6 Implementadas durante o Mandato Britânico da Palestina para conter o caos que se instaurou após a Segunda Guerra Mundial, as Regulações de Emergência permitiam ao poder ocupante promover prisões administrativas por períodos indeterminados, julgar civis em tribunais militares, impor toques de recolher, demolir casas, censurar publicações, promover buscas e apreensões, entre outras medidas de força. São até hoje a base legal para as ações de Israel nos Territórios Ocupados. Ver "Defense (Emergency) Regulations", B'Tselem [s.d.]. Disponível em: https://www.btselem.org/legal_documents/emergency_regulations). [N.E.]

7 *Ibidem*.

8 Mais será dito adiante sobre a censura depois da ocupação. A principal fonte dessas informações é um relatório da organização israelense de direitos humanos B'Tselem. Ver Daphna Golan, "Banned Books and Authors", B'Tselem Information Sheet, out. 1989. Disponível em: http://www.btselem.org/sites/default/files2/banned_books_and_authors.pdf.

9 Gazit, *The Carrot and the Stick*, p. 22-4.

10 *Ibidem*, p. 23.

11 A editora está informada como "School for Political Science of the Hebrew University", 1963.

12 Gazit, *The Carrot and the Stick*, p. 26.

13 Ilan Pappe, *The Forgotten Palestinians: A History of the Palestinians in Israel*. New Haven: Yale University Press, 2011, p. 52.

14 Ver *Hapraklit*, fev. 1946, p. 58 (em hebraico).

15 Em meu livro *A limpeza étnica da Palestina*, discuti o significado jurídico e acadêmico de limpeza étnica. O teor dessa discussão mostra que, para o consenso internacional, trata-se de uma política que visa reduzir o número de membros de certo grupo com base em sua identidade. O meio pelo qual essa população é reduzida varia da expulsão à intimidação, e, segundo o

direito internacional, é crime submeter uma parte ou a totalidade de uma população a esse tipo de política. O modo particular empregado após 1967 poderia ser descrito como "limpeza étnica gradual", o que implica um conjunto de ações e políticas – discutido no capítulo 6 – para reduzir a população palestina. No prefácio deste livro, discuti por que a elite política israelense decidiu não realizar em 1967 uma expulsão em massa, na escala daquela testemunhada em 1948. Pode-se acrescentar que, se tivessem tentado, a população teria resistido completamente, e, além disso, a Jordânia teria intervindo ou respondido de uma forma que praticamente impossibilitaria sua implementação. Os egípcios talvez também interviessem.

INTRODUÇÃO
RELER A NARRATIVA DA OCUPAÇÃO

1 Ver Wolfe, "Settler Colonialism and the Elimination of the Native"; e Edward Said, "Zionism from the Standpoint of Its Victims", *Social Text*, v. 1, 1979, p. 7.

1. A GUERRA FAVORITA

1 Tudo isso foi descrito no meu livro *The Ethnic Cleansing of Palestine*. Londres: Oneworld, 2006 [ed. bras.: *A limpeza étnica da Palestina*. Trad. Luiz Gustavo Soares. São Paulo: Sundermann, 2016].

2 *Ibidem*.

3 O acordo com a Jordânia é apresentado em Avi Shlaim, *Collusion Across the Jordan: King Abdullah, the Zionist Movement, and the Partition of Palestine*. Nova York: Columbia University Press, 1987.

4 Ele fez esse comentário diversas vezes; a primeira foi à revista alemã *Der Spiegel*, em 5 de novembro de 1969.

5 Discuti esse assunto no meu livro *The Making of the Arab-Israeli Conflict, 1947-1951*. Londres: I.B. Tauris, 1992, p. 180-91.

6 Analiso longamente esse assunto em "The Junior Partner: Israel's Role in the 1948 Crisis". *In*: Roger Owen & Wm. Roger Louis (org.), *A Revolutionary Year: The Middle East in 1958*. Londres: I.B. Tauris, 2002, p. 245-74.

7 Ver Avi Shlaim, "Conflicting Approaches to Israel's Relations with the Arabs: Ben-Gurion and Moshe Sharett, 1953-1956", *The Middle East Journal*, v. 37, n. 2, p. 180-201, 1983.

8 Ver Khaled Diab, "Israel's Part in Egypt's Revolution", *Haaretz*, 23 jul. 2012.

9 Neil Caplan, "'*Oom-Shmoom*' Revisited: Israeli Attitudes Towards the United Nations and the Great Powers, 1948-1960". *In*: Abraham Ben-Zvi & Aharon Klieman (org.), *Global Politics: Essays in Honour of David Vital*. Londres: Frank Cass, 2001, p. 167-99.

10 *Ibidem*.

11 Tratei mais extensamente da perspectiva estadunidense a respeito disso em "Clusters of History: U.S. Involvement in the Palestine Question", *Race & Class*, v. 48, n. 3, p. 1-28, 2007.

12 Moshe Sharett, "26 maio 1955". *In*: Sharett, *Personal Diary*. Tel Aviv: Maariv, 1978, p. 1.021 (em hebraico).

13 Livia Rokach, *Israel's Sacred Terrorism: A Study Based on Moshe Sharett's Personal Diary and Other Documents*. 3 ed. Belmont: AAUG Press, 1986.

14 Ver Pappe, "The Junior Partner".

15 *Ibidem*.

16 *Ibidem*.

17 Ver Pappe, "Clusters of History".

18 Ver Petter Stenberg, *Creating a State of Belligerency: A Study of the Armistice Negotiations between Israel and Syria in 1949*. Dissertação de mestrado. Oslo: Universidade de Oslo, 2009.

19 Ver Pappe, "The Junior Partner".

20 *Ibidem*.

21 *Ibidem.*

22 *Ibidem.*

23 *Ibidem.*

24 Ver Tom Segev, *1967: The Landscape Has Changed*. Jerusalém: Keter, 2005, p. 202 (em hebraico).

25 Ver Pappe, "The Junior Partner".

26 Segev, *1967: The Landscape Has Changed*, p. 196-7.

27 Yigal Allon, *A Curtain of Sand*. Tel Aviv: Hakibbutz Hameuchad, 1960, p. 344-8 (em hebraico).

28 Ver detalhes em Uri Bar-Joseph, "Rotem: The Forgotten Crisis on the Road to the 1967 War", *Journal of Contemporary History*, v. 31, n. 3, p. 547-66, jul. 1996.

29 Ver Issa Mustafa, "The Arab-Israeli Conflict over Water Resources", *Studies in Environmental Science*, v. 58, p. 123-33, 1994.

30 Yosi Abudi & Zeev Lachish, "The Moked Operation". *In*: A. Shmuelevitz (org.), *The Theatre of War: Decisive Battles in Erez Israel*. Tel Aviv: Ministry of Defense Publications, 2007 (em hebraico).

31 George Lenczowski, *American Presidents and the Middle East*. Durham: Duke University Press, 1990, p. 105-15.

32 Michael B. Oren, *Six Days of War: June 1967 and the Making of the Modern Middle East*. Nova York: Persidio Press, 2003, p. 171 [ed. bras.: *Seis dias de guerra: junho de 1967 e a formação do moderno Oriente Médio*. Rio de Janeiro: Bertrand Brasil, 2004].

33 Benny Morris, *Israel's Border Wars, 1948-1956: Arab Infiltration, Israeli Retaliation, and the Countdown to the Suez War*. Oxford: Oxford University Press, 1997.

34 *The New York Times*, 11 maio 1997.

35 Ver *Maariv*, 2 jun. 1972.

36 Arquivos do Estado de Israel, reuniões do governo, 21 maio 1967 (8164/4-A).

37 *Le Monde*, 28 fev. 1968.

38 Arquivos do Estado de Israel, reuniões do governo, 21 maio 1967 (8164/4-A).

39 *Ibidem.*

40 *Ibidem.*

41 *Ibidem.*

42 *Ibidem.*

43 Arquivos do Estado de Israel, reuniões do governo, 28-29 maio 1967 (8164/4-A). Um relatório completo sobre essas reuniões pode ser encontrado em Segev, *1967: The Landscape Has Changed*, p. 308-9, que também apresenta algumas dessas citações (é melhor lê-las na edição em hebraico, se possível).

44 L. Freshwater (pseudônimo), "Policy and Intelligence: The Arab-Israeli War", *Studies in Intelligence*, v. 13, n. 1, 1969 (liberado em 2 jul. 1996), p. 3, 8; Charles Smith, "The United States and the 1967 War". *In*: Wm. Roger Louis & Avi Shlaim (org.), *The 1967 Arab-Israeli War: Origins and Consequences*. Cambridge: Cambridge University Press, 2012, p. 188; CIA Office of Current Intelligence (OCI), "Overall Arab and Israeli Military Capabilities", 23 maio 1967. *In*: Harriet Dashiel Schwar (org.), *Foreign Relations of the United States, 1964-1968*, v. 19, *Arab-Israeli Crisis and War, 1967*. Washington: Government Printing Office, 2003 (doc. 44).

45 David S. Robarge, "CIA Analysis of the 1967 Arab-Israeli War: Getting It Right", *Studies in Intelligence*, v. 49, n. 1, 2005.

46 *Ibidem.*

47 *Ibidem.*

48 Arquivos do Estado de Israel, reuniões do governo, 29 maio 1967.

49 *Ibidem.*

50 Robarge, "CIA Analysis of the 1967 Arab-Israeli War".

51 *Ibidem.*

52 Arquivos do Estado de Israel, reuniões do governo, 29 maio 1967.

53 *Ibidem.*

54 *Ibidem.*

55 Citado em Segev, *1967: The Landscape Has Changed*, p. 309. De acordo com Segev, a declaração teria sido feita na reunião de 28 de junho, mas creio que tenha sido dita no dia seguinte,

segundo as atas dos Arquivos do Estado de Israel. A reunião começou pela manhã e terminou nas primeiras horas do dia seguinte.

56 *Ibidem*.

57 Ami Gluska, *Eshkol: Give an Order*. Tel Aviv: Ministry of Defense, 2004, p. 137-42 (em hebraico).

58 *Ibidem*.

59 Ver esse testemunho na página do Gush Shalom, 6 jul. 2008.

60 *Haaretz*, 18 jun. 1967.

61 Arquivos Ben-Gurion, diário de Ben-Gurion.

62 Samir Mutawi, *Jordan in the 1967 War*. Cambridge: Cambridge University Press, 2002, p. 181.

63 *Ibidem*, p. 154-6.

64 A reunião do governo de 5 de junho de 1967 também é mencionada em um resumo em hebraico desse encontro, publicado pelos Arquivos do Estado de Israel (disponível em: http://www.archives.gov.il/NR/rdonlyres/F45223CB-F8FC-4878-9FE9-D399BE70DD04/0/RabinEbook18.pdf).

65 Wm. Roger Louis, "Britain: The Ghost of Suez and Resolution 242". *In*: Louis & Shlaim (org.), *The 1967 Arab-Israeli War*, p. 240.

66 Entrevista com Jerome McDonnell, *WBEZ Radio*, 6 jun. 2007.

67 Arquivos do Estado de Israel, reuniões do governo, 28 maio 1967.

68 *Ibidem*, 21 maio 1967.

69 Ver Noam Chomsky & Ilan Pappe, *Gaza in Crisis: Reflections on Israel's War against the Palestinians*. Londres: Penguin, 2010, p. 19-56.

70 Michael Oren, *Power, Faith, and Fantasy: America in the Middle East, 1776 to the Present*. Nova York: W.W. Norton, 2007, p. 536.

2. A CRIAÇÃO DA MEGAPRISÃO

1 Esses números foram citados em diferentes reuniões do governo israelense. Ver, em particular: Arquivos do Estado de Israel, reuniões do governo, 11-12 e 18-19 jun. 1967 (8164/7-A). As reuniões desses dias estão publicadas quase na íntegra em "Archives", The National Library of Israel, disponível em: https://www.nli.org.il/en/discover/archives.

2 Ver *Haaretz*, 23 jun. 1967.

3 Esse é o título do livro de Shlomo Gazit em hebraico.

4 Arquivos do Estado de Israel, reuniões do governo, atas de 11 e 18 de junho de 1967.

5 Arquivos do Estado de Israel, reuniões do governo, 18 jun. 1967.

6 *Ibidem*.

7 Arquivos do Estado de Israel, reuniões do governo, 19 jun. 1967. Bavli também escreve que essa decisão foi tomada no dia 19; ver Dan Bavli, *Dreams and Missed Opportunities, 1967-1973*. Tel Aviv: Carmel, 2002, p. 35 (em hebraico).

8 Arquivos do Estado de Israel, reuniões do governo, 19 jun. 1967.

9 *The Times*, 25 jun. 1969.

10 Arquivos do Estado de Israel, reuniões do governo, reunião do gabinete de união nacional, 18 jun. 1967.

11 *Ibidem*.

12 Referência a pessoas influentes, integrantes das principais famílias urbanas, encarregadas da tradicional forma árabe-islâmica de fazer política até o final do período otomano, chamada "política dos notáveis" (*a'yan*). [N.E.]

13 Arquivos do Estado de Israel, reuniões do governo, reunião do gabinete de união nacional, 18 jun. 1967.

14 *Ibidem*.

15 *Ibidem*.

16 *Ibidem*.

17 *Ibidem*.

18 *Ibidem.*

19 *Ibidem.*

20 *Ibidem.*

21 Ver Ilan Pappe, *A History of Modern Palestine: One Land, Two Peoples*. Cambridge: Cambridge University Press, 2006, p. 51.

22 Arquivos do Estado de Israel, reuniões do governo, reunião do gabinete de união nacional, 18 jun. 1967.

23 *Ibidem.*

24 *Ibidem.*

25 Arquivos do Estado de Israel, reuniões do governo, 19 jun. 1967.

26 *Ibidem.*

27 A esse respeito, ver o excelente texto de Glenn Bowman & David Harrison, "The Politics of Tour Guiding: Israeli and Palestinian Guides in Israel and the Occupied Territories". *In*: David Harrison (org.), *Tourism and the Less Developed Countries*. Londres: Belhaven Press, 1992, p. 121-34.

28 Citado na reunião do governo.

29 "Diplomatic Note from Secretary of State Rusk to the Israeli Ambassador". *In*: Harriet Dashiell Schwar (org.), *Foreign Relations of the United States, 1964-1968*, v. 19, *Arab-Israeli Crisis and War, 1967*. Washington: Government Printing Office, 2004 (doc. 256).

30 Lenczowski, *American Presidents and the Middle East*, p. 105.

31 Lindon B. Johnson Presidential Library, National Security Files, "Middle East Crisis: Jerusalem to the Secretary of State", 8 jun. 1967 (box 104/107); Barbour to Departament, 8 jun. 1967; "Joint Embassy Memorandum", 8 jun. 1967.

32 Esse período inicial é discutido em detalhes em Chomsky & Pappe, *Gaza in Crisis*, p. 19-56.

33 Previsão feita na reunião do governo, em 19 de junho de 1967.

34 Essa promessa foi cumprida no primeiro mandato de Donald J. Trump. A embaixada dos Estados Unidos em Israel está sediada em Jerusalém desde 2018. [N.E.]

35 "Circular Telegram from the Department of State to All Posts". *In*: Harriet Dashiell Schwar (org.), *Foreign Relations of the United States, 1964-1968*, v. 19 (doc. 344).

36 Assembleia Geral das Nações Unidas, Quinta Sessão Especial de Emergência, Nova York, 14 jul. 1967 (1967 war/Jerusalem – ga 5th emergency session debate, vote – Verbatim record).

37 Ver Chomsky & Pappe, *Gaza in Crisis*, p. 19-56.

38 Arquivos do Estado de Israel, reuniões do governo, 19 jun. 1967.

39 *Ibidem*.

40 Há longas citações dessa reunião publicadas no *Haaretz*, 2 nov. 2003.

41 O destróier *Eilat* foi atingido por mísseis soviéticos disparados pelo Egito em 21 de outubro de 1967. [N.E.]

42 Steven L. Spiegel, *The Other Arab-Israeli Conflict: Making America's Middle East Policy, from Truman to Reagan*. Chicago: The University of Chicago Press, 1985, p. 160; Marshal A. Hershberg, *Ethnic Interest Groups and Foreign Policy: A Case Study of the Activities of the Organized Jewish Community in Regard to the 1968 Decision to Sell Phantom Jets to Israel*. Tese de doutorado. Pittsburgh: Universidade de Pittsburgh, 1973, p. 27-8.

43 *Haaretz*, 7 jun. 1967.

44 Ver, por exemplo, *Haaretz* e *Maariv*, 21 e 26 jun. 1967.

45 *Haaretz*, 7 jun. 1967.

46 Esse argumento é apresentado em Idith Zertal & Akiva Eldar, *Lords of the Land: The War Over Israel's Settlements in the Occupied Territories, 1967-2007*. Nova York: Nation, 2009.

47 Sobre Fulbright e o Aipac, ver Pappe, "Clusters of History", p. 4-27.

48 Para mais análises a esse respeito, ver Pappe, *The Forgotten Palestinians*, p. 94-100.

49 Ver Ilan Pappe, "Moshe Sharett, David Ben-Gurion and the 'Palestinian Option'", *Studies in Zionism*, v. 7, n. 1, p. 77-95, 1986.

50 Ver "Palestinians Revive Idea of One-State Solution", *Toronto Star*, 15 set. 2008.

51 Raja Shehadeh, *The Third Way: A Journey of Life in the West Bank*. Londres: Quartet, 1982.

52 *Haaretz*, 8 jun. 1967. A linha geral do *Haaretz* a partir de 27 de maio de 1967 foi de que Israel deveria atacar o Egito; posteriormente, o jornal defendeu uma guerra geral.

3. A GRANDE JERUSALÉM COMO PROJETO-PILOTO

1 Um *dunam* é uma unidade métrica de terras usada no Império Otomano e ainda vigente em muitas partes do Oriente Médio. Um *dunam* tem cerca de mil metros quadrados e equivale praticamente a um quarto de um acre ou 0,1 hectare.

2 Ver Yossi Goldstein, *Eshkol: Biography*. Jerusalém: Keter Publishing, 2003, p. 736, nota 914 (em hebraico).

3 Trata-se de um padrão de assentamento estratégico que serve tanto para penetrar quanto para dividir o território, barrando a continuidade geográfica entre as comunidades nativas, fragmentando seu uso do solo e dificultando sua mobilidade. [N.E.]

4 A Frente Popular para a Libertação da Palestina foi fundada em 1967. Ela adotou a ideologia marxista-leninista e era liderada por George Habash.

5 *The Jerusalem Report*, 28 fev. 2000.

6 Segev, *1967: The Landscape Has Changed*, p. 513.

7 Ver Khalil Tafakji, "The Impact of the Geographical and Demographic Colonization on the Jerusalem Question", International Symposium for Jerusalem Affairs, General Islamic Conference for Jerusalem, Amã, 2000 (em árabe).

8 Yezekhel Lein & Eyal Weizman, "Land Grab: Israel's Settlement Policy in the West Bank – Special Report", B'Tselem, maio 2002.

9 Eyal Weizman, *Hollow Land: Israel's Architecture of Occupation*. Londres: Verso, 2012, p. 35-8.

10 Tafakji, "The Impact of the Geographical and Demographic Colonization on the Jerusalem Question".

11 Faysal al-Husayni (1940-2001) foi um estadista palestino, ocupou a Casa do Oriente de Jerusalém e liderou a comunidade local na luta contra a judaização e pela independência palestina. Membro de uma das mais veneradas famílias palestinas, Faysal era filho de Abd al-Qader al-Husayni, o reverenciado herói palestino da guerra de 1948, morto em combate lutando por Jerusalém em abril daquele ano, neto de Musa Kazim Pasha al-Husayni, prefeito de Jerusalém, e sobrinho-neto de Hajj Amin al-Husayni, o grande mufti de Jerusalém no período do Mandato Britânico.

12 Sobre essa luta, ver Zertal & Eldar, *Lords of the Land*, p. 165-6.

13 Há uma descrição bem completa do que aconteceu com a área de Mamilla em Sylvia Schwarz, "The Destruction of the Mamilla Cemetery: Desecration of a Sacred Site", *MinnPost*, 13 set. 2010.

14 Tribunal Penal Internacional, Estatuto de Roma, 1998, artigo 8º, alínea b), item viii.

4. A VISÃO DE ALLON

1 Anita Shapira, *Yigal Allon, Native Son: A Biography*. Filadélfia: University of Pennsylvania Press, 2007.

2 "Telegram from the Embassy in Jordan to the Department of State, 19 dez. 1968". *In*: Louis J. Smith (org.), *Foreign Relations of the United States, 1964-1968*, v. 20, *Arab-Israeli Dispute, 1967-1968*. Washington: Government Printing Office, 2001 (doc. 353).

3 Arquivos do Estado de Israel, reuniões do governo, 18 jun. 1967.

4 Segev, *1967: The Landscape Has Changed*, p. 449.

5 Goldstein, *Eshkol*.

6 Disponível em: http://pmo.gov.il/History/PastPMM/Pages/eshkol.aspx (em hebraico).

7 Arquivos do Estado de Israel, reuniões do governo, 20 ago. 1967 (16718/6-G).

8 Os diversos decretos e ordens em inglês podem ser encontrados em várias fontes. A mais acessível na internet para o texto dessas primeiras regulações, incluindo a de nº 25, pode ser encontrada em: "Apartheid Laws in the Israeli Occupied Territories", ItIsApartheid.org [s.d.], disponível em: www.itisapartheid.org/Documents_pdf_etc/ApartheidLawsOccupied.pdf.

9 *Haaretz*, 6 out. 1995.

10 Ele deu essa declaração enquanto seu gabinete aprovava o estabelecimento das primeiras colônias no Vale do Jordão, mas decidiu tornar pública essa decisão. Arquivos do Estado de Israel, reuniões do governo, reunião do gabinete de união nacional, 28 jan. 1968.

11 Arquivo Eshkol, Yisrael Galili em carta a Eshkol, 14 ago. 1968.

12 Arquivos do Estado de Israel, reuniões do governo, 26 jun. 1967 (8164/7-A).

13 *Ibidem.*

14 Também relatado na imprensa israelense; ver *Maariv*, 19 set. 1971.

15 Hagai Huberman, "The Early Settlement of Gush Katif: The Five Fingers Plan". *In*: Yehuda Zoldan (org.), *The Bible and the Land*, v. 7. Gush Etzion: The Biblical Institute, 2004 (em hebraico).

16 Meron Benvenisti & Shlomo Khayat, *The West Bank and Gaza Atlas*. Jerusalém: The West Bank Data Base Project, 1988, p. 62.

17 Arquivos do Estado de Israel, reuniões do governo, 11 jun. 1967 (7927/4-A).

18 *Ibidem*, 18 jun. 1967.

19 *Ibidem.*

20 *Ibidem.*

21 Ver a revisão desse plano, dez anos depois de sua concepção, em "Your Own Garden and Your Own Tank", *Haaretz*, 16 out. 2001.

5. RECOMPENSAS ECONÔMICAS E REPRESÁLIAS PUNITIVAS

1 Ver a análise de Yusif A. Sayigh, "The Palestinian Economy under Occupation: Dependency and Pauperization", *Journal of Palestine Studies*, v. 15, n. 4, p. 46-67, 1986.

2 Ver Salim Tamari, "The Palestinians in the West Bank and Gaza: The Sociology of Dependency". *In*: Khalil Nakhleh & Elia Zureik (org.), *The Sociology of the Palestinians*. Londres: Croom Helm, 1980, p. 84-111.

3 Arquivos do Estado de Israel, reunião do governo, 18 jun. 1967.

4 Sobre o início do processo, ver Leila Farsakh, *Palestinian Labour Migration to Israel: Labour, Land and Occupation*. Londres: Taylor and Francis, 2005, p. 82-5.

5 Ver Tamari, "The Palestinians in the West Bank and Gaza", p. 84-111.

6 *Haaretz*, 25 jun. 1967.

7 Arquivos do Estado de Israel, reuniões do governo, 18 jun. 1967.

8 *Ibidem*, 20 jun. 1967.

9 Disponível em: www.ariel-sharon-life-story.com/08-Ariel-Sharon--Biography-1971-War-against-Terrorism.shtml. [A página não está mais ativa, mas pode ser consultada em: https://web.archive.org/web/20190327032938/http://www.ariel-sharon-life-story.com/1971-ariel-sharons-war-against-terrorism.shtml. – N.E.]

10 A recomendação de empregar os mesmos métodos que os ingleses usaram de 1936 a 1939 foi expressa na dissertação de doutoramento de um oficial veterano do exército, chefe do Departamento de História das IDF, apresentada na Universidade de Haifa: *The First Intifada: The Repression of the Arab Revolt, 1936-1939*, 1998 (em hebraico).

11 *Haaretz*, 5 abr. 1968.

12 Letra de Haim Hefer, interpretação do coro militar do Comando Central.

13 Gershon Shafir, "The Miscarriage of Peace: Israel, Egypt, the United States and the 'Jarring Plan' in the Early 1970s", *Israel Studies Forum*, v. 21, n. 1, p. 3-26, 2006.

6. A LIMPEZA ÉTNICA DE JUNHO DE 1967

1 Para uma definição de limpeza étnica, ver nota 15 do Prefácio.

2 Ver Segev, *1967: The Landscape Has Changed*, p. 558-68. Segundo o autor, a ideia de expulsão em massa seguiu intacta até meados de 1968.

3 Daniel Dor, *The Suppression of Guilt: The Israeli Media and the Reoccupation of the West Bank*. Londres: Pluto, 2005.

4 Esses e outros protestos foram relatados por Abba Eban em carta a Eshkol. Ver Arquivos do Estado de Israel, reuniões do governo, 12 jul. 1967 (7921/A/-2).

5 Arquivos do Estado de Israel, reuniões do governo, 26 jun. 1967.

6 *Ibidem*.

7 *Haaretz*, 21 jun. 1967. Também há relatos de fontes egípcias indicando que as forças israelenses transferiram centenas de pessoas para o Egito.

8 *Haaretz*, 19 jun. 1967.

9 Para mais detalhes, ver "Where We Work: Jordan", UNRWA [s.d.]. Disponível em: http://unrwa.org/where-we-work/jordan.

10 *Haaretz*, 21 jun. 1967.

11 Arquivos do Estado de Israel, reuniões do governo, 18 jun. 1967.

12 ONU, "Report of the Special Committee to Investigate Israeli Practices Affecting Human Rights of the Population of the Occupied Territories" (A/8389), 5 out. 1971.

13 Segev, *1967: The Landscape Has Changed*, p. 426.

14 Arquivos do Estado de Israel, reuniões do governo, 25 jun. 1967.

15 *Ibidem*.

16 *Ibidem*.

17 *Ibidem.*

18 *Ibidem.*

19 *Ibidem.*

20 *Ibidem.*

21 Ver "Canada 'Park' in Palestine: Part 2" [vídeo], 24 out. 2010. Disponível em: http://youtube.com/watch?v=NrhaglA5c_w. Ver também John Dirlik, "'Canada Park' Built on Ruins of Palestinian Villages", *The Washington Report on Middle East Affairs*, out. 1991, p. 34-5.

22 O jornalista israelense Yossi el-Gazi publicou seu diário inteiro em seu blog (http://www.defeatist-diary.com/). [A página não está mais ativa, mas pode ser consultada em: https://web.archive.org/web/20160512062420/http://www.defeatist-diary.com/index.asp. – N.E.]

23 Amos Kenan, *Israel: A Wasted Victory*. Tel Aviv: Amikam, 1970, p. 18 (em hebraico).

24 *Ibidem.*

25 Arquivos do Estado de Israel, reuniões do governo, 25 jun. 1967.

26 *Ibidem.*

27 *Ibidem.*

28 Glenn Bowman, "Israel's Wall and the Logic of Encystation: Sovereign Exception or Wild Sovereignity?", *Focaal*, n. 50, p. 127-35, 2007.

29 Arquivos do Estado de Israel, reuniões do governo, 25 jun. 1967.

30 *Ibidem.*

31 *Ibidem.*

32 *Ibidem.*

33 *Ibidem.*

34 *Ibidem.*

35 *Ibidem.*

36 *Ibidem.*

37 *Ibidem.*

38 *Ibidem.*

39 *Ibidem.*

40 Robert Bowker estima que cerca de trezentos mil palestinos se tornaram refugiados nessas operações. Ver Robert Bowker, *Palestinian Refugees: Mythology, Identity, and the Search for Peace*. Boulder: Lynne Rienner, 2003, p. 81.

41 Segev, *1967: The Landscape Has Changed*, p. 548.

7. O LEGADO TRABALHISTA (1968-1977)

1 Ver, por exemplo, Rafi Israeli, *The First Decade of Israeli Rule in Judea and Samaria*. Jerusalém: Truman Institute, 1977 (em hebraico); e Shabtai Teveth, *The Cursed Blessing: The Story of Israel's Occupation of the West Bank*. Tel Aviv: Shoken, 1982 (em hebraico).

2 Para uma história concisa desse episódio na história do partido, ver Colin Shindler, *A History of Modern Israel*. Nova York: Cambridge University Press, 2013, p. 128-45.

3 Ver Zertal & Eldar, *Lords of the Land*, p. 66-81. Para uma desconstrução ainda mais concisa da narrativa que acompanhou esse ato, ver Neve Gordon, *Israel's Occupation*. Berkeley: University of California Press, 2008, p. 123-4.

4 Sobre os estágios iniciais, ver David Newman, "The Evolution of a Political Landscape: Geographical and Territorial Implications of Jewish Colonization in the West Bank", *Middle Eastern Studies*, v. 21, n. 2, p. 192-205, 1985.

5 Ian S. Lustick, *For the Land and the Lord: Jewish Fundamentalism in Israel*. Nova York: Council for Foreign Relations, 1988, p. 42-72.

6 Para uma opinião de um colono judeu sobre esse momento formativo, ver Israel Harel, "Not Gush Emunim but Zionism", *Haaretz*, 2 dez. 2011.

7 Gordon, *Israel's Occupation*, p. 124.

8 Ver International Committee of the Red Cross (ICRC), "Article 49: Deportations, Transfers, Evacuations". *In*: Convention (IV) Relative to the Protection of Civilian Persons in Time of War, Genebra, 12 ago. 1949.

9 Ver John W. Amos, *Palestinian Resistance: Organization of a Nationalist Movement*. Nova York: Pergamon, 1980, p. 228-313.

10 Disponível em: http://www.toraland.org.il (em hebraico).

8. A BUROCRACIA DO MAL

1 Os documentos foram publicados seletivamente, mas de modo muito revelador, em 1971, pelos Arquivos do Estado de Israel. Ver *The Israeli Ministry of Defence, The Occupied Territories, 1967-1971*. Tel Aviv: Ministry of Defense, 1971 (esse volume tem 750 páginas).

2 Gazit, *The Carrot and the Stick*, p. 94-5.

3 *Ibidem*, p. 97-8.

4 Inbar, "The Military Attorney General and the Occupied Territories", p. 158.

5 Gordon, *Israel's Occupation*, p. 26.

6 Ver a discussão em Gordon, *Israel's Occupation*.

7 Decreto sobre Arranjos Administrativos de Dominação e Direito (*Ha-shilton ve Ha-Mishpat*), Cisjordânia, 7 jun. 1967.

8 David Kretzmer, *The Occupation of Justice: The Supreme Court of Israel and the Occupied Territories*. Nova York: Suny Press, 2002, p. 2.

9 Human Rights Watch, "Separate and Unequal: Israel's Discriminatory Treatment of Palestinians in the Occupied Palestinian Territories", 19 dez. 2010.

10 O B'Tselem publicou em hebraico um artigo intitulado "Legislação que permite pressões físicas e mentais na investigação Shabak" em janeiro de 2000, o qual examina as violações

de direitos humanos envolvidas nessas políticas. Esse artigo está disponível para download em: http://btselem.org/download/200001_torture_position_paper_heb.doc.

11 Ver Pappe, *The Ethnic Cleansing of Palestine*, p. 226 [ed. bras.: *A limpeza étnica da Palestina*, p. 260-1].

12 A Adalah, a ONG palestina de direitos jurídicos da Minoria Árabe em Israel, começou a desafiar a aplicabilidade dessa lei em 2013. Ver "Israeli Supreme Court Defers Decision in Absentee Property Cases in East Jerusalem" [*press release*], Adalah, 10 set. 2013; e Haneen Naamnih & Suhad Bishara, "The Law of the Promised Land 2011: Between Absentees and Foreigners", *Adalah's Newsletter*, v. 82, maio 2008.

13 Em 1997, o exército divulgou uma lista e uma história desses decretos na forma de um panfleto, que pode ser consultado em "The Legal Advisor to the Areas of Judea and Samaria [*sic*], Pamphlets, Decrees and Appointments, Judea and Samaria", n. 174, p. 2291-997 (publicado em hebraico e em árabe em 1997).

14 Ver F. Robert Hunter, *The Palestinian Uprising: A War by Other Means*. Berkeley: University of California Press, 1991, p. 48.

15 O Exército de Libertação da Palestina foi estabelecido pela Liga Árabe em 1964 como braço armado da OLP.

16 Arquivos do Estado de Israel, reuniões do governo, 25 jun. 1967.

17 Ver Tamari, "The Palestinians in the West Bank and Gaza" e Israeli, *The First Decade of Israeli Rule in Judea and Samaria*, para duas perspectivas opostas sobre o assunto.

18 *Haaretz*, 25 jun. 1967.

19 Rubik Rosental, "The First One Hundred Days", *Panim: The Journal of the Teachers Union in Israel*, n. 39, 2007 (em hebraico).

20 *Haaretz*, 22 jun. 1967.

21 Trata-se de Rubik Rosental, o mesmo jornalista citado acima, que originalmente publicou o artigo do *Panim* no *Maariv*, em 18 de abril de 1997.

22 Moshe Dayan, *Aveni Derech*. Tel Aviv: Idanim, 1976, p. 450-550 (em hebraico).

23 Samih K. Farsoun & Christina E. Zacharia, *Palestine and the Palestinians*. Boulder: Westview, 1997, p. 66-123.

24 Bavli, *Dreams and Missed Opportunities*, 2002, p. 21.

25 Menachem Begin instruiu a Autoridade de Radiodifusão de Israel a empregar os novos termos. Ver Ayelet Cohen, "The Power of Words", *Toar*, v. 11, abr. 2001 (em hebraico).

26 Elisha Efrat, *Judea and Samaria: A Blueprint for Physical and Regional Planning*. Jerusalém: Ministry of the Interior Publication, 1970 (em hebraico).

27 *Ibidem*.

28 Usama Halabi, "The Israeli Law in the Service of the Expropriation, Planning and Settlement Policies", *Mahbarot Adalah*, n. 2, p. 6-13, 2002 (em hebraico).

9. NO CAMINHO DA INTIFADA (1977-1987)

1 Ver Menachem Begin, "Those Who Pave the Way for a Palestinian State", *Maariv*, 10 dez. 1976.

2 O custo financeiro dessa atitude preferencial só foi calculado em 2009; ver "Peace Now Special Report: The Price of Settlements in the 2009-2010 Budget Proposal", jun. 2009. Disponível em: https://peacenow.org.il/wp-content/uploads/2009/06/Price_of_Settlements_June2009.pdf.

3 Patrick Müller, "Occupation in Hebron: Settlements and the State of Israel", *News from Within*, v. 20, n. 6, p. 19-24, set. 2004.

4 Yaacov Bar-Siman-Tov, *Israel and the Peace Process 1977-1982: In Search of Legitimacy for Peace*. Albany: Suny Press, 1994, p. 68-9.

5 Noam Chomsky, *Fateful Triangle*. Chicago: South End Press, 1983, p. 187-92.

6 *Ibidem*.

7 Robert Fisk, *Pity the Nation: The Abduction of Lebanon*. Nova York: Nation, 2002, p. 138.

8 É o que alega Shlomo Nakdimon, que era muito próximo de Begin. Shlomo Nakdimon, "Begin's Legacy 'Yehiel, It Ends Today'", *Haaretz*, 22 fev. 2012.

9 Para uma análise crítica de Sharon, ver Uzi Benziman, *Sharon: An Israeli Caesar*. Nova York: Adama, 1985.

10 Musa Budeiri, "Democracy... And the Experience of National Liberation: The Palestinian Case". *In*: Ilan Pappe & Jamil Hilal (org.), *Across the Wall: Narratives of Israeli-Palestinian History*. Londres/Nova York: I.B. Tauris, 2010, p. 336.

11 Mark Tessler, "Israeli Thinking about the Palestinians: A Historical Survey". *In*: Robert O. Freedman (org.), *Israel's First Fifty Years*. Miami: University of Florida Press, 2000, p. 110.

12 Baruch Kimmerling, *Politicide: The Real Legacy of Ariel Sharon*. Londres/Nova York: Verso, 2003.

13 *Ibidem*.

14 Gershom Gorenberg, *The End of Days: Fundamentalism and the Struggle for the Temple Mount*. Nova York: Oxford University Press, 2000, p. 128-37.

15 O funcionário é entrevistado no documentário *The Law in These Parts* (2011, dir. Ra'anan Alexadrowicz), disponível em: http://thelawfilm.com/eng#!/the-film.

16 Zertal & Eldar, *Lords of the Land*, p. 102.

17 Halabi, "The Israeli Law in the Service of the Expropriation, Planning and Settlement Policies", p. 6-13.

18 Ver Patrick Seal, *Abu Nidal: A Gun for Hire*. Londres: Hutchinson, 1992.

19 Conforme já indicado em um artigo publicado em setembro de 1982. Ver Amos Perlmutter, "The Middle East: A Turning Point? Begin's and Sharon's Tactics", *Foreign Affairs*, v. 61, n. 1, p. 67-83, 1982.

20 Ze'ev Schiff & Ehud Ya'ari, *Israel's Lebanon War.* Nova York: Simon and Schuster, 1984, p. 283-4.

21 Ilan Pappe, "Jordan between Hashemite and Palestinian Identity". *In*: Joseph Nevo & Ilan Pappe (org.), *Jordan in the Middle East 1948-1988: The Making of a Pivotal State.* Ilford: Frank Cass, 1994, p. 61-94.

22 Penny Johnson, Lee O'Brien & Joost Hiltermann, "The West Bank Rises Up". *In*: Zachary Lockman & Joel Beinin (org.), *Intifada: The Palestinian Uprising against Israeli Occupation.* Cambridge: South End, 1989, p. 32.

23 Tamari, "The Palestinians in the West Bank and Gaza".

24 Ze'ev Schiff & Ehud Ya'ari, *Intifada: The Palestinian Uprising – Israel's Third Front.* Nova York: Simon and Schuster, 1989.

25 Tamari, "The Palestinians in the West Bank and Gaza".

26 Lisa Hajjar, Mouin Rabbani & Joel Beinin, "Palestine and the Arab-Israeli Conflict for Beginners". *In*: Zachary Lockman & Joel Beinin (org.), *Intifada: The Palestinian Uprising against Israeli Occupation.* Cambridge: South End Press, 1989, p. 102.

27 Schiff & Ya'ari, *Intifada.*

28 Marianne Heiberg & Geir Øvensen, "Palestinian Society in Gaza, West Bank and Arab Jerusalem: A Survey of Living Conditions", *Fafo Report*, Oslo, n. 151, p. 124, 1993.

29 Ori Nir, "Not Every Day is Purim", *Middle East Online*, 13 mar. 2009.

30 Meron Benvenisti, *West Bank Data Project: A Survey of Israel's Policies.* Nova York: American Enterprise Institute for Public Policy Research, 1984.

31 Para detalhes desses números e mais informações, ver "Deportation" [s.d.], B'Tselem. Disponível em: http://btselem.org/topic/deportation.

32 *Ibidem.*

33 Boaz Evron, "How Can One Enjoy from All the Worlds [How Can One Have Cake and Eat It]", *Yedioth Ahronoth*, 8 dez. 1978.

34 Avraham Shapira, *Conversations between Soldiers*. Tel Aviv: The Kibbutz Movement, 1967 (em hebraico).

10. A PRIMEIRA INTIFADA (1987-1993)

1 Donald Neff, "The Intifada Erupts, Forcing Israel to Recognize Palestinians", *Washington Report on Middle Eastern Affairs*, p. 81-3, dez. 1997.

2 United Nations, General Assembly, "The Uprising of the Palestinian People", Resolution 43/21, 3 nov. 1988.

3 Neff, "The Intifada Erupts, Forcing Israel to Recognize Palestinians", p. 81-3.

4 Norman Finkelstein, *The Rise and Fall of Palestine: A Personal Account of the Intifada Years*. Minneapolis: University of Minnesota Press, 1996.

5 Shaul Mishal & Reuben Aharoni, *Speaking Stones: The Words Behind the Palestinian Intifada*. Tel Aviv: Kibbutz Meuhad, 1989, p. 14-20 (em hebraico).

6 Human Rights Watch, "Israel, the Occupied West Bank and the Gaza Strip, and the Palestinian Authority Territories", v. 13, n. 4, p. 48-9, nov. 2001.

7 Audrey Kurth Cronin, "How Fighting Ends: Asymmetric Wars, Terrorism, and Suicide Bombing". *In*: Holger Affelbach & Hew Strachan (org.), *How Fighting Ends: A History of Surrender*. Nova York: Oxford University Press, 2012, p. 426.

8 Nami Nasrallah, "The First and Second Palestinian Intifadas". *In*: David Newman & Joel Peters (org.), *The Routledge Handbook on the Israeli-Palestinian Conflict*. Londres/Nova York: Routledge, 2013, p. 56.

9 A Anistia Internacional publicou mais recentemente um resumo do verdadeiro significado do uso excessivo da força por Israel.

Ver Amnesty International, "'Trigger-Happy' Israeli Army and Police Use Reckless Force in the West Bank", 27 fev. 2014.

10 Há versão digitalizada do relatório de 1988: United States Department of State, *Country Reports on Human Rights Practices for 1988*. Washington: U.S. Government Printing Office, 1989, p. 1.377, 1.379. Disponível em: http://archive.org/details/countryreportson1988unit.

11 United Nations, Repertory of Practice of United Nations Organs., Supplement 7, Covering the Period 1 January 1985 to 31 December 1988, v. 6, p. 71.

12 Wendy Pearlman, *Violence, Nonviolence, and the Palestinian National Movement*. Cambridge: Cambridge University Press, 2011, p. 114.

13 Sara Roy, *Hamas and Civil Society in Gaza: Engaging the Islamist Social Sector*. Princeton: Princeton University Press, 2013, p. 23.

14 A esse respeito, ver o excelente artigo de Andrew Higgins, "How Israel Helped to Spawn Hamas", *The Wall Street Journal*, 24 jan. 2009.

15 Ilan Pappe, "Understanding the Enemy: A Comparative Analysis of Palestinian Islamist and Nationalist Leaflets, 1920s-1980s". *In*: Ronald L. Nettler & Suha Taji-Farouki (org.), *Muslim-Jewish Encounters? Intellectual Traditions and Modern Politics*. Amsterdam: Harwood, 1998, p. 87-108.

16 Ilan Pappe, "De-Terrorising the Palestinian National Struggle: The Roadmap to Peace", *Critical Studies in Terrorism*, v. 2, n. 2, p. 127-46, ago. 2009.

17 Para uma boa análise, ver Harriet Sherwood, "Israel Must Withdraw All Settlers or Face ICC, Says UN Report", *The Guardian*, 31 jan. 2013.

18 Ver "Europe Threatens to Withdraw Support for Israel Over Settlement Building Plans", *Haaretz*, 2 dez. 2012.

19 A maior parte dessas informações foi retirada do relatório bienal do B'Tselem para 1990: B'Tselem, *Violations of Human Rights in the Occupied Territories 1990/1991*. Jerusalém: B'Tselem, 1991.

20 *Ibidem*.

21 Ver B'Tselem, "The Closure of the West Bank and Gaza Strip: Human Rights Violations against Residents of the Occupied Territories", information sheet: May 1993.

22 *Ibidem*.

23 Jamal Abu Samhadana fundou os Comitês de Resistência Popular na área de Rafah, em Gaza. Foi assassinado pelos israelenses em 2006, por seu envolvimento em ações militares contra eles.

24 B'Tselem, "The Closure of the West Bank and Gaza Strip: Human Rights Violations against Residents of the Occupied Territories", information sheet: May 1993.

25 *Ibidem*.

26 *Ibidem*.

27 Para uma descrição enfática das primeiras experiências nos postos de controle, ver Avram S. Bornstein, *Crossing the Green Line: Between Israel and the West Bank*. Filadélfia: University of Pennsylvania Press, 2002, p. 2-3.

28 Essa conexão foi exposta no documentário *The Lab* (2013, dir. Yotam Feldman).

29 Paul Findley, *Deliberate Deceptions: Facing the Facts about the U.S.-Israeli Relationship*. Washington: American Educational Trust, 1995, p. 88.

30 Uma pesquisa bastante completa pode ser encontrada em Farsakh, *Palestinian Labour Migration to Israel*.

31 Report to the U.N., "Economic and Social Repercussions of the Israeli Occupation", in Resolution 53/230 of the U.N. General Assembly, 22 dez. 1999.

32 *The Jerusalem Post*, 5 mar. 1988, p. 7.

33 Sobre as origens desse fenômeno, ver Ehud Sprinzak, *Brother against Brother: Violence and Extremism in Israeli Politics from*

Altalena to the Rabin Assassination. Nova York: Simon and Schuster, 1999, p. 177-9.

34 Esse não foi o pior dos eventos dessa época. Ver "Two Palestinian Teens Killed by Israeli Gunfire", *Los Angeles Times*, 23 fev. 1988.

35 Há uma vívida descrição em Chomsky, *Fateful Triangle*, p. 495.

36 De acordo com algumas fontes, em 2012, oitocentos mil palestinos foram presos. Ver Mohamedd Mar'i, "Israeli Forces Arrested 800,000 Palestinians since 1967", *Saudi Gazette*, 12 dez. 2012.

37 Mary Curtius, "Palestinian Villagers Are Defiant After Israeli Troops End Tax Siege", *Boston Globe*, 2 nov. 1989.

38 Stephen J. Sosebee, "The Passing of Yitzhak Rabin, Whose 'Iron Fist' Fuelled Intifada", *The Washington Report on Middle East Affairs*, v. 9, n. 5, p. 9, 31 out. 1990.

39 Zachary Lockman & Joel Beinin (org.), *Intifada: The Palestinian Uprising against Israeli Occupation*. Cambridge: South End Press, 1989, p. 1.

40 B'Tselem, "Harm to Palestinians Collaborating with Israel", 1º jan. 2011.

41 Scott Appleby, *Spokesmen for the Despised: Fundamentalist Leaders of the Middle East*. Chicago: The University of Chicago Press, 1996, p. 5-6, 225-6, 400-1. Este é o único livro que conheço que insere o rabino Kook e Yassin na mesma pesquisa.

42 *Ibidem*, p. 238.

43 Para mais detalhes, ver B'Tselem, "Fatalities in the First Intifada", [s.d.]. Disponível em: http://btselem.org/statistics/first_intifada_tables.

44 Há um excelente relato sobre todos esses aspectos em Sonja Karkar, "The First Intifada 20 Years Later", *The Electronic Intifada*, 10 dez. 2007.

45 *Ibidem*.

11. A FARSA DE OSLO E A SEGUNDA INTIFADA

1 Nur Masalha, *Expulsion of the Palestinians: The Concept of 'Transfer' in Zionist Political Thought, 1882-1948*. Washington: Institute for Palestine Studies, 1992, p. 107 [ed. bras.: *Expulsão dos palestinos: o conceito de "transferência" no pensamento político sionista (1882-1948)*. São Paulo: Memo/Sundermann, 2021.]

2 Walid Khalidi, "Revisiting the UNGA Partition Resolution", *Journal of Palestine Studies*, v. 27, n. 1, p. 5-21, 1997.

3 Recomendo a leitura integral do melhor relato sobre os desdobramentos que levaram ao Acordo de Oslo: Ilde Henriksen Waage, "Postscript to Oslo: The Mystery of Norway's Missing Files", *Journal of Palestine Studies*, v. 38, n. 1, p. 54-65, 2008.

4 Ver "Israeli-Palestinian Conflict: ProCon" [s.d.]. Disponível em: http://israelipalestinian.procon.org/view.background-resource.php?resourceID=000921.

5 Ver Ian Black, "How the Oslo Accord Robbed the Palestinians", *The Guardian*, 4 fev. 2013.

6 Ver http://thepalestinepapers.com/en/projects/thepalestinepapers/20121821231215230.html. [A página não está mais ativa, mas pode ser consultada em: https://web.archive.org/web/20220705215016/http://www.thepalestinepapers.com/en/projects/thepalestinepapers/20121821231215230.html. – N.E.]

7 Pappe, *The Making of the Arab-Israeli Conflict, 1947-1954*, p. 203-43.

8 Bowker, *Palestinian Refugees*, p. 157.

9 Benvenisti, *West Bank Data Project*.

10 Hussein Agha & Robert Malley, "Camp David: The Tragedy of Errors", *The New York Review of Books*, 9 ago. 2021.

11 Dor, *The Suppression of Guilt*.

12 Raviv Drucker & Ofer Shelah, *Boomerang*. Jerusalém: Keter, 2005 (em hebraico).

13 "The Mitchell Report", 20 maio 2001. Disponível em: https://www.bmlv.gv.at/download_archiv/pdfs/mitchell.pdf.

14 United Nations Office for the Coordination of Humanitarian Affairs – Occupied Palestinian Territory, "The Humanitarian Impact on Palestinians of Israeli Settlements and Other Infrastructure in the West Bank", abr. 2009.

15 European Union, "Internal Report on Area C and Palestinian State Building", *Journal of Palestine Studies*, v. 41, n. 3, p. 220-3, 2012.

16 Emma Playfair (org.), *International Law and the Administration of Occupied Territories*. Nova York: Oxford University Press, 1992, p. 396.

17 A Human Rights Watch, que por ironia foi banida de Israel, cataloga anualmente esses abusos.

18 World Bank Technical Team Report, "Movement and Access Restrictions in the West Bank", 9 maio 2007.

19 European Union, "Internal Report on 'Area C and Palestinian State Building'", p. 220-3.

12. O MODELO DEFINITIVO DE PRISÃO DE SEGURANÇA MÁXIMA: A FAIXA DE GAZA

1 Os planos de estabelecer a cidade cenográfica foram descritos no diário *Globes* (em hebraico), em 20 de maio 2002 (o planejamento começou efetivamente em 2002); o blog também publicou, em 7 de novembro de 2009, o relato de um soldado que participou do treinamento, embora a página tenha sido removida por razões óbvias (esteve disponível até 2010, em: http:// www.dacho.co.il/showthread.php). O aviso das IDF em sua própria página, em um artigo de Ido Elazar, também foi removido.

2 Ver Ilan Pappe, "Responses to Gaza", *London Review of Books*, v. 21, n. 2, p. 5-6, 29 jan. 2009.

3 *Ibidem*.

4 Breaking the Silence, "Soldiers' Testmonies from Operation Cast Lead, Gaza, 2009", 15 jul. 2009. O relatório está disponível on-line, na página da ONG.

5 United Nations Economic and Social Council, "Question of the Violation of Human Rights in the Occupied Arab Territories, Including Palestine: Report of the Special Rapporteur on the Situation of Human Rights in the Palestinian Territories Occupied by Israel since 1967, John Dugard" (E/CN.4/2005/29/Add.1), United Nations Commission on Human Rights, 3 mar. 2005.

6 Ver a análise do jornalista israelense Roni Sofer no *Yedioth Ahronoth*, 27 set. 2005.

7 Amos Harel & Avi Issacharoff, "Analysis: Gaza Gains Have Softened Israel Stance on Shalit Deal", *Haaretz*, 25 jan. 2009.

8 Ver relatório de Amir Buhbut & Uri Glickman, "The IDF Had Attacked in Gaza", *Maariv*, 25 set. 2005.

9 Diversos generais e ex-generais expressaram essa opinião em uma coletânea de artigos em um jornal estratégico publicado pelo Israeli Institute for National Security Studies: *Strategic Assessment*, v. 11, n. 4, fev. 2009.

10 Amos Harel & Avi Issacharoff, "One Humiliation Too Many", *Haaretz*, 13 jul. 2006.

11 Ilan Pappe, "Ingathering", *London Review of Books*, v. 28, n. 8, abr. 2006, p. 15, 20.

12 Yehuda Ben Meir & Dafna Shaked, "The Israeli Body Politic: Views on Key National Security Issues", *Strategic Assessment*, v. 10, n. 1, p. 31-5, jun. 2007.

13 Ver Pappe, *The Ethnic Cleansing of Palestine* [ed. bras.: *A limpeza étnica da Palestina*].

14 Seán MacBride *et al.*, *Israel in Lebanon: The Report of the International Commission to Enquire into Reported Violations of International Law by Israel During Its Invasion of Lebanon*. Londres: Ithaca, 1983.

15 Ver United Nations Office for the Coordination of Humanitarian Affairs (Ocha), "Special Report", ago. 2007.

16 B'Tselem, "683 People Killed in the Conflict in 2006" [*press release*], 28 dez. 2006.

17 Atualmente presidente do Yisrael Beitenu, partido que fundou em 1999, depois de romper com Netanyahu, por acreditar que o Likud havia feito demasiadas concessões à Autoridade Palestina. Foi Ministro das Relações Exteriores (2009-2016) e ministro da Defesa (2016-2018). [N.E.]

18 B'Tselem, "683 People Killed in the Conflict in 2006" [*press release*], 28 dez. 2006.

19 Gabi Siboni, "The Third Threat", *Haaretz*, 30 set. 2009.

20 Breaking the Silence, "Soldiers' Testmonies from Operation Cast Lead, Gaza, 2009", 15 jul. 2009.

21 United Nations News Centre, "Gaza Could Become Uninhabitable in Less Than Five Years Due to Ongoing De-Development", 1 set. 2015.

Mapas

PALESTINA HISTÓRICA PRÉ-1948

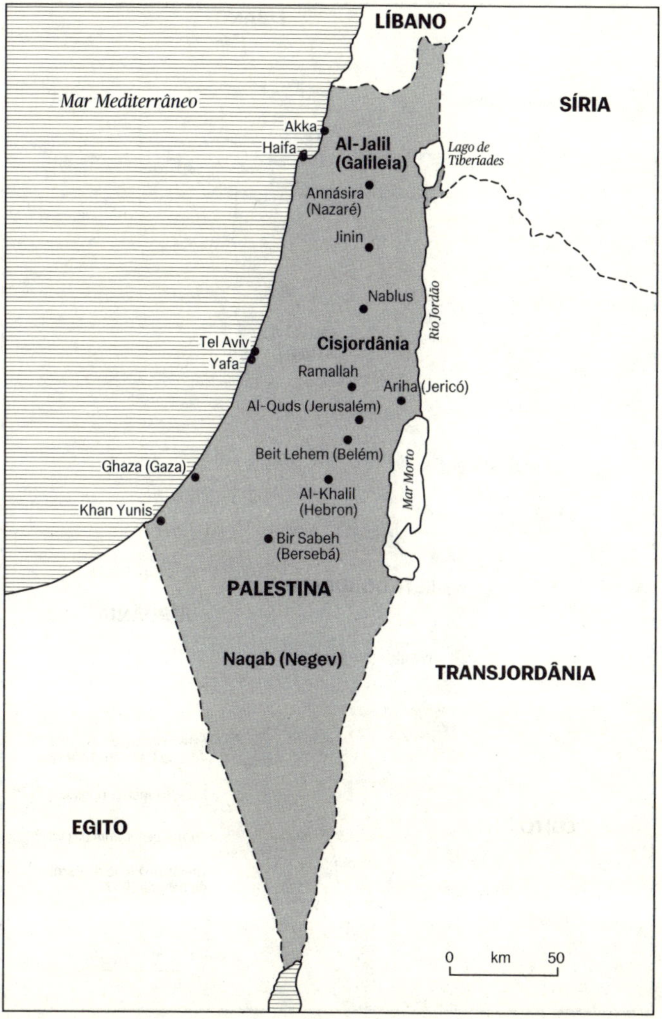

PLANO DE PARTILHA DA ONU (1947)

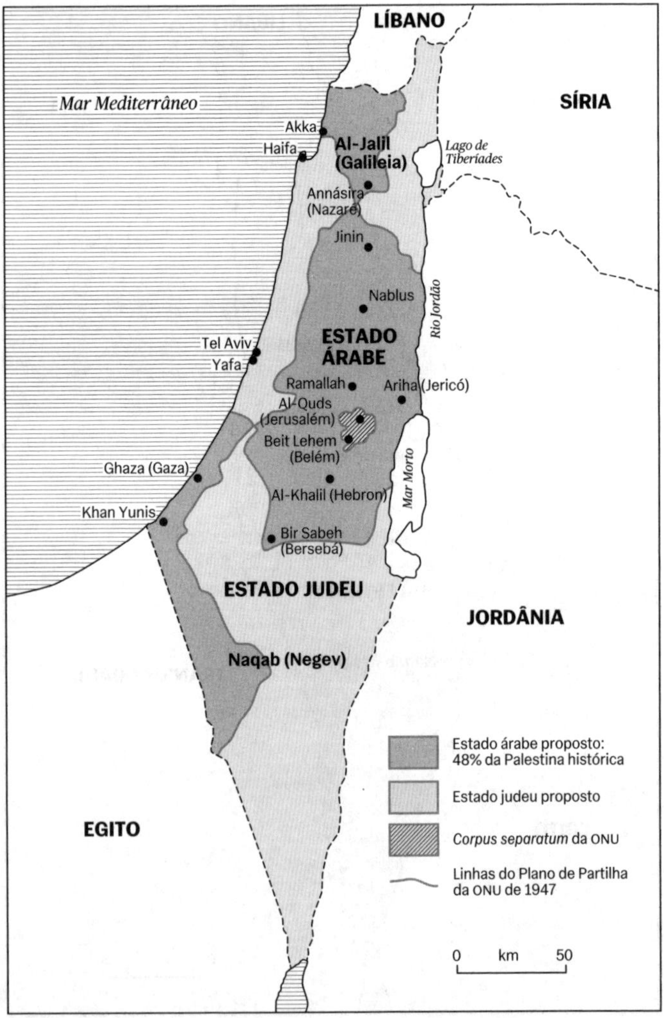

DOS ARMISTÍCIOS DE 1949 À GUERRA DE 1967

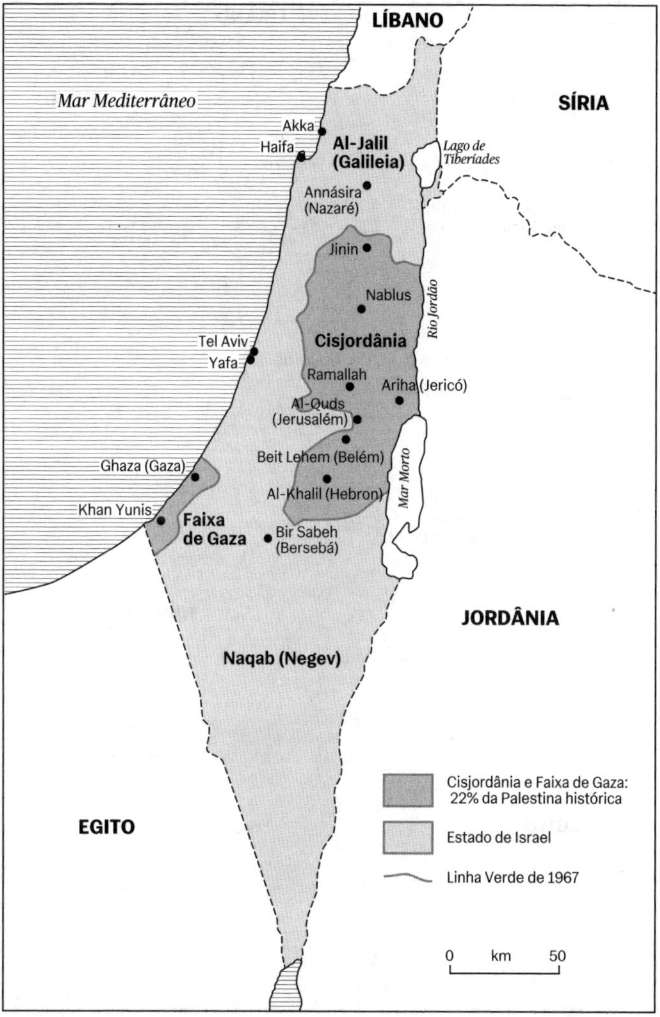

ASSENTAMENTOS E

MURO DA CISJORDÂNIA (2006)

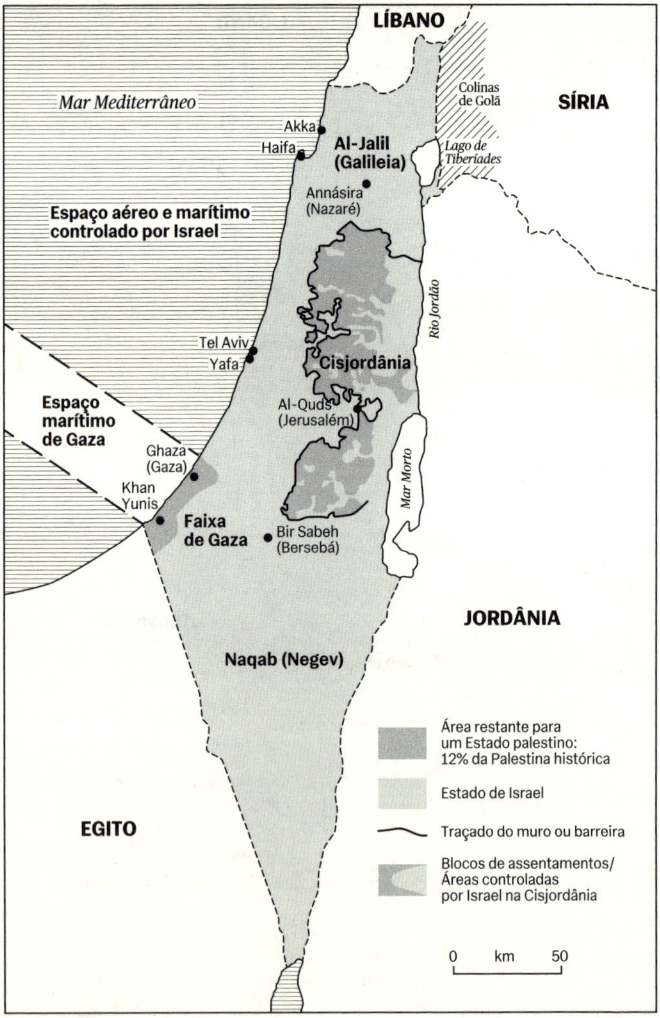

LINHA VERDE *VERSUS*

MURO DA CISJORDÂNIA (2006)

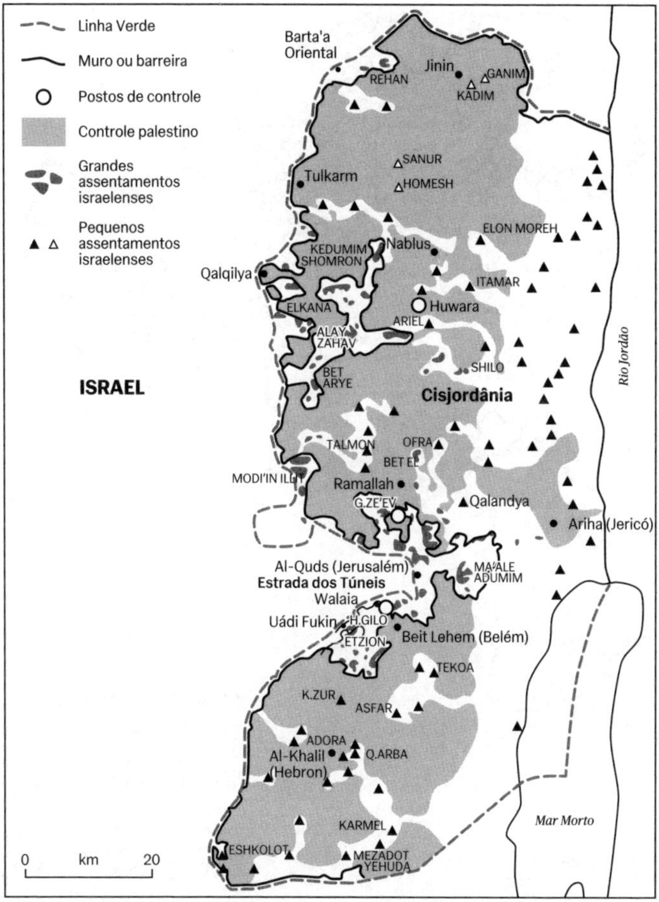

JERUSALÉM ORIENTAL E OS NOVOS ASSENTAMENTOS NA CISJORDÂNIA (2007)

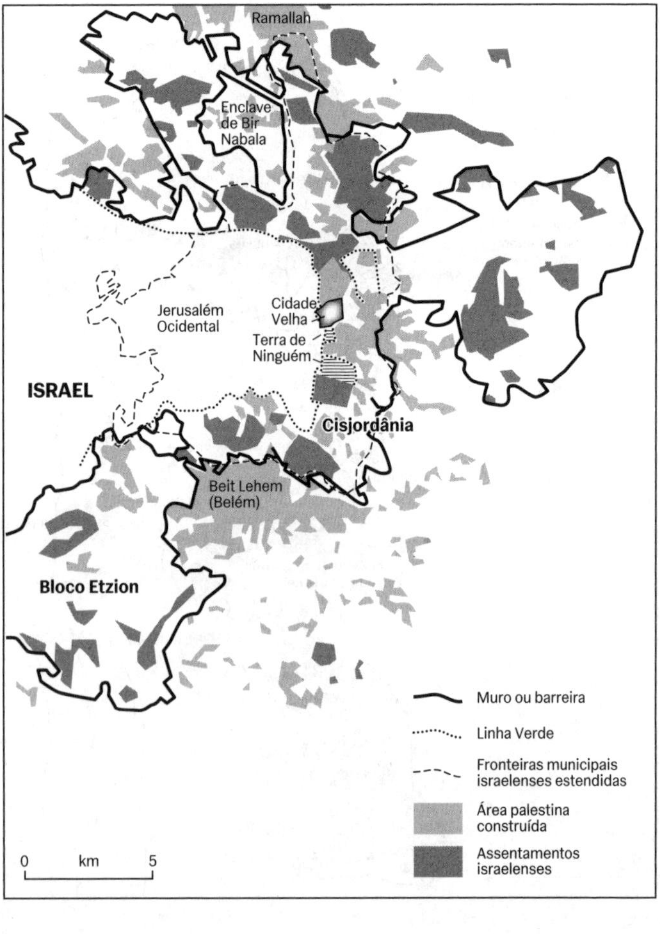

CISJORDÂNIA:

ÁREAS A, B, C (2010)

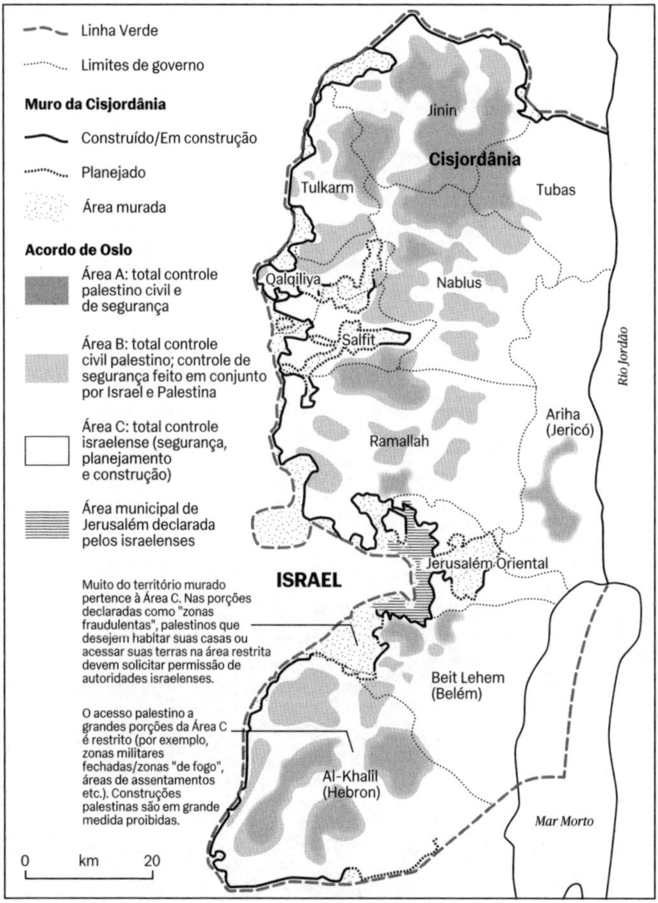

Foto: L.Willms

ILAN PAPPE nasceu em Haifa, em 1954, filho de judeus alemães fugidos da perseguição nazista. Especialista na história contemporânea de Israel, foi professor na Universidade de Haifa entre 1984 e 2006, quando foi demitido por aderir ao boicote cultural às universidades israelenses. Mudou-se para a Inglaterra, onde assumiu a direção do Centro Europeu de Estudos Palestinos da Universidade de Exeter. É um dos mais importantes e prolíficos autores sobre a Questão Palestina. Entre seus mais de vinte livros, foram traduzidos ao português *Brevíssima história do conflito Israel-Palestina* (Elefante, 2025), *Dez mitos sobre Israel* (Tabla, 2022), *A limpeza étnica da Palestina* (Sundermann, 2016) e *História da Palestina moderna* (Caminho, 2007). Em 2017, recebeu do Middle East Monitor o prêmio Lifetime Achievement, pelo conjunto de sua obra dedicada à história da Palestina, de Israel e do Oriente Médio.

Título original
The Biggest Prison on Earth: A History of the Occupied Territories

This translation is published by Elefante by arrangement with Oneworld Publications Limited through LVB & Co. Agência e Consultoria Literária

Primeira edição, julho de 2025
São Paulo, Brasil

Dados Internacionais de Catalogação na Publicação (CIP)
Angélica Ilacqua CRB-8/7057

Pape, Ilan
A maior prisão do mundo: uma história dos territórios ocupados por Israel na Palestina / Ilan Pappe; tradução de Alexandre Barbosa de Souza. – São Paulo: Elefante, 2025.
392 p.

Bibliografia
ISBN 978-65-6008-100-0

Título original: The Biggest Prison on Earth: A History of the Occupied Territories

1. Conflito Árabe-israelense 2. Palestina I. Título II. Souza, Alexandre Barbosa de

25-2473 CDD 956.940

Índice para catálogo sistemático:
1. Conflito Árabe-israelense

---

elefante
editoraelefante.com.br
contato@editoraelefante.com.br
fb.com/editoraelefante
@editoraelefante

TIPOGRAFIA Gal Gothic Variable, Magno Sans & Publico
PAPEL Supremo 250 g/m² & Pólen Bold 70 g/m²
IMPRESSÃO Margraf